比較社会文化叢書 Vol.46

eラーニングを用いた日本文化学習に関する研究

―タイの大学における「日本事情」を事例に―

吉嶺 加奈子／著

花書院

目　　次

その他の資料については、

　「e ラーニングで学ぶ日本事情」電子コンテンツサイト

　〈http://dokmai.sakura.ne.jp/publish.html〉にて閲覧・利用可能

第一章

序　論

　本研究はタイの日本語教育における日本文化事情を学習するための科目「日本事情[1]」が抱える諸問題をeラーニングによって解決を図る実証研究である。本章では研究の背景、研究の目的と研究方法、用語の定義および各章の構成について述べる。

1.1　研究の背景

　国際交流基金が2018年に実施した海外日本語教育機関調査によると、海外の教育機関に所属する日本語学習者は中国・韓国の東アジアでは減少する一方で、東南アジアでは増加傾向にある（国際交流基金 2019）。東南アジアで最も日本語学習者の多い国はインドネシア、２番目に多い国はタイである。日本語学習者数が減少の一途をたどるインドネシアと比較して、タイの日本語学習者数は増加傾向にある。前回2015年の調査からは約６％の増加が見られ、現在は約18万人の日本語学習者が存在する。タイの日本語学習者数は世界第５位であり、既にアメリカや台湾の日本語学習者数（共に約17万人）を抜いている。2009年の調査では日本語学習者が約８万人であった（国際交流基金 2011：4）ことを考慮すると10年で倍増しており、今後もタイにおける日本語学習者[2]は増加する可能性がある。

　タイにおいて日本語学習者が増加している原因として、2010年からの教育政策[3]により中等教育機関において文系履修者に限られていた第二外国語が

1　日本語教育における「日本事情」とは、1962年に文部省（現：文部科学省）通達により、留学生のための特別設置科目として「日本語」とともに設置・単位がみとめられるようになった科目である（土屋他 1997：102）。

2　日本語学習者のうち、日本語を学習しているタイ人は「タイ人日本語学習者」と呼称する。

3　タイ教育省によって施行された World Class Standard School と呼ばれる事業で、グローバルスタンダードに到達する目標が示されている。そのうち外国語能力は不可欠なツールの１つであると認識され、第１外国語として英語、第２外国語は2014年現在、ドイツ語、フランス語、日本語、中国語、アラビア語、パーリ語、スペイン語、イタリア語が定められている（国際交流基金日本語国際センター 2015）。しかし必ずしも全ての言語を履修できるのではなく、各学校の判断で第二外国語が設置されている。

理系履修者にも開放されたこと（国際交流基金 2017a）や、2013年からの観光ビザ規制緩和に伴い日本語学習への関心が高まったこと（国際交流基金 2016）等が考えられる。しかし、最も大きな理由は日本との経済的なつながりによるものである。タイは東南アジア最多の日本企業が進出しており（帝国データバンク 2016）、その数は累計で8,890社（日本貿易振興機構 2018）にのぼる。彼らの学習動機は日本に対する興味が出発点となることが多いものの、最終目標は日本語学習者の自国に進出した日本企業（以降「日系企業」[4]）への就職であることが多い。

　東南アジアにおいては、タイと同様に経済交流が盛んなインドネシアや日系企業の進出に伴い日本語学習者が急増しているベトナムやミャンマーにおいて、日系企業就職を目的とした日本語学習者が増加している。そのため東南アジア諸国においても今後は同様の展開になることが予想される。そこで戦前から日本語教育が行われ、今も日本との関係が深いタイについて論じることはこれからの東南アジアの日本語教育研究において非常に大きな意義がある。したがって本研究においてはタイにおける日本語教育を事例とする。

1.2　タイの日本語教育における問題

　最初に、本研究で取り扱う日本語教育の範疇について補足する。タイの日本語教育は、主に学校教育における中等教育と高等教育で実施されている。日本の大学に相当する高等教育機関は全156校（MHESI 2019：14-19）であり、その中で35校が日本語主専攻課程を設置している（吉嶺 2020：23-24）。本研究ではこの高等教育機関における日本語主専攻課程にて実施される日本語教育に焦点を当てる。

　日本語教育においては「読解」「聴解」「作文」「会話」や日本語文法等の日本語能力4技能を向上させるための科目の他に、ビジネスシーンで日本語を活用するための「ビジネス日本語」や日本文化を理解するための「日本事情」という科目が存在する。タイにおいては日本語能力向上あるいはビジネスのための日本語教育研究が盛んに行われタイ語で書かれた書籍も多数出版されているが、「日本事情」についての書籍は少なく[5]研究が不十分であることが分かる。そこで本節ではタイの日本語教育における「日本事情」が抱える指

4　日系企業のうち、タイ国内にある日本企業は「在タイ日系企業」と呼称する。

導内容の不明瞭さ[6]・授業準備にかかる負担・日本語教師不足による閉講措置といった諸問題について概観する。

　タイ国内在住のタイ人日本語学習者は在タイ日系企業への就職を見すえて日本語を学習している。また在タイ日系企業は高度な日本語を用いて就労が可能な人材（以降「日本語人材」[7]）を必要としている。タイ人日本語人材と在タイ日系企業についての先行研究では、丹羽（2000：198-199）が海外支社を持つ東証1部上場企業400社（有効回答87社）に対して実施した日本企業の国際化における日本語の役割についての調査があり、「現地人幹部の企業理解のために何が必要か」との問いに対して38社（約51%）が「日本文化理解」を挙げている[8]。また Kanome & Yoshimine（2015：23-24）がバンコク近郊の製造業を中心とした在タイ日系企業40社に対して実施したタイ国内大学の日本語主専攻課程でタイ人日本語人材を育成するための科目調査において、開講を望む科目の上位3位は「ビジネス会話（82.8%）」「日本事情（72.4%）」「ビジネスライティング（58.6%）」であった[9]。これらのことから、タイ人日本語人材となるための学習科目として「日本事情」が重視されていることが分かる。しかし、日本語教育機関ではタイ人日本語人材育成にあたって「ホテル日本語」（中井・千葉 2011）や「ビジネス日本語」（タナサーンセーニー他 2005, 原田 2004a, 前野他 2015）といった職業日本語の研究に注力する傾向があり、タイ人日本語人材育成という観点から日本文化および現代日本事情を学ぶ教養科目、すなわち「日本事情」が議論されることは少ない。

　海外であるタイにおいて「日本事情」を開講することは非常に困難を伴う。インカピロム（1988）をはじめとするタイ国内外の日本語教育関係者が「日本事情」の教授方法を模索しているにもかかわらず、現在まで明確な指導要領および教科書が未整備である。授業内容は「日本事情」を担当する講師の

5　一例としてタイの大手日本語教育出版社であり『まるごと』『みんなの日本語』タイ版等を発行している TPA PRESS では、日本語学習に関する書籍は233冊、ビジネスに関する書籍は28冊であるのに対し、日本文化に関する書籍は21冊である（2020年3月17日現在）。
　　TPA PRESS〈http://www.tpapress.com/index.php〉2020.06.01最終閲覧
6　土屋他（1997：102）でも「日本事情」は「混沌」、「合意のない」、「非統一」といった形容と結びつけられがちな分野だと指摘されている。
7　日本語人材のうち、タイ人の日本語人材は「タイ人日本語人材」と呼称する。
8　複数回答であり、2位以降は「実務能力（34社、46%）」「人柄（33社、45%）」「日本語理解（18社、24%）」「その他（6社、8%）」であった。
9　複数回答であり、件数は明かされていない。また在タイ日系企業に就職後、有用だと考える科目についても、「ビジネス会話（82.8%）」に次いで「日本事情（55.2%）」「日常会話（51.7%）」と「日本事情」は第2位である。

裁量に任されているため、担当講師はコースデザイン作成・教材選定・授業準備等に多くの時間を取られ、適切な指導時間を確保できない。また、開講内容が必ずしもタイ人日本語学習者・在タイ日系企業関係者双方の希望に合致しているとは言いがたい。

　日本文化学習においてはレアリアの提示の他に視聴覚教材による音声や映像使用（桑本・宮本 2006：62）およびeラーニングが用いられる[10]傾向があることが先行研究からうかがえるが、タイにおいては授業用の視聴覚教材は少ない。したがって在タイ日系企業への就職を目指すタイ人日本語学習者とタイ人日本語人材を確保したい在タイ日系企業にとって、通常の一斉講義形式による「日本事情」開講が困難な現状では、eラーニングの需要が高まることが予想される。

　また教育機関と経済界の価値観の違いも課題となっている。既に触れたとおり、タイ国内大学の日本語主専攻課程に在籍するタイ人日本語学習者の多くはタイ人日本語人材としての在タイ日系企業就職を希望している。しかし日本企業のタイ進出が盛んになるにつれ、在タイ日系企業はタイ人日本語人材を単なる通訳者・翻訳家としてではなくビジネスパートナーとして捉えるようになった。結果、現在では在タイ日系企業がタイ人日本語人材に求める能力は日本語のみならず、日本文化知識・日本的価値観の理解にまで拡大している（Kanome & Yoshimine 2015）。一方、多くの大学ではタイ人日本語人材を目指す日本語学習者のために「ビジネス会話」「ビジネスライティング」等のビジネス関連科目を開講しているが、これらの授業はあくまでも日本語4技能習得の延長上の授業にすぎない。別途ビジネスマナーや日本文化を理解するための科目が必要である。

　また最も深刻な課

表1.1　タイの大学における「日本事情」の状況

科目状況／開講年次	1年次	2年次	3年次	4年次
必修科目	3校	6校	2校	1校
選択科目（閉講措置）	0校	1校	5校（1校）	4校（1校）
科目存在せず	1校			

（調査協力校の2016年5月時点の回答を基に筆者作成）

10　国際交流基金の提供する教材を例にとると、前者は日本語と日本文化学級のための映像教材『エリンが挑戦！にほんごできます』DVD テキスト、後者は日本語と日本文化をバランスよく学ぶことを目的として開発された教科書『まるごと』の学習サポートサイトである「まるごと＋」等が該当する。また『エリンが挑戦！にほんごできます』については2010年に WEB 版に移行している（国際交流基金日本語国際センター 2016）。

題は「日本事情」の開講状況である。表1.1は第三章で後述するタイ国内大学17校を対象に行ったタイ現地調査（調査3b）に基づく「日本事情」の開講時期と科目の状況であるが、これによると「日本事情」は1年次・2年次の必修科目または3年次・4年次の選択科目という位置づけの教育機関が多く、選択科目では閉講措置[11]が見られる。これでは必修科目においてはタイ人日本語学習者の日本語能力が日本文化の理解が可能なレベルまで未到達の可能性があり、また選択科目においては日本文化の理解が可能なレベルであるにもかかわらず日本語教師不足等で閉講措置が取られ受講できない等の問題が生じる。さらに、タイの大学カリキュラムは5年に1度改訂されるが、言語コミュニケーション能力の育成を重視したカリキュラムにするべく「日本事情」は必修科目から選択科目へ変更あるいは消滅の恐れがある[12]。

　以上を鑑み、タイ人日本語学習者の日本語能力がある程度のレベルまで到達し、かつ卒業後の進路を見すえて学習意欲が高まる3年次または4年次に選択科目として開講される「日本事情」の恒常的な開講を支援するべきである。その場合、日本語教師の増員以外の方法を考慮すると、教具の充実やコンピュータの使用あるいはeラーニングを活用した「日本事情」の開講が考えられる。

1.3　研究の目的と意義

　研究の背景から、タイにおいては在タイ日系企業就職のために日本語を学習するタイ人日本語学習者が多く、またタイ人日本語学習者と在タイ日系企業に関する先行研究からは在タイ日系企業は日本語学習の他に日本文化の理解を求めていることが分かった。しかし、日本文化を学習するための「日本事情」において何を教えるべきかといった研究が十分になされておらず、またタイ国内大学の日本語主専攻課程に対する実態調査から「日本事情」が選択科目である場合は開講されない可能性があることも分かった。さらに「日本事情」の教材作成においてeラーニングを検討する場合は、タイの日本語

11　表1.1の閉講措置を取った大学2校については、2016年3月に実施した現地調査において「教師数の都合による未開講」との回答が得られた。
12　南部日本語教師会会長に対する聞き取り調査（2019年9月17日実施）による。所属機関では日本語教師の人員不足および日本語4技能向上のため、日本語習得のための科目を増加させる一方で「日本事情」関連科目を削減した新カリキュラムを2019年度より実施しているとのことであった。

教育に特化したeラーニングの導入事例やその効果に関する研究は所見の限り見当たらないため、eラーニングがタイ人日本語学習者に対していかなる学習効果があるかが不明である。

　そこで、本研究では海外における日本文化学習にはeラーニングが有効ではないかという観点から、eラーニングを使用した「日本事情」が在タイ日系企業就職を希望するタイ人日本語学習者に対してもたらす学習成果を検証することを目的とする。つまりタイ人日本語学習者・日本語教師・在タイ日系企業の三者に対する調査から、タイ人日本語学習者がタイ人日本語人材として在タイ日系企業に就職する場合、「日本事情」においていかなる日本文化を学習するべきであるかを解明する。またeラーニングによる「日本事情」の開講を促すためには、日本語教師やタイ人日本語学習者に対してeラーニングの利用によってタイ人日本語人材に求められる能力が育成されることと、他の教材とは異なるeラーニング特有の学習成果を提示する必要がある。したがって上記三者の要望を基に開発したeラーニングを使用した「日本事情」学習がタイ人日本語学習者にいかなる学習成果をもたらすのか、タイ人日本語人材が求められる能力と関連付けて証明する。以上が本研究の目的である。

　本研究の意義は、タイの日本語教育においてタイ人日本語人材育成を目的とした指導に関する研究のうち「日本文化の理解」に焦点を当て、コースデザインから教材開発と授業実施および成績評価までを一貫して行うことで、学習すべき日本文化と学習成果として得られる能力が何であるか明確に示されることである。また首都バンコクだけでなく北部・東北部・南部とタイの各地で調査を実施し、調査結果を考察することで、タイのいかなる教育機関においてもタイ人日本語人材育成を目的とした「日本事情」を開講でき、その学習成果を享受できることである。

1.4　研究方法

　本研究の課題解決および目標達成にあたって、以下に示す5つの手順に基づいて研究を遂行する。

（1）タイ人日本語学習者・日本語教師および在タイ日系企業に対するニーズ調査

「日本事情」の教材開発を行うにあたって、タイ主要4地域（北部・東北

6

部・南部・バンコク）を対象にアンケート調査およびインタビューを実施する。タイ人日本語学習者に対しては「日本事情」で学習したいトピック[13]や望ましい授業設計および e ラーニングに対する意識等について Web アンケート調査を実施する。日本語教師に対しては教育環境の視察を兼ねて現地でインタビューを実施し、「日本事情」および日本語授業で抱えている問題を洗い出す。同時に所属機関における ICT[14]の活用状況について Web アンケート調査を実施する。在タイ日系企業に対してはタイ人日本語人材に対し「日本事情」で学習を望むトピックや内容について Web アンケート調査を実施する。その後、在タイ日系企業とタイ人日本語人材の関係についてよく知る経済界関係者にインタビューを実施し、タイ人日本語人材が求められる日本文化知識と能力について現状と今後の展望を探る。

（2）ニーズに基づく「日本事情」の教材開発

　ニーズ調査の結果を基に、タイ人日本語人材として就職する際に在タイ日系企業が学んでいることを求める日本文化を学習するための「日本事情」について授業設計を行う。授業設計には教育の効果を高めるためにインストラクショナルデザイン[15]を活用する。開発した教材を実装するプラットフォームは Moodle[16]とし、授業に使用するためのサーバー構築から電子教材開発および運用までを当方で行う。ユーザーテストにおいては各地の研究協力校で実施し、タイ全域で問題なく動作することを確認する。この過程を経て制作された電子教材群については、便宜上「『日本事情』に関する e ラーニング」と呼称する。

13　本研究では、日本文化として授業で取り上げられる項目の 1 単位を「トピック」と呼称する。

14　Information and Communication Technology：情報通信技術。IT（Information Technology：情報技術）とほぼ同義であるが、IT がコンピュータ技術そのものを指すのに対し、ICT はコンピュータ技術を人と人、あるいは人とコンピュータとのコミュニケーションに活用することを指す。

15　インストラクショナルデザインとは、「教育活動の効果・効率・魅力を高めるための手法を集大成したモデルや研究分野またはそれらを応用して学習支援環境を実現するプロセス」（鈴木 2006：197）のことである。教育や研修プログラムを設計するための教育工学の手法であり、オンライン学習システム開発の際に用いられることがある。

16　教育関係者が質の高いオンライン学習コースを作成し、オンラインで授業を実施することを支援する目的で開発されたオープンソースのプラットフォーム。世界的に普及しており、日本の大学で多数使用されている他、タイの大学でもトップシェアである。ロゴマークは「moodle」だが、研究論文において「Moodle」と表記されることが多いため、本研究においても Moodle と表記する。

（3）タイ主要4地域の日本語主専攻課程における授業実践

　タイ国内大学の日本語主専攻課程で開講される「日本事情」関連科目において、現地日本語教師の協力のもとで「日本事情」に関するeラーニングを使用した反転授業[17]やブレンディッドラーニング[18]形式の授業を実践し、最適な授業設計およびタイ人日本語学習者にもたらす効果を検証する。

　授業にあたっては、北部・東北部・南部・バンコク各地の日本語教育団体代表者等に協力を仰ぎ、授業の協力校を選定する。授業の時期はタイ大学第1学期間（8月〜12月）とし、授業実施期間は最低1ヵ月以上とする。各大学との打ち合わせを経て各々に最適な授業設計を作成し、それに合致したコンテンツを提供する。授業観察および受講後のインタビューのために最大3回現地を訪問するほか、8月から12月までの授業期間中はタイ西部にある研究機関に滞在し[19]、各大学の授業を運営するための技術サポートを行う。

（4）「日本事情」に関するeラーニングがもたらす学習成果等の分析

　タイ人日本語学習者の学習ストラテジーの変化やコンピュータ学習に対する意識の変容に着目し、授業実践前後にWebアンケート調査を実施する。また授業後に学習ストラテジーに変化の見られたタイ人日本語学習者についてはインタビューを実施し、回答結果と授業における観察の様子を基にeラーニングを使用した授業設計を考察する。また授業を担当した日本語教師に対するインタビューを通じて「日本事情」に関するeラーニングによってタイ人日本語学習者にもたらされる効果や、日本語教師自身が実感した「日本事情」の授業運営全般に対する変化を分析する。

（5）「日本事情」に関するeラーニングの有用性および授業の考察

　分析結果より「日本事情」に関するeラーニングがタイ人日本語人材育成においていかなる能力の醸成に有効であるか、あるいは有効でないかを在タイ日系企業からの視点を踏まえて考察する。また「日本事情」に関するeラーニングを使用した授業の課題を指摘した後、現時点で考えられる解決策を提

17　自宅等で予習の形で映像教材による「授業」を受講し、学校の授業の時間では通常「宿題」として扱われる演習や学習内容に関わる意見交換等を行う学習方法。
18　学習の動機づけやスキルの習得を目的とした集合研修と、知識の習得を目的としたeラーニングを組み合わせ、双方のメリットを活かした研修や学習の方法。
19　授業実践中はタイ国ナコンパトム県にある Institute for Innovative Learning, Mahidol University を研究拠点とした。（滞在期間：2017年8月10日〜12月26日）

示する。その上でタイ人日本語人材育成に効果の高い「日本事情」に関する
eラーニングを使用した授業設計を提言する。

1.5　用語の定義

　本節では、本研究にて使用される主要な用語について簡潔に説明する。

1．日本事情

　日本語教育領域において日本文化や現代日本について学ぶ科目の総称であ
るが、細川（1994：211-221）は「日本事情」で取りあげられる現象・テー
マのうち、「日本人の暮らし・一生・家族・社会」といった日常的な問題と日
本研究との接点にあたる部分について「日常の生活で垣間見た日本の社会・
文化などの諸現象について、自らの体験やそれぞれの社会・文化との比較を
通じて、＜日本とは何か＞を考え、考えさせること（細川　1994：221）」と
定義している。本研究ではこの定義に基づき、タイにおいて日本語を習得す
るだけでなくタイの文化の違いを意識しながら日本社会や日本文化を理解し、
日本人と接する際に態度として表出できるようになるための学習を行う科目
を「日本事情」とする。したがって科目名が異なっていても日本文化学習と
態度表出を目的としていれば「日本事情」と同質の科目とみなす。

2．タイ人

　タイ国籍を有し、タイ国内またはタイ文化圏で生活を営み、タイ語を母語
として使用する者を指す。

3．同期型eラーニング・非同期型eラーニング

　同期型eラーニングとは、リアルタイムで拠点間の一方の講義を聴講また
は双方が意見を交換する形式のeラーニングのことである。本研究において
は「遠隔授業」と呼ばれるTV会議システムや衛星放送による授業を指す。
それに対し、非同期型eラーニングとはオンデマンドで提供された電子教材
を使用し自宅等で独習する形式のeラーニングのことである。本研究におい
てはMoodle等のオンラインコースによる授業を指す。

４．高等教育

高等教育は、大学または大学以上（大学院、研究所等）で行われる教育を指す。タイにおいては技術専門学校やインターナショナルカレッジ、大学インターナショナルコースも高等教育に含まれるが、本研究においてはタイ人が進学する四年制大学の学士正規課程を指す。

５．日本語主専攻課程

日本語を主専攻として学習する課程を指す。本研究においては四年制大学の学士正規課程における日本語主専攻課程を取り扱う。日本語主専攻課程は日本語能力の向上を主目的としており、原則的には日本語教育学に関する修士号以上の学位を修めたタイ人日本語教師または日本人日本語教師がタイ語および日本語で教鞭を執る。学科の名称は「日本語学科」「ビジネス日本語コース」等、各大学によって異なるため、本研究ではインタビューにおいてインタビュー対象者が別の名称で発話したときを除いて「日本語主専攻課程」で統一する。

６．日本語学習者

日本語を学習している者のことである。本研究においてはタイ国内大学の日本語主専攻課程等で日本語を学習している大学生のうち、特にタイ人（タイ人日本語学習者）を取り扱う。

７．日本語人材

日本語が母語ではないが高度な日本語を用いて就労が可能な人材のことである。タイにおいては高度な日本語とは日本語能力試験 N2以上[20]に合格するレベルと考えられている。本研究においては日本留学経験者に限定せず、N2以上相当の日本語運用能力を持ち、日本語を用いて就労が可能な人材を指す。

20　日本語能力試験とは、国際交流基金と日本国際教育協会（現：日本国際教育支援協会）が1984年より開始した、日本語を母語としない人の日本語能力を測定し認定する試験のことであり（日本語能力試験 2012）、現在の認定レベルは難易度順に N1から N5までの５段階に分かれる。N1と N2は現実の生活における幅広い場面での日本語の理解、N4と N5は教室で学習した基本的な日本語の理解、N3は N4から N2への橋渡しという位置づけである。タイにおいては N1認定者はそれほど多くないことから、タイの人材紹介会社等では N2以上のタイ人日本語学習者を日本語人材としている。

8．実証実験

　「日本事情」に関するeラーニングの学習成果を調査するために、北部・東北部・南部・バンコクで実施する「日本事情」に関するeラーニングを使用した授業のことを指す。授業実践だけでなく実践前の打ち合わせおよび授業実践前後に行うアンケート調査・インタビューまでをその範疇とする。

9．学習成果・効果

　「日本事情」に関するeラーニングを使用した授業の終了後に授業の受講前と比較して変化した事柄のうち、特にタイ人日本語学習者の学習に関する良い変化を「学習成果」と呼ぶ。学習以外の変化、または日本語教師に対する変化については「効果」と呼ぶ。

10．評価

　本研究では「評価」には2つの意味を持つ。1つ目は開発した「日本事情」に関するeラーニングがもたらす学習成果についてアンケート調査やインタビューより測定し、いかなる長所または短所があるか検討するという「システムに関する評価（assessment）」である。2つ目は「日本事情」に関するeラーニングを使用した授業において、タイ人日本語学習者に対して成績を付与する際に行う「授業内評価（evaluation）」である。

11．タイ主要4地域

　タイにおいて最も一般的なタイ内務省の定める地方行政区分に基づいて「北部・東北部・南部・中部（バンコク）」の4つに分類された地域（自治体国際化協会 2004：110-112）のことである。この4つの地域を総称する際、タイ主要4地域とする。また、略称として「4地域」を使用する。

1.6　本研究の構成

　本研究は全7章で構成される。第一章では研究の動機や目的および研究方法の説明を行う。第二章では関連分野の先行研究を俯瞰する。第三章では「日本事情」に関するeラーニングを開発するためにタイ人日本語学習者・日本語教師・在タイ日系企業に対して行った調査から学習内容の分析と考察を行う。第四章では「日本事情」に関するeラーニングの開発手順を示すととも

に、「日本事情」に関するeラーニングを使用した実証実験の各授業設計について説明する。第五章では「日本事情」に関するeラーニングのもたらす学習成果について分析と考察を行う。第六章では「日本事情」に関するeラーニングの評価としてパフォーマンス評価による成績評価を検証する。第七章は結論であり、「日本事情」に関するeラーニングを使用した場合の授業設計を提言するとともに、タイの日本語教育における「日本事情」の今後を考察する。

第二章

先行研究と研究課題

　本章では本研究を遂行するにあたって、日本事情研究・ビジネス日本語研究・e ラーニング研究の先行研究を概観するとともに、本研究の研究課題を明確にする。また本研究における課題解決の理論的枠組みとして、「インストラクショナルデザイン」と「学習ストラテジー」についてまとめる。

2.1　近年における日本事情研究の動向

　「日本事情」は、日本語教育において日本文化の理解を目的とした科目である。しかし「日本事情」の定義については様々な解釈が行われており、何を教えるべきであるかは学習環境や担当講師によって異なる。

　「日本事情」という用語は戦前の中国東北地方（旧満州）の教育の中から生まれたとされる（長谷川 1999：5）。日本国内の「日本事情」の潮流においては細川（2000）が日本語における言葉と文化の教育・研究の推移を第 1 期から第 3 期に分けている。第 1 期が1960年代から1980年代前半までの「言語と文化の関係について考える時期（p.104）」であり、日本文化とは何かという問いがなされ、また日本語・日本文化を特異で理解が困難なものと位置づけていた。第 2 期が1980年代後半から1990年代前半にかけての「体系的な知識と異文化コミュニケーション能力の時期（p.105）」であり、「文化」を社会における事物や事柄の事象と捉え何をどう教えるか逡巡する、あるいは文化を捉えるための視座としてコミュニケーション能力を育てようとするタイプに分かれた。第 3 期が1990年代後半以降の「『日本事情』をめぐる新しい転換の時期（p.108）」であり、具体的な事物を「日本事情」の教育内容とするのではなく、その流動性そのものを見る学習者の側にこそ「日本事情」の教育の意味があるとしている。そして現在ではことばと文化の関係を第二言語習得という立場から捉え直し、文化は流動的に変化するという認識のもと、学習者主体の考え方に立った「日本事情」が検討されている。

　また佐々木（2002）では1980年代以後の日本事情研究を分析し、「日本事情」で重視される 3 つの文化概念として、日本での日常生活や一般的な教養

を重視する「所産・知識としての文化（p.221）」、自己と他者との価値観や認識あるいは行動様式の差異を重視する「他者との相互作用に介在する文化（p.226）」、日本語学習者個人の社会に対する理解や適応を重視する「個としての文化（p.228）」と定義している。1番目の定義である「所産・知識としての文化」は具体的な年代は示されていないものの、①日常生活上のルール全般である「日常生活重視型」、②日本の一般教養で社会科教科書型ともいえる「一般教養重視型）」、③特定の専門分野への橋渡しをする「専門知識重視型」、④アニメや伝統文化、国際関係などを動機とする「大衆文化重視型」、⑤授業活動として伝統文化体験を行う「伝統文化重視型」、⑥日本人の考え方や価値観など見えざる文化を取り扱う「精神文化重視型」、以上6つに分類している（p.221）。2番目の定義である「他者との相互作用に介在する文化」は1980年代以後に見られ、①コミュニカティブアプローチの浸透と第二言語習得研究における他者との相互観察の重視、②難民や中国帰国者、外国人就労者の受け入れを通した異なる文化的背景を持つ人との地域共生、以上2つの流れが影響している（p.226）。3番目の定義である「個としての文化」は1990年代後半に見られ、①国家の枠を出て移動する・越境する人々に対する文化創成について考慮すべきだとする「個人の離散性」、②日本文化はひとつではないとする「文化の多元性」、③文化を個々人の認識・解釈に置き、コミュニケーションによる個人の場面認識を文化であるとする「文化の観念性」、以上3つが根拠として述べられている（p.228）。

表2.1は細川（2000）および佐々木（2002）の日本事情研究に対する解釈を

表2.1　日本事情研究の主な流れ

	1960〜1980年代前半	1980年代後半〜1990年代前半	1990年代後半
細川 (2000)	**言語と文化の関係について考える時期** ・日本文化とは何か ・言語学的アプローチ ・日本語・日本文化特殊論	**体系的な知識と異文化コミュニケーション能力の時期** ・何をどう教えるか ・文化＝社会における事物や事柄 ・異文化コミュニケーション	**「日本事情」をめぐる新しい転換の時期** ・文化＝流動的 ・文化の捉え直し ・学習者主体
佐々木 (2002)	**所産・知識としての文化** ①日常生活重視型 ②一般教養重視型 ③専門知識重視型 ④大衆文化重視型 ⑤伝統文化重視型 ⑥精神文化重視型	**他者との相互作用に介在する文化** ①コミュニカティブアプローチと第二言語習得 ②異文化的背景を持つ人との地域共生	**個としての文化** ①個人の離散性 ②文化の多元性 ③文化の観念性

（細川 2000、佐々木 2002を基に筆者作成）

時系列別にまとめた主な流れである。両者とも1990年代後半に文化学習の解釈が大きく変化したとしている。そこで先行研究においては「日本事情」の目的が知識習得ではなく主体的に日本の文化・社会に参加し、主張できる能力獲得（水谷他　1995：11）へとパラダイムシフト[21]が起きた2000年代以降に注目し、日本国内外でいかなる「日本事情」が実践されているのかを概観する。

2.1.1　日本国内の日本事情研究の動向

　最初に日本国内における日本事情研究のうち、特に2000年以降の授業実践を取り扱った先行研究の分析を行う。

　門倉（2001）では、「日本事情」クラスにおいて「メディア・リテラシー」を実践した事例が報告された。留学生に日本のメディアの現況を考察させるだけでなく、文化リテラシーを練磨する場へと変容し、それによって「日本事情」が日本人教師による「日本」に関する知識・情報の一方的な伝授というスタイルを根本から脱することにつながるとしている。

　吹原（2011）では、留学生だけでなく日本人学生も履修が可能な「日本事情」の教育実践を通じて、異文化間コミュニケーションを媒介としたアカデミック・ジャパニーズとしての日本事情の可能性を考察した。グループ討論やプレゼンテーションを実施した結果、日本人学生の側に多くの気づきと学びがあり、留学生の側も日本の中での多様性に目を向けるきっかけが提供されたことを報告した。

　ケード（2012）では、国際化拠点整備事業（グローバル30）英語プログラム所属の留学生に対する英語による「日本事情」について報告がなされた。その中で「日常生活：日本の社会や文化の在り方に関する基本的な知識を持たせる（p.52）」「大学における活動：様々な学習機会に出会い、それを活かすことによって、より高度な日本語能力・日本文化に対する理解力を身につける（p.52）」「卒業後の活躍と貢献：各分野で実質的な貢献ができるだけの深い日本文化理解力を身に付けさせる（p.53）」という3つの領域に対して到達すべき水準を示した。課題として時間的余裕がないことと学生の英語能力が一様でないことが挙げられており、前者はeラーニング等で改善を試行し、

21　パラダイムシフトとは、ある時代・集団を支配する考え方が、非連続的・劇的に変化することを指す。

後者は手引きになる reading guide の配布や易しい英語で重要なポイントを複数回繰り返す等の工夫をしている。

　小川（2013）では、グループ討論から日本語教師と日本語学習者および日本語学習者同士の協働によって知的な好奇心を刺激し、活発的な授業を展開する試みを行った。留学生が自分と他者の違いやその関係性を認識するとともに、異なる見方や考え方に気づき、共生することの難しさや分かり合える喜びが体験できたことは非常に有意義であると述べている。一方で留学生の日本語能力の不均衡や一部の留学生の消極的な受講態度が観察されたことから、日本語教師による授業進行へのサポートの再検討が示唆された。

　土屋（2014）では、交換留学生のための「日本事情」のコースデザインと授業運営の改善点および課題について報告がなされた。「現代日本事情の一端を観察し、自分なりにそれを解釈する。また、その解釈を分かりやすく人に伝える（p.62）」ことを達成目標とし、PC 実習、大学周辺散歩、文化交流研修、発表を行った。発表パフォーマンス自体は高いレベルにあり、自分が選んだテーマに対するモチベーションも維持できることが報告された。課題として参考文献や参考 URL とサイト名の明示等の情報リテラシー教育が必要であることが指摘された。

　日本国内における実践研究を 5 つ紹介したが、1 つとして類似の授業はない。しかし、いずれも知識としての日本文化学習ではなくディスカッションやプレゼンテーション、メディア制作等を通じた他者との学習活動や学習者主体の学習に対する取り組みがなされている。無論、多文化を知り自文化の理解を深める新しい「日本事情」の学習方法については批判もある。牲川（2000）では個人の問題解決能力を信頼するあまりステレオタイプな文化観が強制される可能性が指摘されており、森（2012）では文化学習における「学習者主体」論には理論および実践に曖昧さがあり、学習者のアイデンティティを重視するあまりコミュニケーションを通じた異文化理解につながりにくいとして懐疑的な立場を取っている。しかし、それらの批判はあれど「日本事情」教育の目標である「柔軟で強固な自己アイデンティティ（細川 1999：63）」の構築が学習者になされることから、新しい「日本事情」の学習方法が取り入れられ続けている。つまり現在の日本国内の日本語教育における「日本事情」は「所産・知識としての文化」から「他者との相互作用に介在する文化」へと発展し、「個としての文化」へ到達していると言える。

2.1.2　海外の日本事情研究の動向

　海外における「日本事情」に目を向けると、アメリカ・オーストラリア・中国（上海・香港・武漢）・韓国・インドネシア等、日本語学習者の多い国を中心に実態調査または実践報告が行われている。

　河野（2010）では、中国上海における「日本事情」関連科目について実態調査が実施された。中国では教育指導要領として出版されている『教育大綱』において日本文化の指導内容が示されている。それによると低学年向けの「日本概況」は日本語運用に役立つ社会文化能力の育成、高学年向けの「日本文化」は日本文化の主たる特徴の把握と日本の歴史・政治・経済状況の理解を目的としている。しかし実際は担当講師の得意分野や興味関心により授業内容に違いが見られる。今後は日本に対する誤認を改めつつ学生に対する日本文化の押しつけがないよう留意した「日本」と「日本文化」の多様性を念頭に置いた指導の必要性が示唆された。

　松岡（2012）では、香港の大学における「日本事情」関連科目の現状が報告された。日本研究は地域研究として扱われ、言語教育や文化教育ではなく、人文・社会科学の様々な方法論を用いて日本を研究する手法が採用されている。同時に批判的思考を重視し、日本に対するステレオタイプな見方や日本特殊論に疑問を投げかけるような方向で授業が進められている。松岡はこれを「言語スキルをベースとして行う地域研究の科目として設置されている（p.101）」と見ている。

　周（2015）では、中国武漢における日本語教育の中の日本文化科目の実態調査が実施された。河野（2010）と同様に「日本概況」と「日本文化」に対する調査を実施しているが、「日本概況」は伝統的な日本文化に関する科目であるのに対し、「日本文化」は1990年代に入ってから開講された新しい科目であるとしている。したがって「日本文化」は「日本概況」の範囲内であるが明確な規定がなく、各校が文化教育の必要性を認識しながらも担当教員の意向に任せざるを得ない現状であることを報告した。また「日本概況」は日本に関する情報を伝えるだけであるのに対し、「日本文化」は討論および発表という方法を導入し文化の考察も行っている。しかし「文化＝知識」と捉えられ、異文化適応や変容にはあまり期待が持てないと指摘した。

　三代（2012）では、韓国の大学における日本文化に関する授業の実態調査が実施された。韓国では「日本文化」という科目を設置している大学は必ずしも多くはないが、様々な科目の中で日本文化を教えている。特徴としてポッ

プカルチャーを積極的に扱い、コミュニケーション能力向上という目的の中に日本文化を埋め込んでいる。また日本語主専攻課程ではビジネス日本語としての敬語やビジネスマナーが日本文化として取り扱われる。課題としてコミュニケーション能力を支える日本文化の内実に対する議論の必要性が挙げられた。

宮崎（2000）では、アメリカおよびオーストラリアでデザインしたイマージョンプログラムを例に、学習環境の中にある日本についての社会文化情報を「日本事情」と定義し、学習リソースとして活用する方法について述べられた。現地日本人社会で生活する日本人とのインターアクションを通じて「日本事情」を学ぶ講義・ビジターセッション・インタビュー・フィールドトリップ等の活動を導入した日本語プログラムを修了した学生の自己評価は、4技能において高い数値を示した。つまりこのプログラムは学習者が様々な学習ストラテジーを使う動機づけにつながり、結果的に多くのストラテジーを使用する機会を増加させたと結論づけた。

高嵩・都（2016）では、インドネシア国立ガネシャ教育大学でアクティブラーニングを取り入れた授業実践の報告がなされた。日本語学習者に日本文化のある事象を提示し、背景や自分達との関わりまでを理解しようとする姿勢を育てる参加交流型の授業とした。授業にはグループ活動を導入して日本語で話し合った結果、日本語学習者の満足度が高まった。また日本と自国の文化を比較して発言する過程で日本語での発言に自信を持ち、学習意欲の向上につながったとした。

以上の実態調査および実践報告から、海外における「日本事情」は中間期、すなわち「体系的な知識と異文化コミュニケーション能力の時期」にあり、授業内容は「所産・知識としての文化」から「他者との相互作用に介在する文化」へと移行しつつあることが分かった。しかし多くの事例では何を教えるべきかが明確に示されていないことから、次の段階である「個としての文化」を内省するための授業方法の検証ではなく、前の段階である「所産・知識としての文化」における文化型の特定へと立ち戻る傾向がみられた。

2.1.3 日本事情研究の動向総括

「日本事情」の先行研究において特筆すべき点として、日本国内外の日本事情研究の流れとは別に2000年代前半より ICT による「日本事情」の実践研究が見られることである。日本国内の日本語学習者を対象とした「日本人の一

生」を学習するコンピュータゲーム（品川・山下 2002）や日本国内外の日本語学習者に対する TV 会議システム等を用いたインターアクション（宮崎 2002）等、「日本事情」における ICT 活用の試みは早い段階から研究されている。

　品川・山下（2002）では「日本事情」において双六というゲームを授業に取り入れ、なおかつ Web 上で公開することで情報収集を容易なものとするだけでなくリソースを共有でき、また個別に学習できるように設計した。このゲームは特に海外日本語学習者を意識したものではないが、当時から個別学習・オンデマンド形式といった e ラーニングの利点を「日本事情」学習に生かそうとする流れがあったことを示す上で重要な研究である。同様に宮崎（2002）では韓国の大学とのチャットや台湾の大学との TV 会議システムを利用したインターアクションを通した異文化交流や語学学習活動が報告されている。

　2002年の時点で既に日本に留学する学生が日本の教育システムを理解するための予備教育としての ICT 活用が提案されていることから、現在でも海外日本語学習者に対する「日本事情」で様々な e ラーニングが試行されているのは当然の流れと言える。また、これらの実践研究が本研究における日本文化学習の方法として e ラーニングを検討した契機の一つである。

　したがって、近年の日本事情研究の傾向については以下のようにまとめられる。

1．日本国内では日本語教師が文化を教える講義形式を取ることは少なく、グループワークや討論、発表、フィールドワーク等の活動形式を取る。また「日本事情」の目的は日本文化知識の学習というよりも留学生同士または日本人学生と留学生の協働を通じて多文化共生の視点涵養である。
2．海外においても知識注入型教育から脱却し、異文化理解のための様々な学習活動による文化教育が試みられている。一方で、中国以外では「何を教えるべきか」が明確にされておらず、担当講師に委ねられる。同様に指導方法も担当講師に委ねられる。
3．日本国内外の「日本事情」の授業評価のうち、「文化の理解度をいかに評価するか」については十分に検証されていない。

2.2 ビジネス日本語研究の動向

本研究では「日本事情」に焦点を当てているが、日系企業に就職する際に学習すべき日本文化の解明を研究目的とすることから、関連する学問領域である「ビジネス日本語」についても先行研究を分析する。

『ビジネス日本語』という表現は使う人によって意図している内容に大きな相違がある（水谷 1994：14）とされ、特に外国人に対する日本語教育の中では「ビジネスの世界で必要とされる日本語学習」という意図で使われ始めた。「ビジネス日本語」はビジネス場面で日本語を使用して円滑なコミュニケーションを行うことから、「ビジネス・コミュニケーション」と捉えられることもある。

日本国内の「ビジネス日本語」の動向においては2000年代に実施された2つの政策が大きな影響を与えている。1つは2007年から2013年にかけて日本とアジア等の架け橋となる高度外国人材の育成や高度人材の国際的な知的ネットワークの形成による国際競争力の強化のために、経済産業省と文部科学省が実施した「アジア人財資金構想」である。この政策によって留学生の募集・選抜から専門教育、日本語・日本ビジネス教育、就職活動支援までの一貫した人材育成プログラムが行われた（経済産業省 2011：5）。そのうち外国人留学生が日本企業で働く上で課題となる能力については、前年2006年に行われた「日本企業における外国人留学生の就業促進に関する調査研究」（海外技術者研修協会 2007）において、①ビジネスにおける日本語能力（p.77）、②日本企業のビジネス文化・知識（p.79）、③異文化への適応能力（p.80）の3つであると明言されている。もう1つは2011年に「グローバル人材育成推進会議」によって立案された、グローバル化が加速する21世紀の世界経済の中で豊かな語学力・コミュニケーション能力や異文化体験を身につけ、国際的に活躍できるグローバル人材を育成する「グローバル人材育成戦略」である。この中では、留学経験のある日本人学生または海外からの外国人留学生に対する就職活動支援等が挙げられている（グローバル人材育成推進会議 2012：20-23）。

したがって2007年以降は日本国内の留学生教育の中で高度外国人人材としての就職を視野に入れたビジネス日本語が実施され、ビジネス日本語研究においては従来の「ビジネス日本語とは何か」という理論的研究から「何を教えるべきか」「どう教えるべきか」という実践的研究へと変容している。これ

らの実践的研究については実態調査、教材および教育方法の開発、実践報告等が見られることから、日本国内の先行研究においては、特に2007年以降の実践的研究を概観する。

2.2.1　日本国内におけるビジネス日本語研究の動向

　最初に日本国内におけるビジネス日本語研究のうち、特に実践的研究を取り扱った先行研究の分析を行う。

　池田（2009）では、日本の大学で展開されている日本語教育は日本の大学で要求されるアカデミック・タスクを遂行できる日本語能力の習得だとし、留学生の就業支援のためには「ビジネス日本語教育」と「ビジネスマナー教育」を行うべきだと論じた。また留学生向けの就職活動・就職試験を対象とした実践的で高いレベルの教材の不足を指摘するとともに、留学生が自分の日本語能力が社会人として要求されている日本語能力に達していないことを認識させるために、様々な人の協力による教育コンテンツや教材の開発が必要だとしている。

　福岡・趙（2013）では、三重県内の企業に対する留学生の就職および人材育成に関するアンケート調査、福岡（2015）では三重県内の大学に所属する留学生に対する日本での就職に関するアンケート調査を実施した。企業に対する調査からは、文化的背景の違いによる問題や職場内の日本人社員とのコミュニケーションがうまく取れなかったことが指摘され、コミュニケーション能力の育成の重要性が再確認された。また留学生が就職に対して同様の不安を感じており、大学在学中に就職活動やビジネス場面を想定した日本語指導を求めていることが示された。これらの調査から、就職活動対策の他にビジネス場面に対応した高度な日本語運用能力が身につく指導、そして企業文化およびビジネスマナー等の実践的な指導が必要であると説いている。

　近藤・金（2014）では、グローバル人材育成という視点から、課題達成のプロセスまたはケース学習で日本語を学ぶビジネス・コミュニケーションのための教材が開発された。課題達成のプロセスは4つのCAN-DOと7つのタスクで構成されている。ケース学習は問題発見解決能力の育成を狙いとしており、日本語学習者同士が自身の考えや経験について日本語のレベル差を越えた共同活動をしていく中で解決策が述べられる[22]様子が報告された。

　西谷（2014）では、日本企業で外国人と接している日本人と外国人社員に対するインタビューを基に日本語ビジネス・コミュニケーション教材が開発

された。仕事の指示に関する事例を読み、①とるべき行動を選択し、②実際に使える日本語の表現を学び、③どのような指示が適切かを教え、④日本人社員の価値観、文化的背景のモデルを提示することにより、指示のスタイルの根底にあるものを理解して、外国人社員に自分の文化との違いを認識させることを目指す（p.111）教材を提案した。

葦原・小野塚（2014）では、ビジネス日本語能力を「言語知識よりも様々なやり取りの中で相手の考えを理解し、それに対して臨機応変に対応していくコミュニケーション能力」と位置づけ、BJT ビジネス日本語能力テストの測定対象能力を参考に「ビジネス日本語 Can-do statements」の項目を構築し、その妥当性が検討された。BJT ビジネス日本語能力テストの得点水準が上がるにつれてビジネス日本語 Can-do statements の平均値が高いことから、尺度としての妥当性が示された。また BJT ビジネス日本語能力テストで測定できない算出機能について、ビジネス日本語 Can-do statements でインタビューやパフォーマンステスト等の質的調査を取り入れ、より汎用性の高い尺度へと改善することが示唆された。

平野（2010）では、大学におけるビジネス日本語の方向性について述べられた。問題点として年次の混在と不明確な役割分担を挙げ、学習対象者を就職予定がある学生に絞り込むとともに、日本語教師が就職活動の大きな流れをつかみ、留学生に対して積極的に実社会との接点を持つ機会を与える必要性を示した。また日本語教師・ビジネス講師・留学生就職サポート担当の三者によるチームティーチング、就職活動支援講座の実施、ビジネスパーソンとの交流機会の提供および講義の実施が提言された。

池田と福岡・趙は「ビジネス日本語」コースデザインのための調査、近藤・金と西谷は教材開発、葦原・小野塚は評価に関する研究であり、平野は実践報告である。いずれの先行研究においても「ビジネス日本語」は留学生教育の中の就職支援として行われており、2010年代に入るとビジネスマナーの習得だけでなく就職後の日本人との円滑なコミュニケーションを目指した教材開発が多くなされていることが明らかとなった。

22　概念としては、学習者同士の相互協力関係を生かした学習方法（沖林 2010：158）である「協同学習」に近い。

2.2.2　海外におけるビジネス日本語研究の動向

　海外のビジネス日本語研究においては、中国を中心に現地日本企業における「ビジネス日本語」の実態調査が行われている。また、近年ではグローバル人材育成の一環として、海外調査の結果を日本国内留学生の就職支援に生かそうとする研究も出てきている。

　茂住（2004）では、中国上海にある日中合弁会社の中国人システムエンジニアに対する日本語研修・日本研修の調査が実施された。日本語研修の参与観察からは学習者のコミュニケーション能力、特に会話教育が弱いことと、ビジネス事情に関する話題がほとんど提供されないことが指摘された。また帰国社員の回答から聴く力と話す力およびコンピュータ用語の必要性、および意思疎通に支障が出た時の問題解決ストラテジーが重要であることが示唆された。

　野元（2007）では、中国大連に進出した日系企業に対して中国人現地社員に求めている能力の把握と、ビジネス日本語教育における課題について聞き取り調査を実施した。その結果、日本語人材が必要だと感じている能力は電話対応やメールといった非対面型コミュニケーションであるのに対し、企業が日本語人材に求めている能力は専門性や接客能力等の仕事能力であることが明らかとなった。そして異文化ビジネスで必要とされる「仕事能力」の解明がビジネス日本語の教材・教授法・評価基準の発展になると結論づけた。

　堀井（2009、2011、2012）では、日系企業における外国人材に必要な能力についての調査が実施された。まず、中国・上海の日系企業の担当者と元留学生にインタビューを実施した。日本留学経験者は異文化コミュニケーション摩擦を解決できるブリッジ人材として活躍することが求められる。同時に日本語力以上に問題解決能力、論理的思考力、説明力の重要さが示された（堀井 2009）。次に、ベトナム・ハノイの日系企業の担当者と元留学生にインタビューを実施した。ベトナムでは日本語能力試験旧2級または3級で日系企業に就職し、英語も求められる。日本留学者はまだ数が少なく異文化コミュニケーション上の問題が生じやすいことから、中国と同様に問題解決力や異文化調整力の重要さが示された（堀井 2011）。そして、タイ・バンコクの日系企業担当者と元留学生にインタビューを実施した。中国、ベトナムと共通した傾向が見られたが、タイ特有の結果としてタイの大学で日本や日本人の価値観についての授業が実施され、それが就職後に役立っているという回答が見られた（堀井 2012）。これらの調査から留学生が日本・日系企業に就職

するために求められる能力を「問題発見解決能力（堀井 2009：88）」「異文化調整能力（堀井 2009：88）」「キャリア開発力（堀井 2011：59）」と定め、ロールプレイ、プロジェクト型学習、インターンシップを盛り込んだビジネス日本語シラバスを再構築した。

　このように、海外におけるビジネス日本語研究においては茂住や野元のような実態調査による学習ニーズの把握または堀井のような授業設計が中心であり、日本国内で見られる教材開発や評価方法、実践報告は未だ数少ないのが現状である。

2.2.3　ビジネス日本語研究の動向総括

　前項より、政策を受けたグローバル人材育成として「ビジネス日本語」を実践している日本国内と、学習者側の要望を受ける形で「ビジネス日本語」に取り組んでいる海外とでは研究内容が大きく異なる状況にあることが分かった。したがって日本国内外のビジネス日本語研究の傾向については以下のようにまとめられる。

1．留学生の日本就職を見据えた指導が望まれ、日本式の就職活動に対応できるだけの日本語能力やビジネス文化の理解が期待される。そのためには日本語教師1人で授業を実施するのではなく、ビジネス講師や留学生就職サポート担当者等が参加するチーム・ティーチングやビジネスパーソンとの交流が提案されている。
2．学習内容においては、日本国内外問わず高度な日本語能力の他に問題発見解決能力や異文化コミュニケーション能力の育成が求められ、ロールプレイやプロジェクト型学習ケース学習等で育成を図ろうとしている。
3．ビジネス日本語能力のうち、コミュニケーション能力の測定においてはBJTビジネス日本語能力テストを利用したビジネス日本語 Can-do statements が考案されているが、それ以外の能力の効果を測定する方法については検証されていない。

2.3　日本語教育における e ラーニング研究

　e ラーニングとは、コンピュータを活用した学習のことである。1960年代の CAL（Computer-Assisted Learning：コンピュータによる学習）や CAI

（Computer-Aided Instruction：コンピュータによる教育）を前身としており、1980年代のパソコン台頭による CBT（Computer-Based Training：コンピュータを使用した学習）を経て、1990年代にインターネットが普及するとともにスタンドアロン[23]から Web 上へ、すなわち WBT（Web-Based Training：web サイトを使用した学習）へと移行した。現在ではコンピュータを利用したこれらの学習のうち、特に WBT が e ラーニングであると認識されている。外国語教育においては類似概念として CALL（Computer-Assisted Language Learning：コンピュータによる語学学習）が存在する。

　e ラーニングの定義は様々である。高等教育における e ラーニングの定義は、独立行政法人メディア教育開発センターが日本国内の高等教育機関を対象に2007年度に実施した「e ラーニング等の ICT を活用した教育に関する調査」において、以下のように解説されている（メディア教育開発センター　2008：付録調査票 p.3）。

　　コンピュータやインターネット、モバイル端末等の情報コミュニケーション技術（ICT）を用いて、学習者が主体的に学習できる環境による学習形態をいう。教員がリアルタイムで指導する場合と、学習者がオンデマンド的に学習できる場合がある。教授者と学習者の距離は問わない。

　この解説の中では、e ラーニングには時間的・形式的な区別があることが示されている。また青木（2012：13）では学習が同期型であるか非同期型であるか、また自学自習形式であるか集団学習形式であるかに基づく分類を行っている。図2.1は e ラーニングの分類である。

（青木 2012：13を基に筆者作成）

図2.1　e ラーニングの分類（学習形式）

「同期型」とはリアルタイムでコミュニケーションを図りながら学習を進める方法で、個人でライブ映像を見るライブストリーミングビデオや Web 会議

23　コンピュータをネットワークや他の機器に接続せずに、単独で動作または稼働すること。

システムを活用し少人数グループやクラス単位で授業や研修を受講するオンラインセミナー等が同期型eラーニングに分類される。それに対して「非同期型」とは場所や時間を問わず学習者が学習を行う方法で、個人でオンライン上の教材を利用して学習するWBL[24]、Web研修を受講するWBT[25]、または複数の学習者とオンライン上の仮想教室で授業・研修を行うバーチャルクラス等が非同期型eラーニングに分類される。

　青木（2012）は同時に、授業に占める対面学習の割合に基づく分類も行っている。図2.2は対面学習の割合によるeラーニングの分類である。

100%対面　　　　　　　　　　　　　　　　　　　　100%遠隔

対面授業	ブレンディッドラーニング	ハイブリッドラーニング	フルオンライン

（青木 2012：13を基に筆者作成）

図2.2　eラーニングの分類（対面学習の割合）

　教員との対面による学習の割合が高ければ「対面授業」となり、対面ではなくWeb画面等を通じた学習の割合が高ければ「フルオンライン」となる。対面と遠隔の両方の要素を併せ持つ学習方法として、対面授業とeラーニングを組み合わせるブレンディッドラーニングや、対面授業においてもeラーニングを積極的に活用するハイブリッドラーニング等が挙げられる。

　以上のことから、eラーニングとは様々な定義と分類があり、「どのようなテクノロジーを用いて学習・教育・研修をおこなうかでも分類をすることができる（青木 2012：13）」と言える。本研究においては、タイ国内複数地点のタイ人日本語学習者に対するeラーニングを想定していることから、「自学自習形式」で、かつ「遠隔の割合が高い」eラーニングを検討する。したがって、先行研究についてもこの分類に類似した日本語教育におけるeラーニング研究を概観する。

　日本語教育分野におけるeラーニング研究は、仁科（2003）によると日本国内で最初にeラーニングの開発を報告したのは寺他（1996）であるとされ

24　Web-Based Learning の略。Web ページを利用して行う学習。
25　Web-Based Training の略。Web ページを利用して行う教育や訓練。したがって狭義のeラーニングとはWBL と WBT を指す。

（p.234）、その歴史は浅い。

　eラーニング開発に関する研究を例にとると、筑波大学では2010年に文部科学大臣による「日本語・日本事情遠隔教育拠点」の認定を受け、2011年度よりeラーニングを開発した。eラーニングは専攻の時間割等の都合で日本語授業に出席できない留学生へ日本語教育を提供するために企画され、形式は授業補完型ではなく完全自律コース型である。またコミュニケーションの実践を重視し、直接教授法を採用した文型・語彙積み上げ型の授業設計とした（市原他 2012）。このようなコンセプトで開発された「筑波日本語eラーニング」は2013年より学習動画と作文システムおよび音声チャットシステムを配信するとともに、既存のコンテンツを取りまとめて公開された。また同時期に日本語教育におけるeラーニングの啓蒙活動として、様々なセミナーやシンポジウムを開催した（今井他 2014）。その結果、日本語クラスに参加できない学生に日本語学習の機会を提供するという目的は達成され、eラーニングコンテンツの集積や利用環境の構築も達成された。今後の展開として、モバイル端末への対応が挙げられた（李他 2015）。

　また国際交流基金が、紙媒体の教科書『まるごと』のサポートサイトである「まるごと＋（まるごとプラス）」の開発を報告した（川嶋他 2015）。海外拠点で運営している日本語講座の受講者を想定し、「日本語を使ってできることが増やせる・リアリティのある練習ができる・大人が楽しく使える（p.41）」の3つをキーコンセプトとして開発した。利用者調査から、「まるごと＋」は日本語の練習として貴重な体験だと受け止められ、また『まるごと』を補完する役割を担うものだと位置づけられた。一方でモバイル端末での学習や自国言語への対応を望む意見もあった。

　実践報告においては、篠崎（2009、2011a、2011b）では Moodle を使用した上級日本語読解（篠崎 2009）および上級日本語文法（篠崎 2011b）について報告された。読解ではブレンディッドラーニングの授業の学習者評価によって学習満足度を検証した。授業の総合評価は学習者の約9割が肯定的であるものの、動画に対する要望が多く見られた。文法ではブレンディッドラーニングの対面指導で出席管理と個別指導およびメンタリング[26]を実施した。対面指導ではで中間試験前に前年度受講生の試験結果の提示と、学習意欲の再

26　メンター（Mentor）と呼ばれる指導者が、対話による気づきと助言をもって、指導を受けるメンティー（Mentee）本人と関係を結び、自発的・自律的な発達を促す指導方法。

掲揚を目的としたショートプレゼンテーションを行ったことが報告された（篠崎 2011a：12）。学習者の授業態度から日本語学習者の自律性および学力向上が観察されたことから、ブレンディッドラーニングモデルは有効だと結論づけた。一方で日本語教師の役割および教育効果の測定には具体的な定義や測定方法が示されていないという課題が残されている。

ICT 環境を利用した e ラーニングとして、井上他（2013）では留学生向けの初年次教育について報告された。日本語力に加えてコンピュータ・リテラシーを高めることを目的に、コンピュータを使用した授業の他に発表の授業を実施した。ICT 環境では描画練習を画像や動画で行うことができること、ICT 活用によって学習時間の増加と確保が可能であること、そして学生の約 9 割が ICT 環境に肯定的であり、かつ約半数が「学習意欲が高まる」と回答したこと等が述べられた。しかし教員の ICT 環境活用が約 7 割であることから、今後は教員の ICT 活用能力が問われるとしている。

長谷川（2010）では近畿地区四教育大学連携において実施されたテレビ会議システムを利用した対面授業が報告された。他大学の大学生との意見交換を通じてコミュニケーション能力を最大限に発揮する様子が観察されるとともに、教員には他大学の授業形式に参加することで所属大学のプログラムについて考察する契機となったことが明らかとなった。また学部留学生用の授業への e ラーニング導入案として、日本語を向上させるために集中的に学習できる Web 教材を使用した学習と対面授業が有機的につながる流れが示された。

他に日本語学習者ではなく日本語教師の支援に主眼を置いた研究として、廣澤（2010）では「日本語教師のための Moodle 入門」コースの構築が報告された。日本語教師のコンピュータ活用が進まないのは、コンピュータを使える環境にない「物理的バリア」、コンピュータはとても使いこなせないと思う「心理的バリア」、どう使えばいいか分からない「情報のバリア」の 3 つのバリアが原因であるとした。そこで心理的バリアと情報のバリアを取り除くため、ICT 活用による協働的な学びを理解して気づきを共有することを目的としたコースを開発した。

このように、日本語教育における e ラーニング研究は市原他・今井他・李他・川島他にみられるような教材開発または篠崎・井上他・長谷川にみられるような実践報告が多く、e ラーニングの効果や評価方法に関する研究は少ない。また今後は e ラーニングの隆盛とともに効果や評価方法に対する研究

が進み、日本語学習者を対象とした研究だけでなく廣澤のような日本語教師への技術支援に関する研究も行われることが予想される。

　以上の先行研究から、日本語教育における e ラーニング研究の傾向については以下のようにまとめられる。

1．e ラーニングは開発や提供だけではなく普及という視点から、学習者に対するモバイル端末対応および自国言語による補助、日本語教師に対するノウハウの共有が求められる。
2．日本国内の留学生は日本語授業に参加する時間が少ないことから、それを補完するための e ラーニングが望まれている。海外の学習者に対しては学習支援の役割を果たす。
3．留学生向けに実施された e ラーニングの形態は様々であるが、いずれの場合でも授業評価はアンケートやインタビュー等、日本語学習者の主観に基づいた評価がなされる。あるいは日本語教師自身の内省が行われる。

2.4　タイ国内における日本語教育研究の動向

　最初に、東南アジア諸国の日本語教育研究について概況を述べる。まずインドネシアではスラジャヤ（1994）が大学における日本に関する専門家不足と研究費不足を指摘しており（p.53）、百瀬（1998）が日本語教育支援事業において強化すべき方策に、①教員養成・教員研修、②教材開発③日本語研究および日本語教育研究等の共同研究を挙げている（p.48）。またスティアワン（2015）では、日本文化への関心や仕事のために日本語を勉強する学習者が多いが、日本語教師不足（p.158）や日本語学習者増加に伴う教育の非効率化が課題だとしている（p.159）。同様にマレーシアでは太田（1999）および山田（2011）によって中等教育を中心に日本語学習が盛んに行われる一方、日本語教師の待遇が不十分なことによる日本語教師不足が生じていることが指摘されている。

　次に CLMV 諸国[27]の概況を述べる。まずベトナムでは宮原（1999）が教材

27　CLMV 諸国とは、カンボジア（Cambodia）、ラオス（Lao People's Democratic Republic）、ミャンマー（Myanmar）、ベトナム（Viet Nam）の頭文字を使用した総称である。当該 4 カ国はインドシナ半島に位置している東南アジアの開発途上国である（アジア資本市場研究会 2017：48）。

不足（p.147）と日本語教師不足（p.148）を指摘しているが、近年では工業化戦略の中で国際交流基金からの教材提供やベトナム政府主導の日本語テキスト作成等が行われている（グエン他 2015：254）。一方で高等教育では修士号取得が日本語教師の資格として挙げられているため日本語教師の確保は難航している（p.253）。次にミャンマーではカラヤ（2010）が日本人教師の不足と授業準備時間が少ないことによる授業の質（p.86）、またラオスでは田淵（2008）がラオス人教師の不足と教材不足および中級以降のカリキュラムの未整備（p.23）、そしてカンボジアでは大石（2004）が日本語教師の不足と教育専門機関の不備（p.32）を指摘している。

　これらの事例から、東南アジアにおける日本語教育において日本語教師不足および教材不足は各国共通の課題であり、双方の充足によってはじめて日本語教育が発展するといえる。

　タイも他の東南アジア諸国と同様の問題を抱えている。タイの日本語教育の歴史は古く、1960年代より日本政府主導の日本語寄付講座が大学に提供されていた。続く1970年代には民間団体を設立し、技術移転授業の一環として日本語教育が行われていた（田中 1998：211）。またタイの大学において最初に日本語主専攻課程が開設されたのは1974年である（松井他 1999：48）。この時期までは日本語教育とは外交政策の一環であり、日本語教師は日本語教育の専門家ではなくタイ地域研究を専門とする日本人が派遣されていた。しかし1980年代になり、タイの経済に日本の影響が強まるにつれて日本語学習熱が高まっていった。高等教育すなわち大学においても日本語主専攻課程を開設する大学が急増し、2020年3月現在で35校を数えるまでとなった（吉嶺 2020：23-24）。

　このような状況で日本語教師が不足していることから、1990年代より国際交流基金や大学教育学部等で中等教育のための日本語教師養成が行われるようになった。大学でも日本語教師の質的不足や量的不足に悩んでいる。バンチョンマニー（2009）が指摘するように、大学教員であっても教務以外の様々な雑務をこなさなければならず、しかも担当する学生数は日本語教師1人あたり約45人という勤務環境の悪さが問題となっている（p.121）。またタイ人教師をサポートする日本人教師は、タイを教育経験を積むための場だと捉える経験の浅い日本語教師（原田 2004b：204）であることが多く、質的不足や量的不足を補うための様々な学習指導方法が試みられている。

2.4.1　タイ国内における日本事情研究

　タイの日本語教育においては、日本語を言語学的観点から見た語用論や4技能の指導方法に関する研究は盛んに行われているものの、コミュニケーション論や日本文化に関する研究はそれほど行われていない。日本事情研究に関しては、1980年代に「日本事情」の教授方法について考察が行われたほか、日本研究における日本文化の必要性が日本研究センター設立の遠因として語られるのみである。

　バンコクでは、インカピロム（1988）がタイ人に日本の事情を理解させるための日本研究センターがタマサート大学に設立されたことを紹介するとともに、大学で学ぶタイ人日本語学習者に日本文化についてのアンケート調査を実施した結果、日本人の思想や習慣および価値観等に興味を抱いていることを報告した。一方で「日本事情」を教えるための教材が不足しているが、日本国内の留学生向けに編纂された教科書は学習した知識をタイ国内では使えないことから、タイ人日本語学習者は関心を持たず使用に批判的であることを指摘した。そこで教材を自作し、日本とタイおよびアメリカの文化社会を比較したディスカッション活動を取りいれた。その結果、タイ人日本語学習者の視野や知識が広がり、相手の考え方や自分の価値観の再確認ができるようになったことが分かった。すなわちタイで「日本事情」を開講する場合は、教材の不足解消の他に自分の文化や習慣を体系的に伝えて理解させる手段を習得する必要があることが示されている。

　またタイ北部では、コンジット（2013）がチェンマイ大学人文学部に日本研究センターが設置されたことを報告した。設置の理由として、在タイ日系企業側が希望するタイ人日本語人材は日本語能力の高さだけでなく、文化や社会、そして経済等の日本に関する総合知識を持つ者であるというニーズに気づいたからだと分析している。

2.4.2　タイ人日本語学習者を対象としたビジネス日本語教育

　近年の日本国内におけるビジネス日本語教育は、2007年に打ち出された「アジア・ゲートウェイ構想（首相官邸 2007）」の一つである留学生支援プログラム「アジア人財資金構想」を受ける形で、アジア全域の留学生に対して行われていた。ビジネス日本語教育からインターンシップ、そして就職支援までをパッケージ提供した人材育成事業が行われる等、ビジネス日本語のみではなく日本式ビジネスを体感的に学べる教育プログラムが実施された。

また海外の動向として、2016年にインドネシア・バリで行われた ICJLE2016 日本語教育国際大会では「東南アジアのビジネス－グローバル人材育成とつながるネットワーク－」と題したシンポジウムが行われた。そこでは大学におけるグローバル人材の育成にはビジネス日本語が重要である一方、東南アジア各国のビジネス日本語教育が抱えている問題点が改めて示された。

この流れに関連して、タイ国内でも在タイ日系企業が大学に対して奨学金を授与するだけでなく、工学部を中心とした理系学部において寄付講座を提供している[28]。このように今後も日本国内外でアジア人材の育成事業が継続して行われることが予想される。そこでタイのビジネス日本語教育研究について先行研究を概観する。

まず1980年代に大学で学ぶタイ人日本語学習者の学習動機は、「日本の文物への興味」「日系企業への就職に対する期待」がともに約31%であった（中山 1986：167）。1990年代になると、国際交流基金バンコック文化センターで学ぶ日本語学習者の学習動機は「仕事で必要」「語学が好きだから」がともに約40%であった（松井他 1999：125）。また1993年に行なわれた調査では、タイ・バンコクの主要日本語教育機関で学習する学生および一般人の学習目的の約70%が「タイでの仕事に役立てるため」（野津 2001：268）だったことから、早くも1990年代前半にはタイ人日本語学習者の多くが仕事における日本語使用のために日本語を学習していたことが分かる。

そして2000年代に入ると、日本語教師側もタイ人日本語学習者の学習目的が在タイ日系企業へのタイ人日本語人材としての就職であることを受け、在タイ日系企業関係者やタイ人日本語人材へのインタビューによる現状把握や日本語教育に対するニーズ調査等、ビジネス日本語研究が盛んに行われるようになった。

原田（2004a）では、在タイ日系企業のトップや人事関係者に対する日本語ニーズ調査が実施された。その結果、大手企業は本社からの文書を理解し中間管理職的な対処ができる、中小企業は工場の技術的事象や専門用語が通訳できるタイ人を求めていることが分かった。この調査ではニーズが多様化し、専門性のある日本語の需要が高いことが示されていると同時に、「日本へ留学した経験のある人」という、暗に日本文化を理解したタイ人が求められ

28　一例として、盤谷日本人商工会議所が2015年からキングモンクット工科大学やカセサート大学等で日本型経営講座を提供している（盤谷日本人商工会議所 2015）。

ていることを表している。対策として CAI 教材やオンデマンド教材、自律的学習の体制作りが示唆された。

　タナサーンセーニー他（2005）では、日本語主専攻課程の卒業生の動向調査とともに、バンコク近郊の日系企業現地工場に対して日本語使用状況や企業の求める人物像、実際のスタッフの能力および問題点、大学教育に求めることについてインタビューを実施した。大学は就職を意識した科目を開講しているが、卒業生の多くが専門用語への対応と会話力およびビジネス文化への対応に苦労していることが判明した。そこで在学中の企業実習と文化理解促進の必要性を提言した。

　千葉・高田（2010）では、観光日本語科目のシラバス作成を目的に、タイ人日本語ガイドに求められる能力についてベテランガイドにインタビューが実施された。言語的能力では予定表を読めるだけの読解力・分かりやすい発音・言い換え・「〜です・ます」体で話せる能力の他、様々な方言を聞き取る能力が求められていることが明らかになった。また言語外能力では日本とタイの文化の違いに対する知識が求められていることを指摘した。

　中井・千葉（2011）では、タイ人ホテルスタッフが求められるホテルビジネス用日本語について日本人観光客に対して質問紙調査が実施された。日本人観光客は外国でも日本語が通じれば嬉しく、観光相談やトラブル発生時に意思疎通ができるレベルの日本語の使用を望んでいることが分かった。また宿泊施設のランクの高さと求められる日本語のレベルの高さが相関していることが明らかとなった。

　前野他（2015）では、バンコクの日系企業人事担当者に対して日本語人材のニーズに関するインタビューが実施された。日本や日本人のことを理解した日本語人材が求められている一方、そのような人材は不足していることが分かった。また社内用言語としてタイ人・日本人双方が「英語」を使用する、と答えた企業が多く、日本語人材とはどのような人材を指しているのかは特定できなかった。

　タイにおけるビジネス日本語教育の実践例として、田中（2007）では日本語学校におけるビジネス日本語コースの実践報告が行われた。ここでは年少者教育における川上（2004）の3つの視点である「ひとりひとりに応じた言語学習を提供する『個別化』(p.3)」、「場面や状況に応じた意味のある文脈の中で使用させる『文脈化』(p.5)」、「他者とのかかわりの中で自分が伝えたい・聞きたい内容を言葉にする『統合化』(p.8)」をビジネス日本語の言語指

導に援用し、タイ人ビジネスパーソンに内省を促すことで問題解決のストラ
テジーを育てることを試みた。授業においては在タイ日系企業に勤務するタ
イ人日本語学習者は場面設定のあるロールプレイを好まず、実際の場面に対
処できるコミュニケーション能力の習得を求めていることが分かった。

2.4.3　タイの日本語教育におけるeラーニング

　最初にタイにおけるeラーニングの現状に触れる。タイでは1990年代から
行われている遠隔教育の他、2000年代よりeラーニング推進政策が取られて
おり（OECD教育研究革新センター　2006：265）、ほぼ全ての教育機関にコ
ンピュータが導入されている。また児童生徒にタブレット型端末を提供する
政策（Bangkok Post 2011）や、一部教育機関の在籍学生に対する教育方針に
よりタブレット型端末の配布が行われている。したがってICTに係る設備投
資は十分であり、今後は教育機関外におけるモバイル端末を活用したeラー
ニングが隆盛することが予想される。

2.4.3.1　タイにおけるeラーニング事情

　タイでは同期型eラーニングと非同期型eラーニングの両方が利用されて
いる。同期型eラーニングで代表的なものは衛星授業や公開大学[29]のTV放送
授業等が挙げられ、いずれも20年以上前から授業のライブ中継が実施されて
いる。受講者はモニターを通して疑似的に講義を受講するが、動画視聴のみ
であることから受講者が自発的に学習しているとは言いがたく、また放送中
であっても受講者からの質問を受け付けているが、放送内容と時間が定めら
れている中で回答までを行うことは非常に困難である[30]。放送を受信するサ
テライトルーム（学校教室や地域教育センター、公開大学地方キャンパス等）
に通学すれば机間巡視をしている監督教員に質問が可能だが、自宅で受講す
る場合はメール等による問い合わせとなる。この方法では疑問を解消するま
でに時間差が生じるため、結果として学習意欲が低下しかねない。

　前出の同期型eラーニングに対し、Moodle等のオンラインコースまたは電

29　タイには公開大学（Open University）としてラームカムヘーン大学とスコータイタマティ
　　ラート大学の2校が存在する。日本でいう放送大学や通信制大学に近く、通学またはライブ放
　　送視聴形式で科目を受講し単位を取得する。
30　タイ南部で衛星放送授業を実施している学校（第三章参照）によると、放送中に電話等で質
　　問が行わるのは年に1回程度であり、放送後にFAXやメールで質問が行われるのは年に2〜
　　3回程度であるため、授業教案には質問対応の時間を組み込んでいないとの回答であった。

子教材を提供して自宅等での独習を支援する非同期型 e ラーニングは、タイにおいては同期型 e ラーニングほど盛んではない。タイ国内の高等教育機関を例にとると、全156校のうち LMS（Learning Management System：学習管理システム[31]）が存在する教育機関は31校（Rueangprathum *et al.* 2010：7）であり、所有率は約19.87% である。また i Tunes U[32]に電子教材が存在する高等教育機関は16校（2020年 4 月 1 日現在）であり、所有率は約10.26% である。しかし2020年 4 月時点で LMS に日本語教育分野のコースを開設したという報告は管見の限り見当たらない。また i Tunes U ではタマサート大学に初級日本語のコースが 2 コース存在するのみである[33]。

MOOC（Massive Open Online Courses：大規模公開オンライン講座[34]）に目を向けると、2013年にスコータイタマティラート大学がアメリカを中心に隆盛した MOOC（以降「グローバル MOOC」）のプラットフォームに興味を持ち、MOOC の前身となる OER（Open Education Resources：オープン教育リソース[35]）を開発した。また2016年には、タイ高等教育科学研究革新省（以降「MHESI」）管轄[36]である Thailand Cyber University Project（以降「TCU」）がタイ版 MOOC となる Thai MOOC を公開し、その運用を開始した（Theeraroungchaisri 2018：6）。しかしチューシー（2017：65）の調査によると、公開時点ではタイ高等教育機関40校が Thai MOOC と協定を締結してコースを提供しているにもかかわらず、日本語教育に関するコースは存在しなかった。Thai MOOC における日本語教育に関するコースの開講は、Thai MOOCと協定を締結している高等教育機関が60校となった2020年まで待つことになる[37]（Thai MOOC 2020）。そしてグローバル MOOC においては、日本語教育

31　e ラーニングの運用に必要な機能を備えた学習教材の配信や成績等を統合して管理する管理システムのことである。日本イーラーニングコンソシアムの定義では、①学習者の登録・変更・削除、②教材の登録・学習者への教材の割り当て、③学習者個人の学習履歴・学習進捗状況・成績の管理、④成績集計、統計分析機能、⑤情報共有用の掲示板の設置・学習者に対するメール送信等の機能、これら 5 つを一般に備える。

32　Apple 社が提供する、世界中の大学等の講義を視聴できるオープン・エデュケーショナル・プラットフォーム（アマルゴン 2012：15）。提供されている大学の講義は無料で視聴可能。

33　この 2 コースについては教材の URL が無効であることから、実際には日本語学習に使用することができない。学内でのみアクセスが可能であると推測される。

34　オンラインで誰でも無償で利用できるコースを提供するサービス。受講自体は無償だが、修了証書等は有料となる場合がある。

35　教育に関する共有財を作ることを目的とした世界的なコミュニティネットワーク。

36　TCU 発足当時は教育省の外局である高等教育局（Office of Higher Education Commission、以降「OHEC」）の管轄であったが、OHEC は2019年 5 月 2 日より新省である MHESI に統合した（大学改革支援・学位授与機構 2019）。

に関するコースは早稲田大学が2016年より edX 上で開講している「Japanese Pronunciation for Communication」の1コースのみである（2020年4月時点）。したがってタイの日本語教育においては電子教材の供給に乏しく、非同期型 e ラーニングはほとんど使われていないといっても過言ではない。

現在、国際交流基金をはじめとする多くの日本語教育関連機関が非同期型 e ラーニングの開発を急いでいる。しかし開発された教材の多くは日本語未習者あるいは初級レベルを対象とした汎用的な教材であり、特定国の学習環境と需要に即したものとは言いがたい。またタイでは『こはるといっしょににほんごわぁ～い』（国際交流基金 2012）や、『見る！日本語の教え方』（国際交流基金バンコク日本文化センター 2014）といったタイの現状に即した電子教材があるものの、これらは中等教育を対象にしている。今後は高等教育の日本語既習者が使用するための e ラーニングの登場が期待される。

2.4.3.2　タイの日本語教育における e ラーニング活用例

タイの日本語教育における e ラーニングの活用には、日本人との接点を持つための交流活動または遠隔教育として使用される傾向が見られる。

交流活動は、日本人との直接交流が困難な海外において、コンピュータを用いて日本人との接点を増やすことで日本語能力を向上させることを目的としている。例えばタナサーンセーニー（2006）では、日本人学生との交流活動後のチャットや電話および電子メールによる教室外での接触がタイ人日本語学習者に及ぼす影響について、日本語と情意的要因の2点を考察している。タイ人日本語学習者は教室外での日本語のやり取りは教室内での日本語学習が役に立つと考え、また外で日本語を使う難しさを実感した。しかし辞書を引く回数が増えたという点以外に大きな変化はなかった。だが交流回数が増えることで日本語は上達し、学習動機も高められたことから、ICT 利活用によって日本人を人的リソースとする日本語学習には効果があることが示唆された。

また日本語を使用した交流活動の利点は、海外日本語学習者同士の交流が可能となることである。日本語を使用する機会の提供として、また日本語教

37　協定締結機関数は2020年2月3日時点の公開情報に基づく。日本語教育のコースは2020年4月時点で2講座が存在する。1つは2020年1月から2月にかけて開講された、筆者が開講責任者を務めた「"Japan Affairs" using e-learning」である。もう1つは2020年2月からスコータイタマティラート大学が開講している「Japanese Language for Being Elderly Caregiver」である。

育における文化理解教育の学習環境作りとして、他国の日本語学習者との異文化交流が行われる。吉田直子（2011）では、「ステレオタイプ」をテーマにプロジェクトワークを行い、他国のイメージにおける情報の隔たりや自己認識の違い等を体感させた。その結果、日本文化との比較におけるタイ文化ではなく、広い視野で文化を捉え直すことができたことを報告した。同時に他国のタイに対するステレオタイプなイメージを受け、現状を伝えたいという内発的動機に基づく自律学習への発展を示唆している。しかしWeb掲示板やTV会議はあまり使用されずパワーポイントの作品交換がメインとなったことから、対面式のICT利活用はタイの通信環境やタイ人日本語学習者自身の好む学習行為に合致していないことが推察された。

　同期型eラーニングについては、衛星放送を利用したものと大学が独自に遠隔教育を実施するものの2種類に分類される。衛星放送については、大作（2005）が初等教育で衛星放送を主たる教授メディアの中心として使う学校と、補助的に用いる学校の事例を挙げている。主たる教授メディアとして衛星放送を使う受信校の多くは地方、特に山間部等の僻地にある学校である。そのような学校は全寮制学校であり、教員はチューターを兼ねており教授経験は乏しい[38]。そのため高品質かつ均一品質の授業を受講できる衛星放送が求められている。しかし衛星放送は双方向コミュニケーションを行いがたく、また配信される授業の質が高いからといって高い学力の習得が保証されるとは限らない。それには教員による学生の理解を高めるための働きかけが必要である。

　同様に宮岸（2006）が、衛星放送による日本語授業が十分活用されていない現状を報告した。新しい授業形態の受け入れに抵抗があるとした上で、主原因に機器の未整備や維持および管理、衛星放送で提供する大学受験を想定したレベルの授業と受信校が実際に求める初級レベルの授業といった不一致等を挙げた。それと同時に衛星放送では遠隔地にある受信校のニーズに合った内容が求められるとともに、衛星放送を使用した授業を行うための人材育成の必要性を説いた。更に衛星放送による日本語授業の実施までの仕組みが大がかりであるのに対し、利用者が少ないことから学習成果を実証できず、結果として衛星放送を積極的に導入しようという動きは見られないことを指

38　教員が僻地の学校で宿泊しながら生活指導と教育を行う様子については、2014年に第87回アカデミー賞最優秀外国語映画賞候補作に選ばれたタイ映画「คิดถึงวิทยา（英題：The Teacher's Diary、邦題：すれ違いのダイアリーズ）」が詳しい。

摘した。

　大学独自の遠隔教育については、牛窪（2010）が日本国内大学とタイ国内教育機関の2拠点をTV会議システムで結ぶ遠隔授業の実践を行っている。この授業は日本人大学生と初中級クラスで学ぶタイ人大学生がインフォメーションギャップに基づく日本語会話をリアルタイムで行ったが、参加した日本人学生の中には「会話の練習相手」「参加意欲が湧かない」という感想を抱く者もいた。そのため共通課題として作文を課し、お互いの作文について意見交換を行う授業に切り替えたことで日本人学生も活動に対して主体性を持つようになったことが報告された。

2.4.4　タイ国内における日本語教育研究の動向総括

　ここまでタイ国内における日本事情研究やビジネス日本語研究およびeラーニング研究の動向を概観した。日本国内とも他の海外諸国とも異なるタイの日本語教育に関する研究の傾向については、以下のようにまとめられる。

1．日本事情研究自体は少ないものの、日本文化理解の重要性は認識されており、それが各地における日本研究センター設立の動機の1つとなっている。
2．ビジネス日本語研究においては早い段階で在タイ日系企業への就職に対するニーズがあり、それを受けた企業関係者および顧客に対するアンケート調査が実施されている。また「ビジネス日本語」においていかなる内容を授業に導入すべきかまで検討されているが、導入後の実践報告は少ない。
3．eラーニングは、ICT利活用による日本語を用いた交流活動と、同期型ラーニングの2種類に分類される。同期型eラーニングには、衛星授業とTV会議システムによる遠隔授業に分かれる。交流活動と遠隔授業については、学習動機は高まる一方で学習成果は明確に示されない。また衛星授業については、提供する内容と受信校の学習ニーズとの調整が必要である。

2.5　本研究の課題

　先行研究からタイにおける日本語教育の現状を俯瞰して判明した課題のう

ち、当研究で取り扱う課題は以下の2つである。

課題1：タイにおいていかに「日本事情」を設計すべきか

　先行研究からは「日本事情」の定義が曖昧であり、学習環境によって要求される学習内容が異なることが分かった。それはタイ国内大学の日本語主専攻課程においても同様であり、学習内容は日本文化に関するものであれば不問である。そのため全てを自作することになり、授業を設計する上で参考となるものが存在しない。

　また「日本事情」の学習内容のみに着目するのでなく、コースデザインから成績評価までの全ての授業設計、特に日本文化の学習方法についての指針が必要である。特に昨今では地域共生や協働といった日本語学習の先に求められるニーズを内包した「日本事情」の実践報告がなされ、「日本事情」の多様化が進んでいることから、海外における「日本事情」の授業設計について1つのモデルケースを作る必要がある。

　これらの課題を解決するために、以下の2つを下位課題とする。

下位課題①「日本事情」において学習すべき内容とは何か

　タイ人日本語学習者・日本語教師・在タイ日系企業の3者が「日本事情」の学習内容として何を学習することを望んでいるかを明確にする。

下位課題②「日本事情」における ICT 利活用には、いかなる方法が適しているか

　タイ全域の学習環境を考慮してeラーニングを使用する場合、いかなる方法が「日本事情」の学習において適切であるかを明確にする。

課題2：企業側から見て日本語人材育成に効果のある日本文化の学習内容とは何か

　日本語教育においては、就職を目指したビジネス日本語教育の重要性が近年高まってきている。しかし先行研究では就職活動を乗り越えるための高度な日本語能力の育成を主軸としており、他の能力向上のための取り組みは未だ立案段階である。

　一方で海外、特にタイにおいては、企業側は必ずしも高い日本語能力を求めていない。先行研究からはコミュニケーション能力や問題解決能力および

文化理解等を求めていることが明らかにされている。つまり日本語教師がタイ人日本語学習者に課す能力と実際に求められる能力の認識が異なっており、現状のビジネス日本語教育において在タイ日系企業の求める能力を持つタイ人日本語人材が育成できているとは言いがたい。タイ人日本語人材として求められる日本語以外の能力の育成を行うためには新たに科目を設置することが望ましいが、タイの大学においてカリキュラムの変更は困難である[39]。したがって既存の科目で対応することになるが、その場合は日本文化を学習する「日本事情」において育成するのが適当である。そこで日本語教師側の意見だけではなく企業側の意見に基づく学習内容で実施される「日本事情」が、タイ人日本語人材育成にどの程度効果があるかを明確にする。

2.6　タイ大学日本語主専攻課程のカリキュラム分析

　タイの日本語教育で同期型 e ラーニングの利用が多い理由として、教育政策等で高等教育の外国語教育における非同期型 e ラーニング使用に対して何らかの制約がある可能性がある。そこで日本語主専攻課程のカリキュラムを分析し、「日本事情」に非同期型 e ラーニングを導入できるかどうか判断する。

　タイ国内大学のカリキュラムは MHESI 管轄の OHEC が定める「タイ国家高等教育水準枠組み[40](Thai Qualifications Framework for Higher Education、以降「TQF：HEd」)」に沿って設計されている。OHEC の監査を経てカリキュラムが承認された後はカリキュラムに合致した、つまり TQF：HEd を遵守した教育を行うことになる。各大学の日本語主専攻課程も同様に、独自性を出しつつ TQF：HEd を遵守したコースカリキュラムを作成している。

　表2.2はコースカリキュラムの分析対象となった日本語主専攻課程を持つ大学 8 校である。内訳は北部・東北部・南部の日本語教育において代表的な大学各 1 校（計 3 校）、バンコク首都圏については入試難易度の高い上位 3 校と同期型 e ラーニング実施校 1 校および私立大学 1 校の 3 群に分類した。

39　タイの大学においてカリキュラム変更、すなわち科目を設置・廃止できるのは 5 年に 1 度行われるカリキュラム改定時のみである。

40　直訳すると「タイ高等教育の質管理枠組み」となるが、大学評価・学位授与機構（発行年不明）は「タイ高等教育資格枠組み」、放送大学（2011：92）は「国家高等教育水準枠組」という日本語訳をあてていることから、本研究においては日本語訳を「タイ国家高等教育水準枠組み」とする。

表2.2　カリキュラム分析対象校

分　　　類	大　学　名
北部（国立）	チェンマイ大学
東北部（国立）	コンケン大学
南部（国立）	プリンス・オブ・ソンクラー大学
バンコク第1群（上位3校）	チュラーロンコーン大学、タマサート大学、カセサート大学
バンコク第2群（同期型実施校）	シーナカリンウィロート大学
バンコク第3群（私立大学）	アサンプション大学

　上記8大学の日本語主専攻課程の現行カリキュラム（2016年度）について、「日本事情」およびタイ人日本語人材育成の観点から分析した[41]。傾向として、以下の3点に要約される。

1．全大学で日本文化に関する科目が開講されている。その場合、対象学年が3年生以上の選択科目として開講されることが多い。
2．「日本事情」の主たる開講目的は「文化を中心とした日本の基礎知識の習得」であるが、「現代日本社会への理解」として開講している大学もある。
3．学科（学部）の目標として研究のみならず実務での活躍を目的とした人材育成を掲げ、高学年ではビジネス関連科目を多く開講している。また語学・知識の他にICT活用能力の習得を重視している大学も複数見られる。

　以上から判断して、職業日本語を習得するための科目との関連性を持たせた日本社会や企業文化の内容を含む「日本事情」をeラーニングでタイの大学日本語主専攻課程に提供するのであれば、各大学の「日本事情」の開講目的に近く、各大学が掲げる目標を達成するに十分である。また複数の大学でICTの積極利用が推奨されていることから、タイ人日本語人材を育成するための「日本事情」をeラーニングで実施することは、むしろ望ましいと言える。一方で現行カリキュラムではeラーニング受講のみでの成績確定／単位付与は不可能である。なぜならOHECが定めるeラーニング利用規定においてはeラーニングによる学習活動は授業全体の80%とされ、20%は必ず対面

41　各大学の「日本事情」関連科目の説明および学科目標等は吉嶺（2017a：61-62）参照。

式の学習活動が求められる[42]からである。したがって「日本事情」をeラーニングで完全に代替する形式ではなくタイ人日本語学習者の自習用教材として利用する等、授業を支援するための電子教材として提供する形式を検討する。

2.7　研究遂行のための理論的枠組み

　本節においては、研究課題を解決するために必要な理論的枠組みのうち、教材設計に関する理論としての「インストラクショナルデザイン」と、文化理解に対する学習成果を測定する理論としての「学習ストラテジー」についてまとめる。

2.7.1　インストラクショナルデザイン

　インストラクショナルデザインのモデルは数多く提案されており、その範囲は企画・設計・開発・実施・評価と多岐に渡る。教育・教材の設計プロセスの手順ではロバート・M・ガニェの「ADDIE モデル」が有名である。これは手順を示すプロセスモデルで、Plan-D-Check-Action の PDCA サイクルをインストラクショナルデザインにあてはめたものである。ADDIE は「分析（Analysis）」、「設計（Design）」、「開発（Development）」、「実施（Implementation）」、「評価（Evaluation）」の頭文字から名づけられており、どこかに問題が生じた際に活動全体を見直すことができる。しかし、ADDIE モデルに従った場合は改善に時間がかかり、また設計時に別のインストラクショナルデザイン理論やモデルを導入しなければ定型的な教育の設計となることから、近年は別のプロセスが提案されている（市川他 2016：116）。そこで本研究ではeラーニングの開発にあたって、ADDIE モデルではなく開発における試作手法の１つである「ラピッドプロトタイピング[43]」により迅速な改良を試みる。

42　TQF：HEd にはeラーニングの積極的活用が推奨されているが、具体的な使用方法までは明文化されていない。そこでタイのeラーニング政策に詳しい TCU の Thai MOOC 統括責任者に対して大学の授業におけるeラーニングの利用規定に関してインタビューを行った（2018年３月15日実施）ところ、上記の回答が得られた。

43　高速（rapid）に試作（prototyping）することを目的に、開発→テスト→修正を短いサイクルで繰り返し、短期間で改良する手法。

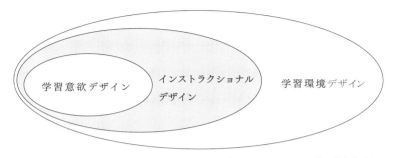

（ケラー　2010：24を基に筆者作成）

図2.3　インストラクショナルデザインの概念

　インストラクショナルデザインは図2.3に示す通り、学習環境のデザインを
上位概念、学習意欲のデザインを下位概念としており、学習意欲のデザイン
は動機づけとも関連している（ケラー　2010：24）。

　eラーニングの場合、学習意欲は学習者の自主性に委ねられるため継続し
た学習が困難である。そこでeラーニングの開発にインストラクショナルデ
ザインの理論を活用し、効率的なeラーニングのデザインだけでなく学習意
欲デザインをも設計する。

　まず学習意欲のデザインには、ケラーが1980年代に提唱した「ARCSモデ
ル」がある。ケラーは学習意欲について、動機づけに関する心理学の理論お
よび教育実践に基づき、「注意（Attention）」、「関連性（Relevance）」、「自信
（Confidence）」、「満足感（Satisfaction）」の４つに分類した。また表2.3に示す
通り、各項目には３つの下位概念が存在する。eラーニングで提供するデジ
タルコンテンツにおいては、ARCSモデルの概念を援用する。つまりタイ人
日本語学習者にとって興味関心のあるもので、将来在タイ日系企業で働く姿
が想像できるとともに、学習後に自信をもって就職できる内容を盛り込む。
そのためには計画的な授業設計が必要である。

表2.3　ARCS モデル

注意 （Attention）	A1：知覚的喚起 →目を惹く	A2：探求心の喚起 →好奇心を大切にする	A3：変化性 →変化を持たせる
関連性 （Relevance）	R1：親しみやすさ →嗜好に合わせる	R2：目的指向性 →目標に向かわせる	R3：動機との一致 →プロセスを楽しませる
自信 （Confidence）	C1：学習要求 →目標を明示する	C2：成功の機会 →確認して進ませる	C3：コントロールの個人化 →自分で管理させる
満足感 （Satisfaction）	S1：自然な結果 →結果を生かす	S2：肯定的な結果 →ほめて認める	S3：公平さ →裏切らない

（鈴木 2002：178-179、ケラー 2010：329-332、市川他 2016：224-225を基に筆者作成）

　次に授業設計をシステマティックに行う指針として、鈴木（2005：54）は米国の教育工学研究者ロバート・メーガーによる「メーガーの3つの質問」の大切さを指摘している。

Where am I going?（学習目標：どこへ行くのか？）
How do I know when I get there?（評価方法：たどり着いたかどうかをどうやって知るのか？）
How do I get there?（教授方略：どうやってそこへ行くのか？）

　この3つの質問を利用し、「日本事情」に関するeラーニングの学習目標・eラーニングによる日本文化学習の評価方法・タイ人日本語学習者が学習目標を達成するための方略を定める。
　そして教授内容に対する指導方法や評価方法との対応関係の分類方法として、鈴木（2002：53）ではロバート・M・ガニェによる「ガニェの学習成果の5分類」を紹介している。表2.4に示す通り、対象とする学習を学習成果の質的な差によってまとめ、成果毎に異なる評価方法について提案している。これを利用し、「日本事情」に関するeラーニングを使用した授業展開とそれに関連した学習活動を設計する。

表2.4　ガニェの学習成果の5分類

	学習成果	成果の性質	評価方法
認知的領域	言語情報	・指定されたものを覚える ・宣言的知識 ・再生的学習	・あらかじめ提示された情報の再認または再生 →再認：真偽法（〇×方式）、多肢選択法、組み合わせ法 →再生：単純再生法、完成法（穴埋め法） ・全項目を対象とするか項目の無作為抽出を行う

認知的領域	知的技能	・規則を未知の事例に適応する力 ・手続的知識	・未知の例に適用させる →再生が基本。ただしルール自体の再生ではない →再認：つまずきに応じた選択肢を用意する ・場合分けをする（難易度と出題の幅） ・課題の全タイプから出題し適用できる範囲を確認する
	認知的方略	・自分の学習過程を効果的にする力 ・学習技能	・学習の結果より過程に適用されるため、 　学習過程を評価する ・学習過程の観察や自己描写レポートなどを用いる
運動領域	運動技能	筋肉を使って体を動かす／コントロールする力	・実演させる：やり方の知識と実現する力は違う ・チェックリストを活用する →正確さ、速さ、スムーズさをチェックする
情意領域	態度	ある物事や状況を選ぼう／避けようとする気持ち	・行動の観察または行動意図の表明 →観察：チェックリストの活用 →意図：行動のシミュレーション ・場を設定する際は、 　一般論でなく個人的な選択行動を行う

（鈴木 2002：53、市川他 2016：166を基に筆者作成）

2.7.2　学習ストラテジー

　本研究において、インストラクショナルデザインで授業設計した「日本事情」の学習成果を考察する方法として、「学習ストラテジー」を使用する。学習ストラテジーとは、学習者が言語を学ぶ際に行う様々な思考活動や行動（尹 2011：17）であり、第二言語教育においては学習者が言語を学習する際に行う様々な思考活動や行動（元木 2006：690）を指す。言語習得には学習者の外的要因を重視した習得観と内的要因を重視した習得観があり、前者はさらに社会的環境に注目する立場と個々の習得環境におけるインプットの質や量に注目する立場に区別される（大和他 2005：13）。学習ストラテジーは「外的要因」に該当し、外部からの働きかけによって新しく習得および改善される。そして学習者が一般的認知能力に基づいて自分自身で学習ストラテジーを選択し、使用していくことから自律性が高い。そのため、第二言語習得研究においては習得の個人差に大きな影響を与える要因とみなされている。

　学習ストラテジーの分類は、研究者によって異なる。代表的なものはO'Malley *et al.*（1985）やOxford（1990）による分類である。O'Malley & Chamot（1990）では学習ストラテジーを「メタ認知ストラテジー」、「認知ストラテジー」、「社会・情意ストラテジー」の３群に分類している。Oxford（1990）は表2.5に示す通り、学習ストラテジーを外国語学習とその使用に直接関係する「直接ストラテジー」と間接的に語学学習を支える「間接ストラテジー」に分類した後、下位分類として前者を「記憶ストラテジー」、「認知ストラテジー」、「補償ストラテジー」、後者を「メタ認知ストラテジー」、「情意ストラ

テジー」、「社会的ストラテジー」に細分化している。

表2.5　Oxford（1990）による学習ストラテジー

分類	ストラテジー名	ストラテジーの役割
直接ストラテジー	記憶ストラテジー	新しい言語を蓄え、引き出す
	認知ストラテジー	よりよい言語産出や理解をする
	補償ストラテジー	わからないことを推測したり他の方法を使ったりして補う
間接ストラテジー	メタ認知ストラテジー	自分の認知処理を統制する
	情意ストラテジー	学習態度や感情の要因を自ら統制する
	社会的ストラテジー	他人との作業を通じて理解、強化する

（吉田　2008：22を基に筆者作成）

　日本語教育における学習ストラテジー分類も Oxford（1990）を踏襲し、ネウストプニー（1999）が日本語学習に特化した各ストラテジーの方略[44]タイプリストを作成している。表2.6は Oxford の直接ストラテジーとネウストプニーの作成した方略タイプの統合表である。ネウストプニーは記憶ストラテジーを記憶定着のための練習活動に関する方略としてリスト化している。また認知ストラテジーは学習しようとする題材を理解するための工夫に関するストラテジーであるとし、補償ストラテジーは「訂正ストラテジー」と呼称され、コミュニケーションや学習者への語学的インプットを止めないためのストラテジーであるとした。Oxford においては練習に関する方略は「認知ストラテジー」であるが、ネウストプニーは「記憶ストラテジー」としている。また「補償ストラテジー」はコミュニケーションを継続することに重点を置いた方略で構成されている。

　表2.7は Oxford の間接ストラテジーとネウストプニーの作成した方略タイプの統合表である。ネウストプニーはメタ認知ストラテジーを計画の段階・実行の段階・評価の各段階に分かれたストラテジーとし、情意ストラテジーは言語学習中の感情的な障害を予想し、事前または最中に調整するストラテジーとした。そして社会的ストラテジーは学習者のネットワークに働きかけるストラテジーであるとし、ネットワーク構築のための様々な方略を提案した。

44　各ストラテジーで行われる思考活動や行動の１単位を、本研究においては「方略」と呼ぶ。例えば質問をして答えをノートに書く場合、「質問をする」「ノートに書く」は２つの方略であると考える。

表2.6　Oxford（1990）とネウストプニー（1999）に基づくストラテジー：直接ストラテジー

下位分類	上段：Oxford(1990)による定義／下段：ネウストプニー(1999)による方略[45]
記憶ストラテジー	1．知的連鎖を作る 　①グループに分ける　②連想をする　③文脈の中に新しい語を入れる 2．イメージや音を結びつける 　①イメージを使う　②意味地図を作る　③キーワードを使う 　④記憶した音を表現する 3．繰り返し復習をする 　①体系的に復習をする 4．動作に移す 　①身体的な反応を使う　②機械的な反応や感覚を使う
	1．他の言語と比較する 2．漢字の形を象徴のように考える、連想をする 3．練習をリピートする、練習を再編成する、練習を拡張する、 　練習のスピードを速める 4．新しい環境で使ってみる
認知ストラテジー	1．練習をする 　①繰り返す　②音と文字システムをきちんと練習する 　③決まった言い回しや文法を覚えて使う　④新しい結合を作る 　⑤自然の状況の中で練習する 2．情報内容を受け取ったり、送ったりする 　①意図を素早くつかむ 　②情報を受け取ったり、送ったりするために様々な資料を使う 3．分析したり、推論したりする 　①演繹的に推理する　②表現を分析する　③対照しながら分析する 　④訳す　⑤転移をする 4．インプットとアウトプットのための構造を作る 　①ノートをとる　②要約をする　③強調をする
	1．日本語の文法の体系を勉強する 2．センテンスやフレーズを単語に分割する 3．目標言語を他の言語と比較する、母語と対比させ翻訳する 4．教材などにコメントを書き入れる、文法・語彙などのまとめを作る
補償ストラテジー・訂正ストラテジー	1．聞くことと読むことを知的に推測する 　①言語的手掛かりを使う　②非言語的手掛かりを使う 2．話すことと書くことの限界を克服する 　①母語に変換する　②助けを求める　③身振り手振りを使う 　④コミュニケーションを部分的に、あるいは全く避ける　⑤話題を選択する 　⑥情報を調整したり、とらえたりする　⑦新語を作る 　⑧婉曲的な表現や類義語を使う
	1．言い直す、推測する 2．ルールを引き締めて発話を生成する、母語の助けを求める、 　婉曲表現を使う、言葉を回避する、辞書を使う

45　ネウストプニー自身は方略タイプリストの分類はしていないが、本研究ではOxfordとネウストプニーの方略を比較するため、Oxfordの定義した方略に基づいてタイプリストを分類した。間接ストラテジーも同様である。

表2.7 Oxford（1990）とネウストプニー（1999）に基づくストラテジー：間接
ストラテジー

下位分類	上段：Oxford による定義／ネウストプニーによる方略
メタ認知 ストラテジー	1．自分の学習を正しく位置づける 　①学習全体を見て、既知の材料と結びつける　②注目する 　③話すのを遅らせ、聞くことに集中する 2．自分の学習を順序立てて、計画する 　①言語学習について調べる　②組織化する　③目標と目的を設定する 3．自分の学習をきちんと評価する 　①自己モニターをする　②自己評価をする
	1．言語習得について調べる、ノートをとる 2．目標を決める、プログラム（コース・教材）を選択する、 　自律学習の活動を選ぶ 3．学習をモニターし調節する、学習の結果を評価する
情意 ストラテジー	1．自分の不安を軽くする 　①漸進的リラックス、深呼吸、瞑想を活用する　②音楽を使う 　③笑いを使う 2．自分を勇気づける 　①自分を鼓舞することばを言う　②適度に冒険をする　③自己を褒める 3．自分の感情をきちんと把握する 　①体の調子を見る　②チェックリストを使う　③言語学習日記をつける 　④他の人々と自分の感情について話し合う
	1．意識的にリラックスする 2．自己評価に関する感情について人と話す 3．自分の満足感を利用する
社会的 ストラテジー	1．質問をする 　①明確化、あるいは確認を求める　②訂正してもらう 2．他の人々と協力する 　①学習者同士が協力する　②外国語に堪能な人と協力する 3．他の人々へ感情移入する 　①文化を理解する力を高める　②ほかの人の考え方や感情を知る
	1．日本人とのネットワークにとって適切な態度を学ぶ 2．行動ネットワークに加入する、グループネットワークに加入する、ネットワーク加入を維持する、書き言葉・ラジオ・TV・映画などのメディアネットワークに参加する、日本人の参加者を引きつける 3．協力志向・思いやりなど自分自身のネットワークへの適応能力を高める、ネットワークでの日本人の参加者の意図を正確に解釈する、ネットワークにおける自分の属性を変える

　以上のことから、学習ストラテジーは日本語学習においては日本語を習得するために使用されるものが大多数である。しかし社会的ストラテジーにコミュニケーションを取るための異文化理解に関する方略が含まれており、日本文化を理解する過程でこれらの方略が使用される可能性がある。したがって「日本事情」に関するeラーニングを使用したタイ人日本語学習者に対する学習成果を考察する際には、使用する学習ストラテジーの変化に着目して

論じる。

2.8　総括

　先行研究において日本事情研究およびビジネス日本語研究には、「コミュニケーション」という共通項が見られる。「日本事情」では日本で生活するための多文化共生を目的としたコミュニケーション活動、「ビジネス日本語」では日本企業で働くためのビジネスコミュニケーション能力育成を目指したロールプレイやプロジェクト学習等の活動が多く行われていることから、その根底となる日本文化に関する知識はいずれの科目においても求められることは明らかである。

　日本国内の大学で学ぶ様々な文化的背景を持った日本語学習者と比較して、タイの大学で学ぶタイ人日本語学習者に対して協働による学習活動を行っても「異文化理解」にはつながりにくい。またタイ人日本語学習者も日本文化への関心は高いが、首都バンコクを除く地域では日本人コミュニティという社会的リソースは得られにくい。このような環境で「日本事情」が何に役立つかというと、卒業後の在タイ日系企業就職による日本人社員との業務である。タイ人日本語学習者はタイ人日本語人材として文化摩擦を経験することになるが、その摩擦を軽減して円滑なコミュニケーションを取るためには日本文化に関する知識の有無が解決の糸口となる。言い換えればタイ人日本語人材育成を目的とした「日本事情」である。

　在タイ日系企業への就職を希望するタイ人日本語学習者はタイ全域に存在することから、タイ国内のどこにいても「日本事情」を学習できる仕組みが必要である。その際にタイ国内における日本語教師不足を鑑みると、日本語教師の負担が大きい学習方法ではなくタイ人日本語学習者がある程度自律的に行える学習方法、すなわちeラーニングが最適である。タイ人日本語学習者への学習動機づけの面を考慮すると、先行研究からは対面授業とeラーニングを組み合わせた形式の有効性が認められるためブレンディッドラーニング形式が望ましいが、導入時には日本語教師に対する技術的支援が必要不可欠である。

　eラーニングで学習すべき内容については、タイの現状を反映するべく次章でタイ人日本語学習者・日本語教師・在タイ日系企業に対するニーズ調査を実施し、その分析を基に決定する。eラーニングの開発についてはインス

トラクショナルデザインを理論的枠組みとして使用し、開発したeラーニングの評価については受講前後の学習ストラテジーの変化を中心に学習成果を分析する。

第三章

タイ主要4地域を対象とした「日本事情」ニーズ調査

　本章では本研究の課題1にあたる「タイにおいていかに『日本事情』の授業を設計すべきか」の下位課題となる「『日本事情』において学習すべき内容とは何であるか」を解明するために、タイ人日本語学習者・日本語教師・在タイ日系企業を対象とした調査を実施する。

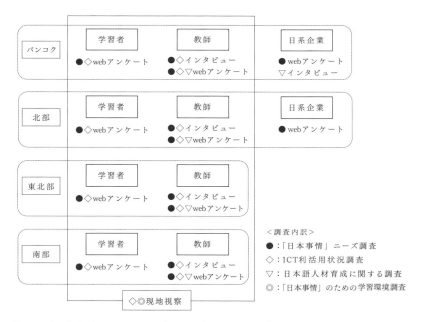

図3.1 「日本事情」のニーズ調査およびeラーニング開発のための実態調査概要図

　図3.1はタイ主要4地域において実施した調査の概要図である。在タイ日系企業に対する調査はバンコクと北部で実施したが、在タイ日系企業へのインタビューはバンコクのみ実施した[46]。タイ人日本語学習者と日本語教師に対する調査はタイ主要4地域に対し、Webアンケート形式で実施した。タイ主要4地域における現地視察ではインターネットの安定性や教室内の機器・設

備等の学習環境の確認を主目的としており、日本語教師に対するインタビューもその際に実施した。

3.1 日本語学習者が望む「日本事情」学習内容 ―調査1―

「日本事情」に関するeラーニングを考察するにあたって、タイ人日本語学習者が「日本事情」においていかなるトピックの学習を望み、またいかなる授業形式が望ましいと考えているかを把握する必要がある。同時に本研究においてはeラーニングによって「日本事情」が展開されることから、eラーニングに対応できる学習環境であるかを確認するとともに、eラーニングで学習する場合の学習目的やeラーニングに求める学習内容についても確認する必要がある。以上のことから、タイ人日本語学習者に対して「日本事情」に関するeラーニング意向調査を実施した。

3.1.1 「日本語学習者が望む『日本事情』学習内容」調査概要

タイ人日本語学習者を対象とした「日本事情」の学習内容等に関する調査[47]（資料 3.1：Web）は Google Forms で作成したのち、URL を日本語教師に伝達した。バンコク・東北部・南部については日本語教師に Web アンケート調査への回答を個別に依頼し、北部については2016年当時の北部タイ日本語日本研究大学コンソーシアム代表に Web アンケート調査の URL と回答手順書を渡したうえで Web アンケート調査の代行依頼を要請した。

〈アンケート調査項目〉
1）「日本事情」での学習を希望するトピック
2）「日本事情」に求める授業形式
　・テーマの取扱数
　・提供される知識のレベル
　・日本語教師が使用する言語

46　在タイ日系企業に対する調査については、東北部・南部に進出した在タイ日系企業に対する調査協力の依頼が非常に困難だったことから、今回はバンコク・北部のみを対象とした。またインタビューについてはタイ人日本語人材の需要について詳しい人物としたことから、バンコクのみでの調査となった。

47　当調査では、高等教育において大学教員等の教職についている者全般を指す概念として「教師」、大学に勉学を学ぶ目的で在籍する者を指す概念として「学生」を使用する。

　　・授業展開
　３）学習環境－手段
　　・教室外での学習に使用したい教具（アナログ・デジタル[48]）
　　・eラーニングで使用したい機器
　４）eラーニングで日本語を学習する目的
　５）eラーニングで学習したい内容

　以上がアンケート調査項目である。回答方法は、１）については「１＝全然学びたくない、２＝学びたくない、３＝どちらでもない、４＝学びたい、５＝とても学びたい」の５段階のリカート尺度とし、２）～５）は単数選択または複数選択とした。各調査項目について説明する。

１）「日本事情」での学習を希望するトピック

　タイ人日本語学習者が「日本事情」でいかなるトピックの学習を望んでいるのか知るための質問である。選択肢で提供するトピックについては、中国の大学日本語主専攻課程を事例に学習ニーズを捉えた見城他（2015）を参考に作成した。「日本事情」の先行研究においては日本国内の大学を事例に教師側があらかじめトピックを計画しておくものが多い中、見城他は海外日本語教育における「日本事情」ではいかなる学習項目が求められているかを学習者自身に問いかけ、カリキュラム作成の一助としている。分析の結果、中国人日本語学習者が最も学習したいと回答したトピックは、「アニメ・マンガ」であった。中国とタイは共に日本語教育が盛んであり、両国とも日系企業や日本人との接点が多い国である。したがって見城他の提示したトピックでタイの学習ニーズも探れると考え、今回の調査に使用した。表3.1は調査に使用した「学習を希望するトピック」である。

48　当調査におけるアナログ教具とデジタル教具の定義は、「アナログ：紙とペンを使用する非電化製品」、「デジタル：電化製品またはインターネット接続を必要とする電子機器」とする。

表3.1　「日本事情」での学習を希望するトピック

伝統文化	ポップカルチャー	歴　史	内外政治
01.　和服	05.　アニメ・マンガ	09.　古代史・中世史	13.　選挙制度
02.　日本の祭り	06.　ドラマ・映画	（縄文時代～室町時代）	14.　政治政党
03.　茶道	07.　ファッション	10.　近世史	15.　防衛
04.　温泉	08.　ゲーム	（戦国時代～江戸時代）	16.　対外政策
		11.　近現代史	
		（明治時代～平成時代）	
		12.　タイ日関係史	

経済社会	日本語	日本人の価値観
17.　日本の貿易	21.　方言	25.　思想
18.　科学技術	22.　日本語の特徴	26.　ライフスタイル
19.　日本企業の社内文化	23.　若者言葉	27.　マナーとタブー
20.　日本の経済発展	24.　流行語	28.　対人コミュニケーション

（見城他 2015：71-72のトピックを基に筆者作成）

2）「日本事情」に求める授業形式

　「日本事情」の授業形式においてタイ人日本語学習者からいかなる要望があ␣るかを知り、授業設計を行うための質問である。

3）学習環境

　現在のタイ人日本語学習者の学習環境がいかなる状況であるかを知るための質問である。使用する教具については、国立国語研究所が2000年から2005年にかけて行った日本語教育の学習環境と学習手段に関する調査研究（国立国語研究所 日本語教育部門 2006）の一部の選択肢を参考にした。この調査ではタイの他に韓国・オーストラリア・台湾・マレーシアにおいても同一の調査票で調査が実施されており、信頼性が高い。また調査時点と現代タイの学習環境の変化も知ることができると考え、今回の調査に使用した。

4）eラーニングで日本語を学習する目的

　eラーニングで日本語を学習する目的や、使用用途について知るための質問である。タイにおいてeラーニングで日本語を学習する機会は少ないため、「もし日本語eラーニングがあれば」という仮定の下で回答するよう促した。

5）eラーニングで学習したい内容

　eラーニングでいかなる学習内容が提供されることを望んでいるかを知るための質問である。この質問項目についても４）と同様、「もし日本語eラー

54

ニングがあれば」という仮定の下で回答するよう促した。今後、タイ人日本語学習者の要望に合致した日本語学習に関する e ラーニングを提供する際の判断材料として質問を設けた。

3.1.2　「日本語学習者が望む『日本事情』学習内容」予備調査　―調査1a―
　タイ主要 4 地域を対象とした本調査を実施する前に、アンケート内容の妥当性を確認すべく2016年 2 月にバンコクにおいて予備調査を実施した[49]。

3.1.2.1　「日本語学習者が望む『日本事情』学習内容」予備調査協力校
　予備調査の協力校は、バンコク北部に位置するタイ国立 K 大学である。K 大学人文学部に所属するタイ人日本語学習者209名（日本語科80名・ビジネス日本語コース129名）に対し Web アンケート調査への回答を依頼し、123件の回答を得た。

3.1.2.2　「日本語学習者が望む『日本事情』学習内容」予備調査で見られた傾向
　予備調査の回答結果について回答の単純集計を基に簡潔に述べた上で、本調査に臨むための修正必要箇所等の指摘を行う。

　1）「日本事情」での学習を希望するトピック
　タイ人日本語学習者が学習を希望するトピックについて、「学習したい」「とても学習したい」を選択した数（以降「TP 値[50]」）を集計した結果、上位 5 項目は「マナーとタブー」「流行語」「若者言葉」「日本の祭り」「対人コミュニケーション」であり、下位 5 項目は「政治政党」「縄文～室町時代」「選挙制度」「戦国～江戸時代」「防衛」であった。

　2）「日本事情」に求める授業形式
　授業形式に関する質問項目を単純集計した結果、「日本事情」の授業設計に

49　タイ人日本語学習者への「日本事情」ニーズ調査〈http://goo.gl/forms/wngiYnIM9C〉公開終了
50　トータルポジティブ値。マーケティング用語で、例えば購入意向率のうち「買いたい」と「やや買いたい」を足したスコアのことである。本研究においては、「したい」と「とてもしたい」等、肯定的な回答を足したスコアのことを TP 値とする。

は少し詳しい知識を求め、授業中は動画や体験を教師と共有したいと考える一方、従来の講義形式も好むことが分かった。日本人教師に対してはタイ語の使用をあまり望んでおらず、コース期間を3つまたは4つのテーマで分け、それに則ったトピックを1時間または90分取り扱うことを望む。

3）学習環境

　使用教具・学習スタイル等に関する質問項目を単純集計した結果、使用教材についてはアナログでは教室内外ともに教科書、デジタルでは教室内はデスクトップPC、教室外はスマートフォンを最も活用していることが分かった。また自習スタイルはアナログでは日本人と直接会って話すこと、デジタルではインターネット上で動画を見ることを最も好む。

4）eラーニングで日本語を学習する目的

　eラーニングによる日本語学習に関する質問項目を単純集計した結果、タイ人日本語学習者はeラーニングよりも生の授業を望んでおり、eラーニングは自宅で授業の復習としてデスクトップPCで行うものだと認識していることが分かった。

5）eラーニングで学習したい内容

　eラーニングで学習したい内容に関する質問項目を単純集計した結果、タイ人日本語学習者はeラーニングに文法説明や会話の聞きとり練習、電子辞書機能を求めることが分かった。

　これらの回答がK大学固有の傾向なのか、あるいはタイ人日本語学習者に共通する傾向なのか判断するため、次節の本調査においても同様の調査を実施する。本調査の前に、以下の2点について質問票の修正を行った。

1．「『日本事情』での学習を希望するトピック」において、自由記述で2件以上挙げられた学習希望トピックのうち上位7項目を追加
2．「学習環境の使用教具」について、教室内／外、アナログ／デジタルという4分類ではなく教室内／外の2分類のみに再編

　トピック追加については、K大学のみならず他大学においても一定の学習

要望がある可能性があるためである。また使用教具の分類については、教室内でのデジタル教具使用がほとんど見られなかったためである。そしてアンケート回答を円滑化するため、質問票は日本語・タイ語併記とした。

3.1.3　「日本語学習者が望む『日本事情』学習内容」本調査　—調査1b—

　本調査の調査期間は、2016年 4 月10日から 5 月15日である。タイ主要 4 地域の大学に所属する日本語教師の協力の下、日本語主専攻課程に所属するタイ人日本語学習者を対象に Web アンケート調査の回答を依頼した[51]。その結果、北部 4 校100件・東北部 2 校49件・南部 1 校12件・バンコク 3 校56件の計10校217件の回答を得た。表3.2は大学数と回答件数を地域別に分類したものである。

表3.2　「日本事情」ニーズ調査回答件数[52]

地　域	国立／私立：学校名	件　数	地域別
北部 4 校	国立大学：N 大学、P 大学	63	100
	私立大学：F 大学、P 大学	37	
東北部 2 校	国立大学：K 大学、S 大学	49	49
南部 1 校	国立大学：T 大学	12	12
バンコク 3 校	国立大学：C 大学、T 大学	34	56
	私立大学：D 大学	22	
4 地域10校		合計	217

　タイを事例とした先行研究においては、バンコク近郊または特定の 1 地点での調査であることが多い。しかしタイは都市部と地方部では教育に対する地域差が大きく[53]、各地域で回答傾向が異なる可能性がある。したがって Web アンケート調査の回答のうち、学習を望むトピックと学習目的および学習内容についてはタイ主要 4 地域（全件）と地域別に分析する。

51　タイ人日本語学習者への「日本事情」ニーズ調査〈http://goo.gl/forms/tb15YN54j8〉公開終了

52　本調査については、地域別の回答傾向を重視するため大学名を特定する質問項目はなく、地域と国立／私立の分類を問うものとした。したがって回答に協力した各大学の回答者数は不明である。

53　国際協力支援機構（2013）によると、「首都バンコク以外の地方ではごく最近まで都市化が進展（p.28）」せず都市部と農村部間には教育機会と経済状況に格差があるとしている。

〈アンケート調査項目〉
　1）「日本事情」での学習を希望するトピック
　2）「日本事情」に求める授業形式
　　・テーマの取扱数
　　・提供される知識のレベル
　　・日本語教師が使用する言語
　　・授業展開
　3）学習環境
　　・教室外での学習に使用したい教具（アナログ・デジタル）
　　・eラーニングで使用したい機器
　4）eラーニングで日本語を学習する目的
　5）eラーニングで学習したい内容

　以上がアンケート調査項目である。これより調査項目およびその結果について説明する。

　1）「日本事情」での学習を希望するトピック
　アンケートにおいて提示したトピックは表3.3に示す通り、35項目に上る[54]。この35項目に対し、「1＝全然学習したくない、2＝学習したくない、3＝どちらでもない、4＝学習したい、5＝とても学習したい」の5段階のリカート尺度による回答を求めた。

表3.3　修正版：「日本事情」で学びたいトピック

伝統文化	ポップカルチャー	歴　史	内外政治
01．和服	07．アニメ・マンガ	13．古代史・中世史	17．選挙制度
02．日本の祭り	08．ドラマ・映画	（縄文時代～室町時代）	18．政治政党
03．茶道	09．ファッション	14．近世史	19．防衛
04．温泉	10．ゲーム	（戦国時代～江戸時代）	20．対外政策
05．日本食※	11．サブカルチャー※	15．近現代史	
06．和菓子※	12．歌※	（明治時代～平成時代）	
		16．タイ日関係史	

54　調査に使用した35項目の在タイ日系企業のニーズに対する真正性については「3.5 在タイ日系企業が「日本事情」に望む学習内容　－調査5、6－」にて検証する。また表3.3中に「※」で示された7つのトピックは、本調査にあたって予備調査より追加されたトピックである。

経済社会	日本語	日本人の価値観
21. 日本の貿易	27. 方言	32. 思想
22. 科学技術	28. 日本語の特徴	33. ライフスタイル
23. 日本企業の社内文化	29. 若者言葉	34. マナーとタブー
24. 日本の経済発展	30. 流行語	35. 対人コミュニケーション
25. 都道府県※	**31. 漢字※**	
26. 観光地※		

　表3.4は各トピックに対する回答のうち、TP値が高いトピックの上位5項目である。タイ主要4地域と各地域を比較すると、タイ主要4地域・北部・バンコクでは「マナーとタブー」が高く、東北部・南部では「日本食」が高い。バンコクを除く各地域とも1位のTP値は9割を超えており、特に南部では日本文化に触れる機会が少ないことから、1位から4位までのトピックは全員が学習を希望する結果となった。バンコクについては日本文化に触れる機会が多いことから、「マナーとタブー」、「日本企業の社内文化」といった卒業後の在タイ日系企業就職を見据えたトピックが上位となった。

表3.4　トピック35件の上位5項目（4地域・地域別、リカート尺度）

	全件（n=217）	平均値	標準偏差	TP値（%）
1位	34. マナーとタブー	4.55	0.72	91.59
2位	05. 日本食	4.59	0.78	90.75
3位	26. 観光地	4.55	0.86	87.95
4位	06. 和菓子	4.47	0.86	87.61
5位	29. 若者言葉	4.38	0.94	83.11

	北部（n=100）	平均値	標準偏差	TP値（%）	東北部（n=49）	平均値	標準偏差	TP値（%）
1位	34. マナーとタブー	4.59	0.69	93.00	05. 日本食	4.61	0.61	93.88
2位	05. 日本食	4.69	0.63	92.00	26. 観光地	4.58	0.68	93.75
3位	06. 和菓子	4.61	0.65	91.00	34. マナーとタブー	4.45	0.74	89.80
4位	26. 観光地	4.65	0.72	86.00	35. 対人コミュニケーション	4.29	0.76	85.71
5位	29. 若者言葉	4.46	0.88	84.00	22. 科学技術	4.19	0.89	85.42

	南部（n=12）	平均値	標準偏差	TP値（%）	バンコク（n=56）	平均値	標準偏差	TP（%）
1位	05. 日本食	5.00	0.00	100.00	34. マナーとタブー	4.51	0.79	89.09
2位	26. 観光地	4.83	0.39	100.00	23. 日本企業の社内文化	4.34	1.01	87.50
3位	06. 和菓子	4.75	0.45	100.00	02. 日本の祭り	4.38	1.01	87.27
4位	03. 茶道	4.50	0.52	100.00	32. 思想	4.27	0.86	82.14
5位	22. 科学技術	4.67	0.65	91.67	33. ライフスタイル	4.30	0.87	82.14

2）授業形式

　授業形式について、授業で取り扱うテーマ数を問う「テーマ」、授業で習得できる知識の程度を問う「知識レベル」、授業実施者および教材で使われる言語を問う「使用言語」、授業の進め方が活動を中心としたものか講義を中心としたものかを問う「授業展開」の４項目への回答を求めた。表3.5はタイ主要４地域の上位３項目である。全体的な傾向として、毎月違うテーマで基本的な知識を学習し、大部分が日本語だがキーワードはタイ語で提示され、日本語教師の内容説明とタイ人日本語学習者の活動が半々である授業形式を望むことが判明した。

表3.5　授業展開の上位3項目（全件 n=217、単数回答）

	テーマ	件数	比率（%）
1位	毎月違うテーマ	68	31.34
2位	2つの大きなテーマ	48	22.12
3位	3つの大きなテーマ	43	19.82
	知識レベル	件数	比率（%）
1位	基本的な知識	78	35.94
2位	少し詳しい知識	76	35.02
3位	かなり高度な知識	73	33.64
	使用言語	件数	比率（%）
1位	大部分が日本語、キーワードはタイ語	98	45.16
2位	日本語とタイ語が半々	56	25.81
3位	全て日本語	39	17.97
	授業展開	件数	比率（%）
1位	教師の内容説明と学生の活動が半々	71	32.72
2位	大部分が教師の説明、学生の発言少	67	30.88
3位	教師と学生が体験を共有	51	23.50

3）学習環境

　表3.6は教室外での学習に使用したい教具について多かった回答の上位5項目（タイ主要４地域）である。授業内外で学習に使用する教材として教科書を望む回答が最多の71.00％であったが、教室外での学習に使用したい教具については総回答数の35.50％がスマートフォンを望んでいることが分かった。

　一方、eラーニングで最も使用したい機器については、表3.7に示す通り、デスクトップPCの使用を希望する回答が最多の41.94％であった。モバイル端末を希望する回答は全体の30％に満たない。

表3.6　教室外での学習に使用したい教具上位 5 項目（全件 n=217、複数回答）

	教具名	回答数	比率(%)
1 位	教科書	164	71.00
2 位	プリント	153	66.23
3 位	ワークブック	140	60.61
4 位	ヘッドセット	83	35.93
5 位	スマートフォン	82	35.50

表3.7　e ラーニングで最も使用したい機器上位 5 項目（全件 n=217、単数回答）

	機器名	回答数	比率(%)
1 位	デスクトップ PC	91	41.94
2 位	ノート PC	54	24.88
3 位	アンドロイド携帯	22	10.14
4 位	iPhone	21	9.68
5 位	iPad	17	7.83

４）e ラーニングで日本語を学習する目的

　表3.8は e ラーニングで日本語を学習したいと考える主な目的に関する回答の上位5位（タイ主要4地域と地域別）である。総じて「授業の復習」「もっと知識を得たい」が最初に挙がり、各地域ともほぼ同一の結果となったが、南部では「仕事等で勉強が必要」、バンコクでは「多忙のため通学が困難[55]」という現実的な理由も見られた。

５）e ラーニングに望む学習内容

　表3.9は日本語学習のための e ラーニングに望む学習内容に関する回答の上位5位（タイ主要4地域と地域別）である。各地域とも「文法説明」「会話の聞き取り」「文法練習」が上位3位を占めており、「授業の復習」の内容を具体的に示した形となる。しかし南部のみ異なる傾向を示し、「日本語能力試験対策」が第1位であった。南部については日本語能力試験対策のための教材入手が困難であり、また南部での日本語能力試験実施は年1回のみであるため[56]、合格のために少しでも多くの学習機会を得たいという気持ちの表れであると推測される。

55　バンコクでは、日本語学校や日本語チューターの元に通って日本語能力向上を図るタイ人日本語学習者がしばしば見られることから、ここで言う「通学」とは自分の所属する日本語主専攻課程以外の教育機関に対する通学を指す。
56　北部・バンコクは年2回、東北部・南部は年1回実施される。東北部についてはバスや電車等の交通手段でバンコクまで移動して受験することも可能だが、南部についてはバンコクまでの移動には長時間かかるため、必然的に南部の日本語学習者の大多数は南部で受験することになる。

表3.8　eラーニングで日本語を学習する目的上位5項目（4地域・地域別、複数回答）

全件（n=217）	件数	選択率(%)	東北部（n=49）	件数	選択率(%)
1位 授業の復習	162	70.13			
2位 もっと知識を得たい	148	64.07			
3位 試験対策	110	47.62			
4位 授業の予習	109	47.19			
5位 興味から	72	31.17			

北部（n=100）	件数	選択率(%)	東北部（n=49）	件数	選択率(%)
1位 授業の復習	70	70.00	授業の復習	36	73.47
2位 もっと知識を得たい	66	66.00	もっと知識を得たい	32	65.31
3位 授業の予習	50	50.00	試験対策	23	46.94
4位 試験対策	48	48.00	授業の予習	19	38.78
5位 興味から	32	32.00	興味から	15	30.61

南部（n=12）	件数	選択率(%)	バンコク（n=56）	件数	選択率(%)
1位 授業の復習	8	66.67	授業の復習	42	75.00
2位 もっと知識を得たい	7	58.33	もっと知識を得たい	35	62.50
3位 授業の予習	5	41.67	授業の予習	31	55.36
4位 興味から	5	41.67	試験対策	30	53.57
5位 仕事などで勉強が必要になった	5	41.67	忙しくて学校へ行く時間がない	21	37.50

表3.9　eラーニングに望む学習内容（4地域・地域別、複数回答）

全件（n=217）	件数	選択率(%)
1位 文法説明	173	74.89
2位 会話の聞きとり	166	71.86
3位 文法練習	162	70.13
4位 発音チェック	143	61.90
5位 電子辞書機能	141	61.04

北部（n=100）	件数	選択率(%)	東北部（n=49）	件数	選択率(%)
1位 文法練習	72	72.00	会話の聞きとり	37	75.51
2位 文法説明	71	71.00	文法説明	36	73.47
3位 会話の聞きとり	67	67.00	文法練習	36	73.47
4位 発音チェック	65	65.00	発音チェック	30	61.22
5位 電子辞書機能	65	65.00	日本文化の説明（絵や写真）	30	61.22

南部（n=12）	件数	選択率(%)	バンコク（n=56）	件数	選択率(%)
1位 日本語能力試験のための問題	12	100.00	文法説明	48	85.71
2位 文法説明	11	91.67	会話の聞きとり	42	75.00
3位 文法練習	11	91.67	文法練習	37	66.07
4位 会話の聞きとり	10	83.33	作文チェック	36	64.29
5位 発音チェック	10	83.33	日本文化の説明（音や動画）	34	60.71

3.1.4　タイ人日本語学習者が望む『日本事情』とeラーニングに対する考察

　前項の調査から、タイ人日本語学習者のニーズに合った「日本事情」をeラーニングで展開するには、次の条件を満たすものであればタイ全域で広く受け入れられる可能性が高いことが判明した。

１．学習トピックは、在タイ日系企業就職時に役立つ日本人の価値観やルールに関する実務的内容と、日本食や日本の観光地等のタイ人日本語学習者が現在興味関心を抱いている内容で構成する。

２．授業形式は、毎月違うテーマに対し基本的な知識が得られ、授業内で日本語教師による内容の説明だけでなく学習者同士による学習活動が同程度行われるものが望ましい。また授業での使用言語は日本語でも問題はないが、キーワードはタイ語で提示するのが良い。

３．ｅラーニングではデスクトップ PC の使用希望者が半数程度だが、モバイル端末の使用希望者も一定数いることから、様々な機器に対応できるプラットフォームを使用する。また教室外でも教科書やワークブックといった紙媒体での学習を希望するタイ人日本語学習者が７割近くいることから、提供した教材を印刷するためのダウンロード機能を付加する。

４．ｅラーニングで日本語を学習する目的は「授業の復習」や「更なる知識の習得」等であり、ｅラーニングによる学習機会の増大を求めている。そこでｅラーニングは授業に連動しており、かつ自習用教材として使用した場合でも知識が得られる内容とする。

５．ｅラーニングの内容には「文法説明」や「会話の聞き取り」および「文法練習」を望んでおり、授業の復習となるだけでなく、日本語能力試験等の資格試験に対応できるものが望まれる。

3.2　タイ日本語教育機関における ICT 等の学習環境調査　―調査２、３―

　次に、タイ国内の大学を中心とした日本語教育機関において、ICT をどのように利活用しているか調査を実施した。調査にあたって、筆者がタイ国立大学勤務時に知己を得た日本語教師を中心に現地調査およびアンケート回答に対する協力を依頼した。北部・東北部・南部については協力を承諾した日本語教師の所属機関を訪問し、またバンコクについては場所を設け非構造化面接形式によるインタビューを実施した。調査時期は2016年３月12日から６月14日である。

3.2.1　日本語教師に対する学習環境インタビュー　―調査２―

　調査への協力を申し出た日本語教師に対して非構造化面接形式によるインタビューを実施した。質問内容は以下の項目を可能な限り確認し、回答時間

は30分から１時間程度とした。日本語教師から録音許可が得られた場合は内容を録音、そうでない場合は回答内容を筆記し、回答を４地域に分割して要約した。

〈インタビュー質問項目〉

   １）インターネット接続環境（動作確認を含む）

   ２）eラーニングの導入状況（特にオンライン学習システム／LMS）

   ３）学生の様子

   ４）現在の所属機関が抱えている課題

   ５）eラーニングへの要望

　原則として、インタビュー対象者は学科長や日本人代表といった各機関の代表的存在である日本語教師[57]とした。バンコクと南部に関しては各地域の問題点について包括的に知るべく、タイ人日本語教師の団体であるタイ日本語教師会のタイ人元会長および南部日本語教師会のタイ人会長に話を聞いた。

　調査時期は２期に分かれており、第１期が2016年３月（北部・東北部・バンコク）、第２期が2016月６月（北部・南部・バンコク）である。

　調査対象校は、タイ主要４地域の全14校である。表3.10は現地調査協力校の地域・分類別表である。バンコクにおいては語学学校２校、南部においては中等教育機関２校（高等学校１校と中等学校１校）を含むものの、原則として大学を調査対象校とした[58]。調査対象校の大学は東北部のS大学を除いて、全て日本語主専攻課程を開講している。またS大学は選択科目として日本人日本語教師による日本語科目を開講している。調査結果については、次節以降で地域毎に述べる。

57　所属機関の現状について深く知るとともに、自己の所属する日本語主専攻課程を客観視できると考え選定した。

58　「本務校は語学学校だが、非常勤講師として大学の授業を担当している（バンコク）」「前任校が大学だった（南部）」という日本語教師も調査に協力した。

表3.10　現地調査協力校（14校）

地域	国立／私立：学校名	
北部2校	国立：N大学	
	私立：F大学	
東北部2校	国立：SR大学、S大学	
南部3校	王立：W学校	
	国立：TS大学	
	私立：Y中学校	
バンコク7校	国立：C大学、K大学、T大学、R大学	
	私立：D大学	
	民間：T学校、T会	

3.2.2　現地調査から考察するタイ北部の学習環境

　北部の現地調査協力校は2校である。2016年3月に北部タイ日本語日本研究大学コンソーシアムの加盟校であるN大学（ピサヌローク県）、F大学（チェンマイ県）を訪問した。図3.2はピサヌローク県とチェンマイ県のタイ北部における位置である。

　F大学は北部タイ日本語日本研究大学コンソーシアムの代表（2016年当時）が所属する大学であり、北部全体の状況についても話を聞いた。また2016年6月には北部タイ日本語日本研究大学コンソーシアム全体会議に参加し、他の加盟校の状況についても意見交換を行った。

　北部ではインターネット環境については全機関でWi-Fiを所有しており、速度や接続状況が少々不安定ではあるもののeラーニングに十分対応可能である。一方でLMSを所有している教育機関はごく一部であり、日本語教育分野でのeラーニングが望まれている。

　北部はバンコクに次ぐ大都市チェンマイを擁しているが、優秀な高校生はバンコクの大学へと進学するケースが年々増加している。そのため学力の低下や学生の獲得に苦労しているようであった。

　北部は大学間共同プロジェクトが多いことから各大学の関係が非常に密であると同時に、国際交流基金や盤谷日本人商工会議所といった外部団体との連携が取れている。また日本語教育経験が10年以上となる経験

図3.2　タイ北部の調査地

（Amazing Thailand n.d. より引用）

豊富な日本語教師が多いことから、日本語教育に係る重大な問題は見られなかった。そのためeラーニングに対してもLMSによってタイ人日本語学習者の学習を支援するというよりも、通常授業の補助教材として使用したい考えが圧倒的であった。

3.2.3　現地調査から考察するタイ東北部の学習環境

　東北部の現地調査協力校は2校である。2016年3月にSR大学（シーサケート県）、S大学（ナコンラチャシマー県）を訪問した。図3.3はシーサケート県とナコンラチャシマー県のタイ東北部における位置である。

　東北部のタイ人日本語学習者は大学で初めて日本語を学習する者が多く、タイ語を媒介語として授業を行う必要がある。そして経済的な理由によるドロップアウトも多い。また東北部には日本語教育を行うためのリソースが乏しく、教具不足・設備不足・日本語教師不足・日本人との交流の困難さ等の日本語教育に係る問題が数多く存在する（図3.4）。これらの問題を解消するために日本語教師はeラーニングに対し強い期待を寄せている。

図3.3　タイ東北部の調査地

（Amazing Thailand n.d. より引用）

図3.4　授業風景[59]

3.2.4　現地調査から考察する南部の学習環境

　南部の現地調査協力校は3校である。2016年6月に南部のW学校（プラチュアップキリカン県）、Y中学校（ナコンシータマラート県）、TS大学（ソ

59　例えばSR大学では一部の教室にプロジェクターやスクリーンがなく、それらの設備がある活動室で授業を実施している。活動室は各種活動を行うための間取りとなっていることから、タイ人日本語学習者達は座卓を使用し、床に座って受講する。

ンクラー県）を訪問した。図3.5はプラチュアップキリカン県の位置、図3.6
はナコンシータマラート県とソンクラー県の位置である。

図3.5　タイ南部の調査地1　　図3.6　タイ南部の調査地2

（Amazing Thailand n.d. より引用）　　（Amazing Thailand n.d. より引用）

　TS大学は南部日本語教師会のタイ人会長が所属する大学であり、南部全体
の状況についても話を聞いた。
　南部はインターネット環境においては多くの機関がWi-Fiを所有しており、
速度や接続状況が少々不安定ではあるものの十分eラーニングに対応可能で
ある。各校のeラーニングへの取り組みを見ると、W学校では1995年頃から
中等教育向け日本語の授業を衛星放送で発信する他、近年ではオンライン視
聴システムも提供しており（図3.7、図3.8）、タイ国内のみならず周辺諸国に
授業を発信している（Distance Learning Foundation n.d.）。またY中学校では
初中等教育向けICT推進政策を受け、モバイル端末によるeラーニングを検
討中である[60]。そしてTS大学では出欠確認等に教師教務活動支援アプリを導
入し、タイ人日本語学習者の授業参加を促している。このような状況から、
南部はタイにおいて最もeラーニングが推進されている地域であると言える。
　南部は日本人との交流機会が皆無に等しく、日本人日本語教師も少数であ
る。そこでタイ人日本語教師が中心となって日本語教育のための団体「南部

60　Y中学校のeラーニング事例として、日本から遠隔授業による道徳の授業支援を受ける取り
　組みが紹介された（西日本新聞 2018）。

図3.7　スタジオを兼ねた教室　　　　　図3.8　授業放送用カメラ

日本語教師会」を運営し、日本語教育に係る諸問題の解決を図っている。そこではICT講習会を積極的に行い、ICTを日常的に授業に取り入れている。また日本人との直接的な交流の代替手段として動画の活用も進んでいる。

　タイ人日本語学習者の多くがアニメやゲーム等のポップカルチャーから日本語に興味を持ち、それが日本語学習の主たる動機となる（国立国語研究所 2006）ことは他の地域と共通しているが、南部に関しては治安上の問題から在タイ日系企業の進出が遅れており、日本人観光客も少ない[61]。そのため日本語を学習しても地元に就職する時に有利な能力とはならない。それゆえにタイ人日本語学習者の学習意欲の低さおよび意欲の持続が問題となっており、学習動機づけのためのICT活用を模索している。

3.2.5　現地調査から考察するバンコクの学習環境

　首都であるバンコクの現地調査協力校は7校である。2016年3月および6月にC大学、D大学、K大学、R大学、T大学、T振興協会、T協会に所属する日本語教師に聞き取り調査を実施した。T大学の調査対象者はタイ日本語教師会の元会長でもあり、バンコクを中心としたタイ人日本語教師全体の状況についても話を聞いた。

　バンコクでは全機関がWi-Fiを所有しており、インターネット環境は日本

61　南部には日本人駐在員を擁する在タイ日系企業が少なく、また外務省の危険情報において深南部3県が「レベル3：渡航は止めてください。（渡航中止勧告）」、ソンクラー県が「レベル2：不要不急の渡航は止めてください。」と定義されていることが関係していると考えられる。外務省「海外安全ホームページ」
〈https://www.anzen.mofa.go.jp/info/pcinfectionspothazardinfo_007.html#ad-image-0〉2020.06.01最終閲覧

と遜色ない。しかし日本と比較して帯域幅が狭いため、容量の如何では若干インターネット通信が不安定な場合がある。

　公開大学である R 大学に関しては、授業動画の Web 公開や単位認定のための e テスト等を実施しているが、授業動画は無編集録画であり e ラーニングを目的として用意されているものではない。また e テストを受験できるのは科目履修者のみであり、テスト内容は非公開である。

　他の特徴として、多くの教育機関において日本とタイの二拠点間を TV 会議システムで接続した遠隔授業が試行されている（自治体国際化協会 2012、中央大学 2014）が、タイ側が正規授業として恒常的に行っていたのは教育学で有名なシーナカリンウィロート大学 1 校のみであり（明治大学 2015）、他大学は通信機器や協力機関等、日本からの十分な支援体制が得られないかぎり遠隔授業の本格的な導入は困難な状況にある。

　バンコクには e ラーニングとして LMS を所有する大学や、ICT 活利用推進のためタブレットを学生に配布する大学も存在するが、共通しているのは日本語教育に電子教材が存在しないため用意されたツールが生かされていないことである。ICT 利活用による授業実践についてはタイ国日本語教育研究会等で勉強会が行われているが、参加者が特定の大学にとどまることから、日本語教育全体でいかに ICT 知識を共有するかが今後の課題である。

　またバンコクでは慢性的な日本語教師不足が深刻となっており、日本語教師 1 名あたりの仕事量が非常に多い。そしてバンコクのタイ人日本語学習者は概ね優秀であり彼らの知的好奇心を満たすための教材作りに日夜追われていることから、労力削減のための ICT 利活用および e ラーニングが望まれている。

3.3　日本語教師に対する ICT 利活用状況調査　―調査 3―

　聞き取り調査と並行し、知己を得た日本語教師を中心に Web アンケート調査の協力を依頼した。質問項目は3.2で行った「タイ日本語教育機関における ICT 等の学習環境調査」と類似しているが、タイ国内大学の日本語主専攻課程においていかなるインターネット環境下でいかなる機器・ソフトを使用しているか、また日本語教師達の望む e ラーニングとはいかなる形式・内容であるかを包括的に把握することを目的としている。

3.3.1 「日本語教師に対する ICT 利活用状況」調査概要

　日本語教師に対する ICT に関するアンケート調査（資料 3.2：Web）は、Google Forms で作成した URL を日本語教師に伝達し、所属機関における ICT 利活用状況について回答を依頼した。質問内容については、タイはもとより世界の高等教育機関に対してインターネット回線敷設計画から e ラーニング運営までの一連の行動についての e ラーニング事例調査で使用された OECD 教育研究革新センター（2006：228-255）の質問票が公平性が高いと考えた。そこで以下の 1）から 3）については、OECD 教育研究革新センターで使用された質問項目の一部を修正した上で使用した。

〈アンケート調査項目〉
　1）e ラーニング（特に LMS）の所有
　2）技術や基盤
　3）使用機器
　4）興味のある e ラーニング形態
　5）e ラーニングに望む内容

　以上がアンケート調査項目である。これより日本語教師を対象としたアンケートの各調査項目について説明する。

　1）e ラーニング（特に LMS）の所有
　所属機関において学生の学習を支援するための大学独自の e ラーニング、特に LMS を所有しているかどうかを問うとともに、そのプラットフォームは何であるか知るための質問である。ここでは日本語主専攻課程における使用は問わず、存在のみを確認する。

　2）技術や基盤
　所属機関において、学生および教師に対するインターネット接続環境はいかなる状態であるか知るための質問である。学内無線 LAN（Wi-Fi）の有無やコンピュータ設備等、開発後に実証実験を依頼することを想定し、ソフト・ハード両方の状況を確認する。

３）使用機器

　所属機関において授業を行う際、いかなる機器を使用しているか知るための質問である。タイ全域でeラーニングを実施する際の平均的な機器環境を確認するべく、教室設備だけでなく教材を作成する際の使用ソフトも問う。

４）興味のあるeラーニング形態

　日本語教師がいかなる学習方法をeラーニングと認識し、また興味関心を抱いているか知るための質問である。質問項目には「電話によるマンツーマン指導」等、eラーニングとは呼び難い方法も敢えて提示し、回答からタイの日本語教師の中にあるeラーニング像も描き出すことを目的としている。

５）eラーニングに望む内容

　興味のあるeラーニング形態からさらに踏み込み、日本語教師がeラーニングにいかなる内容を求めているか知るための質問である。今後、日本語学習教材を作成する際に日本語教師の要望に合ったものを提供するために質問した。

3.3.2　「日本語教師に対する ICT 利活用状況」予備調査　—調査3a—

　タイ主要4地域で本調査を実施する前に、アンケート内容の妥当性を確認すべく2016年2月に予備調査を実施した。

3.3.2.1　「日本語教師に対する ICT 利活用状況」予備調査協力校

　予備調査の協力校は、バンコク北部に位置する国立 K 大学である。K 大学人文学部東洋言語学科日本語科に所属する日本語教師8名（タイ人5名、日本人3名）に対して Web アンケート調査の回答を依頼し、うち3名（タイ人1名、日本人2名）から回答を得た。

3.3.2.2　「日本語教師に対する ICT 利活用状況」予備調査で見られた傾向

　予備調査の回答数は3件と少ないため、全回答を再構築した上で本調査に臨むための修正必要箇所等の指摘を行う。

１）eラーニング（特に LMS）の所有

　所属機関では LMS（学習管理システム）を所有しているが、予備調査を実

施した2016年3月時点では、そのLMS上に日本語を学習するためのコースは開講されていない。そのため、実際にはLMSを所有しているにもかかわらず、コースが存在しないことをもって「LMSを所有していない」「eラーニングはない」と回答した。

　２）技術や基盤
　所属機関にはWi-Fiによるインターネット環境が用意されているが、インターネット通信が安定していない。そのため授業準備・実施においては有線LANに接続するか、自身が契約している携帯端末を使用している。

　３）使用機器
　所属機関では全教室にデスクトップPCとプロジェクターが備え付けられている。また同じく備品である書画カメラや個人所有のPCをそのプロジェクターに接続して投影することも可能である。また大学の方針でコンピュータを使用した授業を推奨しているため、学内のPC全てにMicrosoft Officeがインストールされている。したがってプレゼンテーションソフトウェアや周辺機器を十分活用できる設備が既に用意されている。

　４）興味のあるeラーニング形態
　同期型eラーニングでは電話またはskypeによるマンツーマンレッスン、非同期型eラーニングではオンライン学習コース受講に関心がある。オンライン学習を開発する教育機関にこだわりはなく、むしろ所属機関で独自に開発するよりも他所の開発した良いオンライン学習コースを導入したいと考えている。

　５）eラーニングに望む内容
　回答者全員が日本語の発音に関するeラーニングや作文に関するeラーニング、学習に役立つゲームを望んでいる。次いでアニメや動画で日本文化が見られるeラーニングを望んでいる。当調査は「日本事情」に関するeラーニング開発のための調査であるとは明言していなかったが、日本語教師が日本文化理解は日本語学習において重要な要因だと認識していることを端的に表す結果となった。
　予備調査において、国籍による回答の差異については、タイ人日本語教師

はeラーニングに望む内容においては日本語の正確さ、日本人日本語教師は日本語の自然さにつながる補助教材を望む傾向があった。しかし全項目において両者ともほぼ同一の選択肢を回答しており、当初予想していた国籍による回答傾向の相違は見られなかった。また教具やeラーニングに関する質問は複数回答としていたが、複数を選択した場合は各選択肢に対する頻度・優先度等が曖昧なものとなる。したがって、本調査の前に以下の2点について質問票の修正を行った。

　　1．国籍別の集計を廃止
　　2．選択肢回答ではなく、各選択肢に対する傾向をリカート尺度で選択

　また予備調査では「日本事情」に関する質問は行っていないが、現地調査でのインタビューにおいて「日本事情」開講に係る問題を見聞した。そこで更なる情報を収集するべく、次節で説明する本調査においてはタイ人日本語学習者のキャリアや「日本事情」に関する質問事項を追加した。さらにLMSの所有状況については、大学がLMSを所有していても日本語主専攻課程でLMSを使用していない場合は「所有していない」と回答することが判明したため、調査項目からは除外した。

3.3.3　「日本語教師に対するICT利活用状況」本調査　―調査3b―
　本調査では予備調査の質問内容を一部修正した質問票[62]を作成し、調査を実施した。Webアンケート調査は2016年4月10日から5月15日にかけて行われ、タイ現地で知己を得た日本語教師（タイ人教師・日本人教師）のうちタイ国内大学に所属する日本語教師を対象とした。調査対象校を地域・分類別に表3.11に示すとともに、以降は調査対象校17校25名の回答結果を分析する。

62　「日本語教師へのICT使用状況調査」〈http://goo.gl/forms/YrhUwq10pl〉公開終了

表3.11　ICT 利活用状況調査協力校

地　域	国立／私立：学校名	件数[63]
北部4校	国立：N 大学、U 大学 私立：F 大学、P 大学	6
東北部2校	国立：KK 大学、SR 大学	4
南部1校	国立：TS 大学	2
バンコク10校	国立：C 大学、KM 大学、R 大学、SW 大学、T 大学 私立：D 大学、RS 大学、SI 大学	13
17校	合　計	25件

3.3.3.1　各地域の「日本語教師に対する ICT 利活用状況」本調査協力校

　北部の回答校は4校である。北部タイ日本語日本研究大学コンソーシアムの加盟校である N 大学（ピサヌローク県）、F 大学（チェンマイ県）、U 大学（パヤオ県）、P 大学（チェンマイ県）であり、N 大学と U 大学は国立大学、F 大学と P 大学は私立大学である。

　東北部の回答校は2校である。KK 大学（コンケン県）、SR 大学（シーサケート県）であり、共に国立大学である。

　南部の回答校は1校である。国立大学の TS 大学（ソンクラー県）である。

　バンコクの回答校は8校である。C 大学、KM 大学、R 大学、SW 大学、T 大学は国立大学、D 大学、RS 大学、SI 大学は私立大学である。

3.3.3.2　「日本語教師に対する ICT 利活用状況」本調査結果

　Web アンケート調査の回答をタイ主要4地域（全件）と地域別に分析し、特記すべき調査結果を調査項目ごとに表にして述べる。

〈アンケート調査項目〉

　1）技術や基盤

　2）使用機器

　3）興味のある e ラーニング形態[64]

63　回答時に所属機関を特定する質問項目はなく、所属地域と国立／私立の分類を質問したため、各大学の回答件数は不明である。

64　コンピュータが不得手な日本語教師もいることから、Web アンケートの冒頭に当調査におけるeラーニングの用語と意味を示した。そこでは日本語教師が理解しやすいよう、「反転授業：自宅で授業動画を見て学習し、教室で復習や応用を行う形態の授業」「オンライン学習：インターネットに接続した状態で学習を行うこと」「ブレンディッドラーニング：オンライン学習と集団研修を組み合わせた学習方法」と表現した。

　４）ｅラーニングに望む内容

　以上がアンケート調査項目である。これより調査項目およびその結果について説明する。

　１）技術や基盤
　ｅラーニング導入を希望する機関が大多数であるため、何がｅラーニング導入の障壁となるのか分析する。表3.12は障壁に関する回答の上位３項目（タイ主要４地域と地域別）である。タイ主要４地域では開発スタッフおよび開発費用の確保が大きな壁となっていることが分かった。各地域に目を移すと、開発費用の他、インフラの安定性や教師がｅラーニングを導入する動機を持ちづらいことが障壁と見ている地域もある。

表3.12　ｅラーニング導入の障壁（４地域・地域別、複数回答）

地域	回答上位３件		
全件	①開発スタッフ	②開発費用	③ｅラーニングの知識
北部	①開発費用	②開発スタッフ	③インフラの安定性
東北部	①使用機材	②ｅラーニングの知識	③インフラの安定性
南部	①開発スタッフ	②開発費用	③ｅラーニングの知識
バンコク	①開発スタッフ	②教師のモチベーション	③開発費用

　２）使用機器
　ｅラーニング受講にあたって、受講者の使用機器を想定する必要がある。表3.13は受講者が最も使用すると思われる機器に関する回答の上位５項目である。デスクトップPCを挙げる日本語教師が最多であった。次点がスマートフォンだったことから、日本語教師はｅラーニングに対してPCを使用する大がかりなもの、またはスマートフォンでアクセスできる操作が単純なものを想定している。

表3.13　受講者の使用機器（全件 n=25、単数回答）

	選択肢	件数	選択率（％）
１位	デスクトップPC	9	42.86
２位	スマートフォン	7	33.33
３位	ノートPC	4	19.05
４位	タブレット端末	1	4.76
５位	無回答	4	19.05
	計	25	

3）興味のあるeラーニング形態

　日本語教師として興味のあるeラーニング形態について、リカート尺度による回答を求めた。表3.14は興味のあるeラーニング形態に関するTP値（全回答における「興味がある（4）」と「とても興味がある（5）」を選択した割合）上位5項目である。各地域の傾向として、反転授業やTV会議システムあるいは衛星授業といった同一場所形式のeラーニングに興味関心が強いが、北部は場所によらず学習者個々のタイミングで学習できるLMSに対する関心が最も高い。南部ではTP値が100%、すなわち日本語教師全員が「興味が

表3.14　興味のあるeラーニング形態上位5項目（4地域・地域別、リカート尺度）[65]

選択肢（全件n=25）	平均値	中央値	標準偏差	TP値(%)
1位 反転授業	3.52	4.00	1.23	68.00
2位 TV会議システムによる討論授業	3.30	4.00	1.46	51.85
3位 TV会議システムによる講義型授業	3.26	4.00	1.43	51.85
4位 他機関が作成したオンライン学習コース受講	3.26	3.00	1.32	48.15
5位 衛星放送による講義視聴	3.11	3.00	1.37	48.15
選択肢（北部n=6）	平均値	中央値	標準偏差	TP値(%)
1位 学習管理システムを用いたオンライン学習コース	3.33	3.50	0.82	50.00
2位 TV会議システムによる討論授業	3.17	3.50	1.47	50.00
3位 TV会議システムによる講義型授業	2.67	3.50	1.51	50.00
4位 ブレンディッドラーニング	3.00	3.00	1.41	33.33
5位 skypeなどによるマンツーマン授業	2.67	2.00	1.51	33.33
選択肢（東北部n=4）	平均値	中央値	標準偏差	TP値(%)
1位 衛星放送による講義視聴	3.4	4.00	1.52	60.00
2位 TV会議システムによる討論授業	3.4	4.00	1.52	60.00
3位 他機関が作成したオンライン学習コース受講	3.4	4.00	1.52	60.00
4位 反転授業	3.4	4.00	1.52	60.00
5位 skypeなどによるマンツーマン授業	3.6	3.00	1.34	40.00
選択肢（南部n=2）	平均値	中央値	標準偏差	TP値(%)
1位 反転授業	5.00	5.00	0.00	100.00
2位 衛星放送による講義視聴	4.50	4.50	0.71	100.00
3位 他機関が作成したオンライン学習コース受講	4.50	4.50	0.71	100.00
4位 ブレンディッドラーニング	4.50	4.50	0.71	100.00
5位 TV会議システムによる講義型授業	4.00	4.00	1.41	50.00
選択肢（バンコクn=13）	平均値	中央値	標準偏差	TP値(%)
1位 反転授業	3.83	4.00	0.72	83.33
2位 TV会議システムによる講義型授業	3.43	4.00	1.45	57.14
3位 他機関が作成したオンライン学習コース受講	3.43	3.50	1.28	50.00
4位 TV会議システムによる討論授業	3.21	3.50	1.58	50.00
5位 衛星放送による講義視聴	3.14	3.00	1.29	42.86

65　地域別についてはn<10の地域が存在するため、回答の中央値を示す。また南部については
n=2のため、平均値と中央値が同一となる。

ある」と回答した項目が複数あることから、様々なeラーニング形態を試行
したいと考えていることが推測できる。

　4）eラーニングに望む内容
　日本語教師としてeラーニングに望む内容についてリカート尺度で回答を
求めた。表3.15はeラーニングに望む内容に関するTP値（全回答における
「興味がある（4）」と「とても興味がある（5）」を選択した割合）上位5項
目である。

表3.15　eラーニングに望む内容上位5項目（4地域・地域別、リカート尺度）

選択肢（全件 n=25）	平均値	中央値	標準偏差	TP値(%)
1位　レベルに合った読解文が読めるもの	4.46	4.50	0.58	96.15
2位　動画で日本文化紹介が見られるもの	4.56	5.00	0.70	88.89
3位　日本語の発音が聞けるもの	4.44	5.00	1.01	85.19
4位　レベルに合った復習問題を生成するもの	4.37	5.00	0.84	85.19
5位　アニメで日本文化紹介が見られるもの	4.26	5.00	1.13	85.19
選択肢（北部 n=6）	平均値	中央値	標準偏差	TP値(%)
1位　レベルに合った読解文が読めるもの	4.50	4.50	0.55	100.00
2位　アニメで日本文化紹介が見られるもの	4.50	4.50	0.55	100.00
3位　レベルに合った復習問題を生成するもの	4.50	4.50	0.55	100.00
4位　動画で日本文化紹介が見られるもの	4.50	5.00	0.84	83.34
5位　日本語の会話スクリプトが作れるもの	4.33	4.50	0.82	83.34
選択肢（東北部 n=4）	平均値	中央値	標準偏差	TP値(%)
1位　アバターと日本語の会話ができるもの	4.80	5.00	0.45	100.00
2位　レベルに合った復習問題を生成するもの	4.80	5.00	0.45	100.00
3位　学習のためのゲームができるもの	4.80	5.00	0.45	100.00
4位　レベルに合った読解文が読めるもの	4.75	5.00	0.50	100.00
5位　アニメで文法説明が見られるもの	4.60	5.00	0.55	100.00
選択肢（南部 n=2）	平均値	中央値	標準偏差	TP値(%)
1位　日本語の発音が聞けるもの	5.00	5.00	0.00	100.00
2位　日本語の発音と一致しているかどうか分かるもの	5.00	5.00	0.00	100.00
3位　作文の文法チェックができるもの	5.00	5.00	0.00	100.00
4位　作文の漢字チェックができるもの	5.00	5.00	0.00	100.00
5位　日本語の会話スクリプトが作れるもの	5.00	5.00	0.00	100.00
選択肢（バンコク n=13）	平均値	中央値	標準偏差	TP値(%)
1位　レベルに合った読解文が読めるもの	4.36	4.00	0.63	92.86
2位　動画で日本文化紹介が見られるもの	4.50	5.00	0.76	85.71
3位　日本語の発音が聞けるもの	4.43	5.00	1.09	85.71
4位　学習のためのゲームができるもの	4.14	4.50	1.17	78.57
5位　レベルに合った復習問題を生成するもの	4.14	4.50	1.03	71.43

　全体的な傾向として、現地での入手が困難である読解教材と日本文化を紹
介する教材を望んでいる。各地域の特徴として、北部では能力に応じた復習

問題、東北部では仮想環境での会話練習、南部では聴解や発音矯正、バンコクでは聴解に関する内容を求めている。北部・東北部・南部ではTPが100%、すなわち日本語教師全員が「興味がある」と回答した項目があり、現在抱えている教材不足をeラーニングで解決したいと考えている。

3.3.4 日本語教育機関におけるICT活用の現況考察

調査結果から、タイ主要4地域の傾向は以下のように考察される。ほぼ全ての教育機関がeラーニングに興味を持ち、授業に取り入れたいと考えている。しかし所属機関にはeラーニングの導入には開発費や開発スタッフ等の問題があり、また諸問題を克服したとしてもインフラが不安定で十分な動作が確約できないことから、日本語教育のためのeラーニングが存在しない。

また受講者のeラーニング受講機器として、デスクトップPCを想定している日本語教師が多い一方でスマートフォンを想定している日本語教師もいることから、日本語教育に関するeラーニングにおいては端末に依存しないアクセスが重要な要因となることは自明である。

eラーニングの形態では、反転授業・TV会議システム・ブレンディッドラーニング・衛星放送といった日本語教師主導の講義が可能な同一場所型のeラーニング形態に関心が高く、学習者各自の都合に任せてオンラインで学習管理を行うLMSは概して不人気である。しかし北部は他地域とは異なる傾向を示し、反転授業に対する関心が低い一方でLMSに高い関心を寄せている。そこでLMSを反転授業用教材として使用できる仕組みとともに提供すれば、タイ全域の要望に合ったeラーニング形態が可能となる。

eラーニングの内容には読解文と日本文化紹介を望み、次いで聴解に関する内容を求める傾向が見られた。会話・コミュニケーションや日本語筆記に関する要望が低いのは、日本人日本語教師は所属機関では「会話」と「作文」を担当することが多く、これら2科目についてはeラーニングでなくとも通常授業で対応可能だと判断したと推測される。日本人日本語教師が少ない南部では「会話」と「作文」に関連するeラーニング内容が上位に来ていることからも、この仮説は裏付けられる。

3.4 日本語教師に対する「日本事情」ニーズ調査 ―調査4―

日本語教師を対象としたWebアンケート調査のうち、本節では予備調査を

経て追加した「日本事情」に対するニーズ分析として、1）タイ人日本語学習者に対する認識、2）「日本事情」開講に係る諸問題について言及する。

1）タイ人日本語学習者に対する認識

　回答者の多くは、所属機関におけるタイ人日本語学習者の大学卒業時の日本語能力を「N3相当」と想定している。内訳はN1相当1校、N2相当5校、N3相当8校、N4相当5校（複数回答可）であり、N5相当あるいは未到達とした大学は0校であった。

　また表3.16は大学卒業後の主な進路に関するタイ企業・日系企業、業種・職種分類表である。大学卒業後の就職先は日系企業が大多数であり、特に日本語通訳または翻訳業に従事すると認識している。

表3.16　卒業後の主な進路（複数回答可）

資本	回答内訳（業種・職種／件数）
タイ企業	業種・職種不明1
日系企業	通訳5、翻訳2、ホテル1、サービス業1、旅行業1、コーディネーター1
その他	教職2、進学1、日本で就職1

2）「日本事情」開講に係る諸問題

　表3.17は「日本事情」開講にあたって生じる問題や不安・困惑する事柄にまつわる回答を、「教具・教材に対する問題」「授業運営に対する問題」「教師の心理面に対する問題」の3項目に分類した表である。回答から海外であるタイで日本語を教える際に教材・教具不足の問題を痛感するのが「日本事情」であることが分かる。また具体的な指針なき「日本事情」の授業運営に対する不安を感じている様子が見られる。さらに「日本事情」の受講によって日本文化の把握は重要だとする一方で、タイ人日本語学習者に対して日本人らしさを強制するのではないかという葛藤も窺える。

表3.17 「日本事情」開講にあたって生じる問題

教具・教材	・使える動画や写真を探すのに時間がかかる ・生教材が足りません。 ・適切な動画を探すのが難しい ・浴衣や調理器具等、日本でなら簡単に手に入る物を手に入れるのに時々苦労する。 ・「文化」は時代とともに、新しいものが出てくるが、それに追いつけないこと。例えば、若者文化や「オタク」などの新語 ・授業で使用する教材選び ・広範囲に渡るので、何を取り扱うかということ
授業運営	・調べ学習に終始しやすいこと ・使用教材のタイ語翻訳、タイ語での応答 ・問題作成
心理	・困ったことは基本的にありませんが、学生が「日本人」になることを強制することは決して行けない事だと思うので、タイ人らしい受け止め方でどう日本文化や日本事情を捉え形にするか大切に表現してもらいました。教師の方で「日本人らしさ」をタイの学生に強制すると、困るのは日本人教師だと思います。 ・通常タイ人教師が行うので担当したことがない

（回答原文ママ）

　タイの大学日本語主専攻課程で学ぶタイ人日本語学習者に目を向けると、日本語能力の差異が目立つと共に、卒業後の進路も多様である。様々なキャリアを形成していくタイ人日本語学習者に対してタイ全域で「日本事情」を展開するのであれば、就職後に日本語能力以外で日本人との軋轢を軽減する方法、すなわち日本文化というへの異文化理解を促す教材とするのが妥当である。同時に日本語教師が「日本事情」開講にあたって抱える諸問題のうち、教材不足に関する悩みは電子教材の提供で多少の解決が図れる。その際に一連のコースとして設計された形で提供すれば、授業運営に関する悩みについても対応可能である。

3.5　日系企業が「日本事情」に望む学習内容　―調査５、６―

　前節までにタイ人日本語学習者および日本語教師の「日本事情」に対する学習ニーズは把握した。しかしタイ人日本語学習者が就職する日系企業では、タイ人日本語人材にいかなる日本文化の知識の習得を望んでいるのかについても知る必要がある。そこで在タイ日系企業に対してタイ人日本語人材の育成を目的とした「日本事情」で習得すべき学習内容に関する調査を実施した。
　調査方法はWebアンケート調査と構造化面接方式によるインタビューであり、調査期間は2017年１月１日から10月12日である。

3.5.1　日系企業が望む「日本事情」学習内容調査　―調査 5 ―

　Web アンケート調査においてはタイ人日本語人材を採用している、または
タイ人日本語人材を必要としている在タイ日系企業に対して協力を依頼した。
　調査対象は、数多くの日本企業タイ支社が置かれ周辺工業団地へのアクセ
ス至便である首都バンコクと、北部タイ日本語日本研究大学コンソーシアム
の日本語教育支援事業に深く関わるランプーン工業団地の日系企業とした。
バンコクについては知己の経済界関係者に Web アンケート調査の URL と回
答手順を渡した上で Web アンケート調査の代行依頼を要請し、北部について
は各社の日本人上長に対して Web アンケート調査の回答を個別に依頼した。

3.5.2　「日系企業が望む「日本事情」学習内容」調査概要

　在タイ日系企業に対する「日本事情」の学習内容に関するアンケート調査
（資料 3.3：Web）は、Google Forms で作成した URL を伝達した。自社でタ
イ国内大学の日本語主専攻課程卒業のタイ人日本語人材を採用する場合、大
学在学中に「日本事情」で習得すべき学習内容がいかなるものかを把握する
ため、下記の質問項目に対する回答を依頼した[66]。
　回答方法は、1）については「1 ＝全く学ばなくていい、2 ＝学ばなくて
いい、3 ＝どちらでもない、4 ＝学ぶべき、5 ＝必ず学ぶべき」の 5 段階の
リカート尺度とし、2）～ 4）は自由記述とした。

〈アンケート調査項目〉
　1）「日本事情」での学習を希望するトピック
　2）「日本事情」の各テーマ[67]において学習すべき内容
　3）タイ人日本語学習者が就職前までに学習すべき内容
　4）「良いタイ人日本語人材」像とは何か

　以上がアンケート調査項目である。これより在タイ日系企業を対象とした
アンケートの各調査項目について説明する。

66　調査協力依頼時に「現在、日本語を話すタイ人人材を求めていない」と協力を断る企業が複
　　数存在したことから、日本語に対する科目ではなく日本文化を学習する「日本事情」に対する
　　調査であることを説明し、Web アンケートにもその旨を明記している。
67　タイ K 大学、RM 大学、SW 大学、T 大学の計 4 校の「日本事情」で実際に使用されていた
　　トピック（転載不可のため未公開）を分類した。

1）「日本事情」での学習を希望するトピック

　在タイ日系企業がタイ人日本語学習者に対して、いかなるトピックの学習を望んでいるのか知るための質問である。「日本事情」においてタイ人日本語学習者が学習を希望するトピックと、在タイ日系企業がタイ人日本語学習者に学習を望むトピックの傾向を比較するため、3.1.3「日本語学習者が望む『日本事情』学習内容」本調査で使用したトピック35項目を使用した。

2）「日本事情」の各テーマにおいて学習すべき内容

　バンコク首都圏大学の日本語主専攻課程4校の「日本事情」コースシラバスにおいて頻出した学習トピックは表3.18に示す通り、初回オリエンテーション[68]を含めて8つのテーマに分類される。8つの各テーマにおいて、いかなる学習内容を提供するのが適切か知るための質問である。

表3.18　「日本事情」の各テーマ

テーマ名	
1．「日本事情」と日本語人材	5．時事問題
2．日本の多様性①日本食	6．国際社会における日本
3．日本の多様性②自然環境	7．日本の企業文化
4．日本の多様性③方言	8．日本人の価値観

3）タイ人日本語学習者が就職前までに学習すべき内容

　調査項目2）に関連し、各テーマに関する内容以外で在タイ日系企業就職を目指すタイ人日本語学習者が「日本事情」において学習しておくべき学習内容がいかなるものであるか知るための質問である。

4）「良いタイ人日本語人材」像とは何か

　在タイ日系企業が「良いタイ人日本語人材」として日本語教育界に求めるタイ人日本語人材とは、いかなる能力を持った人物であるか知るための質問である。

68　オリエンテーションとは、開講後2週間程度行われる科目の開講目的や授業概要に関する説明のことである。表3.19では「1.『日本事情』と日本語人材」がオリエンテーション用テーマにあたる。

3.5.3　「日系企業が望む「日本事情」学習内容」予備調査　―調査5a―

　タイ主要４地域を対象とした本調査を実施する前に、アンケート内容の妥当性を確認すべく2017年１月に予備調査を実施した。

3.5.3.1　「日系企業が望む「日本事情」学習内容」予備調査協力者

　予備調査としてランプーン工業団地に在籍する在タイ日系企業５社に対しWeb アンケート調査への回答を依頼し、うち３社から回答を得た。またバンコクにおいては知己の人材紹介会社の協力を得て25社に回答を依頼し、うち15社から回答を得た。

3.5.3.2　「日系企業が望む「日本事情」学習内容」予備調査で見られた傾向

　予備調査の回答数は３件と少ないため、本調査に臨むために全回答を再構築した上で回答傾向を述べる。

　１）「日本事情」での学習を希望するトピック

　在タイ日系企業がタイ人日本語人材に学習を希望するトピックについてリカート尺度で回答を求めた。TP 値（全回答における「学ぶべき（4）」と「必ず学ぶべき（5）」を選択した割合）上位５項目は「日本語の特徴」「マナーとタブー」「対人コミュニケーション」「近現代史（明治〜平成）」「日本企業の社内文化」であり、下位５項目は「ゲーム」「サブカルチャー」「流行語」「ファッション」「方言」である。

　２）「日本事情」の各テーマにおいて学習すべき内容

　「日本事情」においては、語学力を重視するだけでなく文化内容の理解も必要である。そのためには日本の表面的な美しさ・楽しさ・素晴らしさだけでなく、歴史や国際的立場等の客観的な事実について学んでおく必要がある。

　３）タイ人日本語学習者が就職前までに学習すべき内容

　就職前までに学習を希望する内容には、「製造業に対する知識、外国語、IT、宗教」等、回答者の所属する在タイ日系企業の業種・職種によって異なる。

　４）「良い日本語人材」像とは何か

　在タイ日系企業の考える「良い日本語人材」像については、仕事における

報連相、特に「報告」ができることが良い日本語人材の条件だと考えられている。

　予備調査で得られた回答からは質問項目を修正する必要はないと判断し、次節の本調査においても同一内容の調査票を使用した。

3.5.4　「日系企業が望む「日本事情」学習内容」本調査　—調査5b—

　本調査では予備調査と同一の調査票を使用して調査を実施した。調査期間は2017年2月1日から8月6日である。バンコクの経済界関係者や知己の人材紹介会社の協力を得て、15社に回答を依頼し、うち14社から回答を得た。
　予備調査の回答件数は18件、本調査の回答件数は14件と回答件数が非常に少ないことと、予備調査・本調査は同一の Web アンケートを使用していることから、次節からは予備調査と本調査の回答を合計した32件に対して分析を行う。

1）「日本事情」での学習を希望するトピック

　在タイ日系企業がタイ人日本語人材に学習を希望するトピックについてリカート尺度で回答を求めた。表3.19は学習を希望するトピックに関する TP 値（全回答における「学習したい（4）」と「とても学習したい（5）」を選択した割合）上位5項目である。

表3.19　トピック35件の上位5項目（バンコク・北部、リカート尺度）

全件（n=32）	平均値	標準偏差	TP 値（％）
1位　34. マナーとタブー	4.66	0.59	93.75
2位　23. 日本企業の社内文化	4.34	0.85	90.63
3位　05. 日本食	4.28	0.87	87.50
4位　35. 対人コミュニケーション	4.48	0.71	87.10
5位　15. 近現代史（明治〜平成）	4.13	0.89	84.38

　「マナーとタブー」「日本食」は3.1.3「日本語学習者が望む『日本事情』学習内容」本調査においてもタイ主要4地域で上位であったが、バンコクでのみ学習希望が見られた「日本企業の社内文化」が第2位であるとともに、タイ人日本語学習者の学習希望では見られなかった「近現代史」が第5位となっている。在タイ日系企業としては日本語人材に日本式ビジネスを円滑に進め

るための知識の他、日本食や歴史といった日本人の背景に対する教養知識を望んでいることが分かった。

　したがって、タイ人日本語学習者が学習を希望するトピックと在タイ日系企業がタイ人日本語学習者に学習を希望するトピックは日本文化については類似傾向ではあるが、在タイ日系企業はより教養的なトピックの学習を求めていると言える。

　2）「日本事情」の各テーマにおいて学習すべき内容
　在タイ日系企業が大学日本語主専攻課程の「日本事情」でよく取り上げられる各テーマに対していかなる学習内容を望むか、学習希望内容に対する自由記述から考察する。分析方法は各質問の全回答[69]に対し、出現頻度の多い回答および特徴的な回答を基に KJ 法の手法を援用し、各テーマで学習すべき内容を概念化する。

　1．「日本事情」と日本語人材の関係
　「日本事情」と日本語人材の関係」において学習を希望する内容について18件の回答が得られた。表3.20に示す通り、出現頻度の高い単語から3つの概念が抽出された。

表3.20　「『日本事情』と日本語人材の関係」単語と概念

出現頻度	単語	抽出された概念
12	日本語	〈言語能力重視〉
7	理解、人材	〈言語以外の能力習得〉
5	日本人	〈日系企業への参加〉
4	必要	

　まず〈言語能力重視〉では、日本語人材として機微の察し方や在タイ日系企業における日本語の重要性について理解を求めており、日本語習得においては流暢さよりも正確さを重視している。次に〈言語以外の能力習得〉では、日本語以外の能力として責任感やコミュニケーション力、理解力の育成を望む他、泰日の文化の違いや男女で異なる視点等、日本語人材として今後求められる異文化理解につながる価値観を「日本事情」で取り扱うことを望んでいる。そして〈日系企業への参加〉では、在タイ日系企業で働く場合には日

69　分析に使用した在タイ日系企業からの全回答は資料3.4（Web）に示す。

本式ビジネスの常識や習慣を習得するとともに、日本語だけでなく仕事の知識や日本文化を理解しておく必要があると考えている。

2．日本の多様性①自然環境

「日本の多様性①自然環境」において学習を希望する内容について20件の回答が得られた。表3.21に示す通り、出現頻度の高い単語から3つの概念が抽出された。

表3.21　「日本の多様性①自然環境」単語と概念

出現頻度	単語	抽出された概念
8	四季	〈四季と生活〉
6	日本	〈日本独自の自然環境〉
5	災害、自然	〈自然に対する風習〉
4	日本人、学ぶ、知る	

　まず〈四季と生活〉では、日本各地の四季の美しさと風物詩について知識を持つことを望んでいる。次に〈日本独自の自然環境〉では、日本はタイとは異なる自然環境であることから、地震や津波に代表される多くの自然災害から自然の厳しさを学ぶとともに、日本人の自然災害への備えや自然環境から育まれた日本人の価値観に対する理解が言及されている。そして〈自然に対する風習〉では、自然と共存するために行われている生活の工夫や季節に応じた文化風習、そして自然環境に対する保護活動についての知識が求められている。

3．日本の多様性②日本食

「日本の多様性②日本食」において学習を希望する内容について22件の回答が得られた。表3.22に示す通り、出現頻度の高い単語から3つの概念が抽出された。

表3.22　「日本の多様性②日本食」単語と概念

出現頻度	単語	抽出された概念
8	日本食、知る	〈日本食の特徴〉
7	料理	〈日本独自の食文化〉
4	マナー	〈食事のマナー〉

　まず〈日本食の特徴〉では、日本食は健康食としての側面があり、また旨味や出汁といった繊細な味を重視していることに理解を求めている。一方で近年では日本人の食事は外来化しており、必ずしも伝統的な和食の知識を持つとは限らないことを留意点として挙げている。次に〈日本独自の食文化〉では、外国の料理を積極的に取り入れて進化してきた日本食の性質を理解するとともに、家庭料理や郷土料理等の多彩な知識を持つことを求めている。また素材の味を生かし目で味わうとされる価値観や外食文化の発展、そして衛生面等を多角的に学習することを望んでいる。そして〈食事のマナー〉では、日本料理に対する一般的な食事のマナーを習得することが求められている。

４．日本の多様性③方言

　「日本の多様性③方言」において学習を希望する内容について15件の回答が得られた。表3.23に示す通り、出現頻度の高い単語から３つの概念が抽出された。

表3.23　「日本の多様性③方言」単語と概念

出現頻度	単語	抽出された概念
13	方言	〈コミュニケーション〉 〈社会文化〉
4	関西弁、標準語、地域	〈方言の持つ特徴〉

　まず〈コミュニケーション〉では、方言という概念を理解した上で代表的な方言語彙に対する知識があれば、日本人とのコミュニケーションにおいて有用であると考えている。次に〈社会文化〉では、地域社会における方言の文化的および歴史的背景に目を向けるとともに、現在はマスコミの影響で地方でも標準語化が進んでいることから、方言は言語というだけでなく各地域の個性を表す文化の１つとして理解することを求めている。そして〈方言の持つ特徴〉では、方言の多様性や由来を知り、特に関西方言と東北方言についての知識を持つことを望んでいる。

５．時事問題

　「時事問題」において学習を希望する内容について17件の回答が得られた。表3.24に示す通り、出現頻度の高い単語から３つの概念が抽出された。

表3.24　「時事問題」単語と概念

出現頻度	単語	抽出された概念
5	日本人、知る	〈アジアを中心とした国際社会〉
4	時事問題、日本	〈日本の抱える諸問題〉 〈メディア活用〉

　まず〈アジアを中心とした国際社会〉では、日本とタイの二国間だけでなく北朝鮮・韓国・中国・東南アジア諸国といった近隣諸国との関係について深く掘り下げて考えることを望んでいる。次に〈日本の抱える諸問題〉では、日本国内における社会問題まで視野を広げ、超高齢社会や原発問題、ナショナリズム等について日本人がどのような行動を取るか理解し、日本人との円滑な関係を構築することを望んでいる。そして〈メディア活用〉では、特に新聞の読み方についての学習を望んでいる他、時事問題の情報収集を行うためのメディアの適切な取り扱いについて学習することが求められている。

　6．国際社会の中の日本
　「国際社会の中の日本」において学習を希望する内容について15件の回答が得られた。表3.25に示す通り、出現頻度の高い単語から3つの概念が抽出された。

表3.25　「国際社会の中の日本」単語と概念

出現頻度	単語	抽出された概念
14	日本	〈日本の立ち位置〉
4	中国	〈日本の抱える国際問題〉 〈近隣諸国との関係〉

　まず〈日本の立ち位置〉では、日本とタイの二国間だけでなく国際社会の中で日本がどのような立場でどのような役割を果たしているかを、貿易や外交、国際貢献の面から客観的に学ぶことを求めている。特に外交においては、地理的要因を重視した理解が求められる。次に〈日本の抱える国際問題〉では、日本が危機的経済状況にあることを理解するとともに、外国人に関する諸問題や中国・韓国との間で戦後問題を抱えていることを知ってほしいと願っている。そして〈近隣諸国との関係〉では、日本の近隣諸国である中国・韓国・北朝鮮の他、アメリカとの関係や相互の認識について知り、アジアにおける日本の立ち位置や役割について学ぶことを望んでいる。

7．日本の企業文化

「日本の企業文化」において学習を希望する内容について21件の回答が得られた。表3.26に示す通り、出現頻度の高い単語から３つの概念が抽出された。

表3.26　「日本の企業文化」単語と概念

出現頻度	単語	抽出された概念
6	日本、企業	〈日本式ビジネスの特徴〉
5	働く	〈ビジネスマインド〉
4	文化、場合、日本企業、学ぶ	〈日本語人材への期待〉

　まず〈日本式ビジネスの特徴〉では、結果よりも過程を重視する日本式評価方法や終身雇用や年功序列といったビジネス文化の特徴を理解するとともに、働き方改革によって生まれた成果主義や男女差別、非正規雇用等の諸問題についても知ることを求めている。また海外において日本式ビジネスを求める是非やタイと日本の企業文化の比較を通じて、次世代の企業文化について考えることを望んでいる。次に〈ビジネスマインド〉では、在タイ日系企業で働く際の心得として、タイとは異なる日本のビジネス文化を知識として学習しておくことを求めている。そして〈日本語人材への期待〉では、在タイ日系企業で日本人と働くことを願うタイ人日本語学習者に対し、日本の企業文化の長所と短所を学び、また話し合い理解を深めた上で就職する必要性を説いている。

8．日本人の価値観

「日本人の価値観」において学習を希望する内容について20件の回答が得られた。表3.27に示す通り、出現頻度の高い単語から４つの概念が抽出された。

表3.27　「日本人の価値観」単語と概念

出現頻度	単語	抽出された概念
12	価値観	〈行動原理〉
11	日本人	〈礼節〉
7	理解	〈学習の重要性と泰日比較〉
5	学ぶ	〈ステレオタイプ防止〉
4	タイ人	

まず〈行動原理〉では、日本人の他者に対する行動や協調性・謙虚さ・死生観等を知り、タイ人と日本人の価値観は何が共通していて何が異なるのかを比較することを望んでいる。次に〈礼節〉では、規律の遵守や他者に迷惑をかけまいとする価値観、清潔の定義等、日本人の重視する礼節について理解し、尊重することを求めている。続いて〈学習の重要性と泰日比較〉では、日本人の価値観を知ればコミュニケーション摩擦が軽減され相互理解が促進されるとして、「日本事情」において非常に重要な学習テーマであると認識している。価値観については、その背景としての文化や歴史を含めてタイの価値観との比較を通じて相違を実感することを望んでいる。そして〈ステレオタイプ防止〉では、価値観は個人・年代で異なることや、必ずしも日本人の価値観に適合する必要はないことことを指摘している。

３）タイ人日本語学習者が就職前までに学習すべき内容
　タイ人日本語学習者が就職前までに学習すべき内容について25件の回答が得られた。表3.28に示す通り、出現頻度の高い単語から３つの概念が抽出された。

表3.28　「タイ人日本語学習者が就職前までに学習すべき内容」単語と概念

出現頻度	単語	抽出された概念
12	日本語、日本人	〈日本語以外の能力育成〉
8	仕事	〈人生設計〉
6	学ぶ	〈日本的価値観の理解〉
4	タイ人、マナー、タイ、責任	

　まず〈日本語以外の能力育成〉では、常識・マナー・コミュニケーション能力・責任感といった社会人としての能力や、基礎的な学問や英語の学習を求めている。また異文化理解やタイに対する客観的な視点を育成するために留学や日本人との交流経験を望んでいることが示された。次に〈人生設計〉では、社会人として働く際に自分は日本語で何ができて何がしたいのか自分自身の人生設計を踏まえて熟考するとともに、業務と報酬の関係を十分に理解し、日本語人材としての安易な転職を予防することを求めている。そして〈日本的価値観の理解〉では、責任感や納期遵守の重要性、仕事の大切さ等の日本人の仕事に関する考え方や価値観に対する理解を求めると同時に、挨拶・マナー・報連相等を学び在タイ日系企業における社会生活に生かすことを望

んでいる。

4）「良い日本語人材」像とは何か

「良い日本語人材」像について32件の回答が得られた。表3.29に示す通り、出現頻度の高い単語から５つの概念が抽出された。

表3.29　「『良い日本語人材』像」単語と概念

出現頻度	単語	抽出された概念
18	日本語	〈コミュニケーション能力〉〈日本語人材としての専門技能〉〈誠実さ〉〈日本とタイの仲介〉〈日本式ビジネスマナー〉
13	人材	
12	日本人	
11	理解	
8	タイ人	
6	必要、通訳、相手	
5	情報、話せる	
4	文化、高い、多い	

　まず〈コミュニケーション能力〉では、日本人の考え方を理解した上で泰日双方の文化を尊重し、相手が何を求め、またどうすれば納得するかを察することのできる高いコミュニケーション能力を求めている。次に〈日本語人材としての専門技能〉では、日本語人材としてビジネスシーンで通用するだけの日本語能力を持つとともに、日本語で発せられた言葉の背景を考えてタイ人が納得するタイ語へと再加工でき、かつ自分を高められる人材を求めている。続いて〈誠実さ〉では、日本語人材あるいは通訳としての勤務態度について、正確かつ客観的に情報を伝えることや、日本人の礼節を重んじて嘘をついたり言い訳をしたりせずに報連相ができることを求めている。同時に自分の意見が言えて、組織の中で日本人の良き理解者となる人材を望んでいる。さらに〈日本とタイの仲介〉では、広い視野を持ち、日本文化を理解した上でタイ人と日本人との関係が円滑になるよう考慮できること、またタイの文化について体系的な知識があり泰日間の文化の違いを説明できることが求められている。そして〈日本式ビジネスマナー〉では、日本語の習得の他に日本人の考え方を理解し、日本人の考えを察した上で分かりやすく伝えられることを求めている。同時に先のことまで見通して業務に必要な知識を積極的に吸収できる、また自ら考えることのできる幅広い教養を持った人材を望んでいる。

3.5.5　日系企業がタイ人日本語人材に求める資質インタビュー　—調査6—

アンケート調査では「日本事情」で学習すべき内容の傾向を把握することはできたものの、流動的なタイ経済に身を置く在タイ日系企業が、自社の発展につながるタイ人日本語人材に対していかなる要望を抱えているかが見えづらい。そこでアンケート調査と並行してタイ経済における日本語人材の役割を俯瞰できる人材紹介会社や各種団体の関係者に対し、構造化面接によるインタビューを実施した。

3.5.5.1　「日系企業がタイ人日本語人材に求める資質」調査概要

インタビュー対象者はタイの経済界を俯瞰できる立場であり、かつ日本語人材や在タイ日系企業の傾向について把握している日本人ビジネスパーソンとした。表3.30はインタビュー対象者の属性である。インタビューは事前に送付したインタビュー質問票に基づく構造化面接形式で1時間程度とし、許可を得て会話内容を録音した。インタビューは2017年10月5日から12日にかけてバンコク都内で行った。

各対象者のインタビュー時間はJ1が約2時間52分、J2が約42分、J3が約41分、J4が約36分、J5が約1時間1分と、平均1時間程度であった。J1とJ2については事前にインタビュー調査票への回答が返送された。

各対象者のインタビュー内容は、返送された回答およびインタビュー音声を書き起こした上でフィラーや間を削除したものである。またインタビューの回答は、文面で得た回答に文体を合わせている。

表3.30　インタビュー対象者の属性

対象者	インタビュー実施日	業種・職種	役職	年代	性別
J1	2017年10月5日	人材紹介会社	経営者	30代	男性
J2	2017年10月5日	人材紹介会社	経営者	40代	男性
J3	2017年10月10日	公益経済団体	教育支援	30代	女性
J4	2017年10月12日	独立行政法人	アドバイザー	40代	男性
J5	2017年10月12日	官公庁	副所長	30代	男性

インタビューの質問票は事前に対象者に開示しており（資料 3.4：Web）、質問項目は以下の4点に分類される。

〈アンケート質問項目〉
　　1）タイ人人材に求めるもの
　　2）人材育成
　　3）産学連携への示唆
　　4）今後求められるタイ人人材像

3.5.5.2　「日系企業がタイ人日本語人材に求める資質」インタビュー回答結果

　本節では、回答の傾向をその概念によって分類し、回答分析を行う。回答に対するインタビュー対象者は（　　）内に示した。

　1）タイ人人材に求めるもの

　最初にタイ人人材およびタイ人日本語人材に求める能力について質問した。表3.31は各対象者の社内で働くタイ人人材に求める能力である。タイ人人材に対しては「語学能力」と「語学以外の能力」を求めているが、日本語ではなく英語を求めている。インタビュー対象者の中では唯一J5が社内で日本語が話せる人材を必要としているが、それでもJ5自身はタイに進出する在タイ日系企業は英語が話せる人材を求めていることを理解している。

表3.31　社内のタイ人人材に求めるもの

語学能力	・弊社では英語は共通語なので、**英語は日常会話レベル以上を必須条件としている。日本語ができるだけの人はいらない。**こちらのことを理解しようとしてくれる人。(J1) ・**日本語が話せる人。**学部不問。進出してくる日系企業はコストを下げたいので**日本語人材より英語が話せる人材が欲しい。**(J5)
語学以外の能力	・こちらがタイの文化・習慣に理解を示す限りにおいて、自身の成長と会社の成長に精力的に取り組める方。責任感があり、日本への親しみがある方。**日本語を求めているわけではない。**(J2) ・ドライバーやお茶出し・コピー・買い出し等の雑用を行うタイ人がほとんどで、**日本語レベルが高いタイ人は求めていない。**(J3) ・技術と**ビジネスマナーのある人材。ツールとして言語を学んだ人材。**(J4)

表3.32　社内のタイ人日本語人材に求めるもの

日本語重視	・日本流の仕事の仕方が分かっている方。通訳は商談が多いのでN1かN2。各分野で異なる専門通訳にスポット依頼している。(J5)
日本語以外の能力重視	・特に日本語必須でないが、奨励しており日本語手当制度あり。社内で通じればOK、N3くらいでいい。工場通訳の場合は別。(J1) ・日本語力が高くなくともある程度の日本語を理解してマーケティングに活かせる方。または日本語力が非常に高く、日本人マネージャーの代わりに日本語業務を分担してもらえる方。(J2) ・日本人の考え方を理解できる、柔軟で吸収力がありうまく立ち回ることができる、フレキシブルでその人自体の能力が高い、日本人とうまくやれる、ホスピタリティーが高い。(J3) ・N3だけではコミュニケーションが取れないのでN3以上。しかし語学オタクはいらない。(J4)

　また表3.32は各対象者の社内で働くタイ人日本語人材に求める能力である。タイ人日本語人材に対しては「日本語重視」と「日本語以外の能力重視」の２つの傾向に分けられ、通訳等の専門職を除けばそれほど高い日本語能力を要求せず、日本式ビジネスを理解した振る舞いができる人材を求めている。J1やJ4の回答の通り、「日本語ができる人＝日系企業が求める人材」という認識は既に過去のものとなりつつある。

２）人材育成

　「ビジネス日本語」と「日本事情」という科目の概念を説明した上で、大学で日本語を学ぶタイ人日本語学習者に対してどのような知識の習得を求めるか質問した。表3.33はタイ人日本語学習者に対して「ビジネス日本語」で習得を求める能力である。J4に対しては面談時間の都合で質問していない。「ビジネス日本語」で習得が求められる知識は「日本語４技能」と「日本式ビジネスマナー」に分かれた。「日本語４技能」の回答は日本語主専攻課程で行われている　「ビジネス日本語」の授業内容に近い。また「日本式ビジネスマナー」ではマネジメントや報連相、ホスピタリティー等の他、そのような企業文化を理解するためのリスニング能力が大事だとしている。

　また表3.34はタイ人日本語学習者に対して「日本事情」で習得を求める能力である。J4とJ5に対しては面談時間の都合で質問していない。「日本事情」は学習領域が多岐に渡ることから、「歴史」「ビジネスマナー」「課題解決能力」と意見が分かれた。これらの回答からは「日本事情」という科目名であっても、日本語能力の向上や日本の伝統文化理解は特に望んでいないことが分かった。

表3.33　「ビジネス日本語」で習得を求めるもの

日本語4技能	・「おつかれさまです」「お先に失礼します」等の**日常的にオフィスで使用される日本語**。使う機会は少ないが、日系企業の1日に使う言葉を覚えてほしい。(J1) ・仕事をしながら日本語を広く知ってもらいたい。(J5)
日本式ビジネスマナー	・日本人のよくあるマネジメントの種類。**報連相**、特に分からないことがあれば相談してから先に進む、終わったら報告をする、途中経過で業務仲間に知っておいてほしいことを連絡する等の基礎的な**行動習慣**。メールや電話での日本語マナーはタイ国内で働くにあたっては二の次。ただし日本語主専攻でないなら「ビジネス日本語」は意味がある。(J2) ・言葉や電話のやり方等は入社して学べばいいので、笑顔でホスピタリティーのある気持ちの良い対応をしてほしい。そのためには**日本の電話文化への理解**が必要。タイ人人材は日本人同僚を通して日本文化を学ぶので、そのための**リスニング能力**が大事。(J3)

表3.34　「日本事情」で習得を求めるもの

歴史	・日本とタイ、東南アジアとの**友好関係の歴史**。(J1)
ビジネス事情	・N1レベルで就職を前提にするという意味では特定の文化・政治情勢などの知識は不要。ビジネス文化事情として3年以内の離職は汚点と判断される、面接に親や恋人と来るのは論外として不合格にされる、などの**ビジネス事情**。日本のビジネスマナーや価値観。(J2)
課題解決能力	・日本語の語学に特化した授業をしていると入社したときのギャップが大きい。学習能力が高いと思うので**問題解決能力**を伸ばす授業をしてほしい。タイ人と日本人の出した結論の違いなどを理解する、悪かったらお互いが素直に謝る、落としどころを見つけるなど。(J3)

3）産学連携への示唆

　産学連携として日本語主専攻課程が日本語人材育成のためにすべき取り組みと、それに対して行いたい支援についても質問した。表3.35は日本語主専攻課程が日本語人材育成のために取り組むべき事柄である。J4とJ5に対しては面談時間の都合で質問していない。取り組むべき事柄は、「会話力向上」「インターンシップ」「企業との交流」と意見が分かれた。すなわち日本語主専攻課程はタイ人日本語学習者の日本語会話の上達を促す一方、積極的に企業を迎え入れる体制作りに取り組む必要がある。

　また表3.36は日本語主専攻課程における日本語人材育成のために行いたい支援である。J4に対しては面談時間の都合で質問していない。行いたい支援は、「情報提供」「講座提供」「青少年交流」であった。「情報提供」については、現在も就職セミナーやジョブフェア等が行われているが、今以上に提供していきたいと考えている。また「講座提供」と「青少年交流」については、日本語主専攻課程ではなく他の学科・学部に対する支援であった。今後は日本語主専攻課程を対象とした日本語人材育成支援が待たれる。

表3.35　日本語主専攻課程で取り組むべきだと考えていること

会話力向上	・日常会話のクラスにおいて、**会話力アップ**により重点をおく取り組み。(J1)
インターン	・**企業との交流やインターン**。レジュメや面接などの入社前のコツだけでなく、むしろその後活躍できるように会社とは・仕事とは・どのように社会が動いているのかを**現場で体験すること**が一番効果的。(J2)
企業との交流	・企業の人にしか分からない日本語人材の問題は企業が必ず持っているので、企業が直接学校に出向く機会があればいい。大学側はもっとオープンになってもらい、日本語を勉強するモチベーションとするための**大学と企業の交流を支援**していきたい。(J3)

表3.36　行いたいと考える支援

情報提供	・卒業後の進路情報提供。**仕事紹介**。バンコク郊外の日本語人材ニーズは高い。(J1) ・現時点で行っている**就活セミナー**に加え**インターン先の提供**の支援。外部との連携。(J2)
講座提供	・社会貢献事業としてバンコク都内の大学で**日本型経営講座を提供**している。ただし今は日本語学科ではなく、日本に全く触れていないであろうエンジニアに興味を持ってもらうため工学部をターゲットにしている。(J3)
青少年交流	・**青少年交流**。でも日本語主専攻じゃない方が本当はありがたい。「海外の人はこんなに英語ができる」と日本の青少年に知ってもらうために、あえて日本語学科は入れない方針で考えている。(J5)

４）今後求められるタイ人人材像

　最後に、インタビューの総括として今後求められるタイ人人材像について質問した。表3.37は日本語人材に限定せず、全てのタイ人人材に求められる能力である。今後求められるタイ人人材の資質は、「専門性」と「向上心」に分類することができる。専門性の解釈は各対象者によって異なるが、共通しているのは高い日本語能力ではなく英語や別のスキルを「専門性」と捉えていることである。また資格取得のために努力するような向上心のあるタイ人人材が今後は求められると考えられる。

表3.37　今後求められるタイ人人材像

専門性	・最低限ビジネスで通用する**英語力**。(J1) ・日本語専門人材ではなく**別のスキルを持っている人材**(コーディネート力、経理や総務の知識など)。スキルアップのための**資格取得**。大学でも資格の大切さについて学生に話をしてくれると人材としてのレベルが高まるのではないか。(J3) ・日本語人材に関しては何でも通訳できるプロになれればいいのだが、無理なら何か**専門性を持つ**べきだと思う。(J4) ・通訳に関しては、ロコモーティブシンドロームなどの**医療知識**。(J5)
向上心	・**向上心のある人材**。(J2)

3.5.5.3 「日系企業が望む「日本事情」学習内容」考察

　在タイ日系企業は、タイ人日本語学習者にビジネスを円滑に進めるためのマナーや企業文化およびコミュニケーション能力の他、日本食や歴史といった日本人の背景に対する知識取得を望む。またタイ国内大学の日本語主専攻課程で開講される「日本事情」のトピックについては、日本文化の深層理解を求めている。例えば「自然環境」については日本の四季に代表される自然の美しさだけではなく、地震や津波等の自然の厳しさと自然との共生についても学習されることが求められる。海外で日本文化を教える際には表面的な文化紹介や文化体験イベントも大切ではあるが、日本語人材育成という点からは日本文化の理解と自国であるタイ文化との比較、そしてお互いの文化が尊重できる能力の習得に重点を置くのが良い。

　また在タイ日系企業関係者へのインタビューを通じて「日本語主専攻課程の中で何をやっているかが見えない」「なぜタイ人人材にN1・N2を求めるのか分からない」等、日本語人材を輩出する大学日本語主専攻課程の閉鎖性や日本語能力偏重主義に陥りがちな指導内容について指摘する声が上がった。日本語教師は現在のタイ経済界におけるタイ人日本語人材の需要傾向を把握するとともに、タイ人日本語学習者に対して日本語以外の能力習得を促す必要がある。そのためには産学連携、すなわち大学と企業の情報交換が必要不可欠である。

　調査を通じてタイ経済界では日本語専門人材は求めていないとしながら、一方で未だにタイ人日本語人材の需要が高いという矛盾が露呈した。しかし、ここでいう日本語専門人材とは、商談の通訳ができる高い日本語能力を持つ人材のことである。つまり通訳以外の日本語人材は日常的にオフィスで使用される日本語が使用できれば良い。それよりも日本人と働くためのマナーとコミュニケーション能力、会話能力（特に聴解能力）、問題解決能力等を重視している。これらを総合すると、「日本事情」においては日本の高等学校教育で実施される公民科[70]に近い学習内容が望まれている。

　したがって「日本事情」に関するeラーニングで取り扱うトピックには、

70　高等学校学習指導要領（平成30年告示）によると、公民科の学習目標は「社会的な見方・考え方を働かせ、現代の諸課題を追究したり解決したりする活動を通して、広い視野に立ち、グローバル化する国際社会に主体的に生きる平和で民主的な国家及び社会の有為な形成者に必要な公民としての資質・能力を次のとおり育成することを目指す（文部科学省 2018：27）」である。また高校公民科の中に現代社会、倫理、政治・経済の3科目が設置されている。

在タイ日系企業のニーズを反映するとともに、数多くのトピックで構成する必要がある。そこで「日本事情」に関するeラーニングは8つのテーマに対して4つのトピックで展開する計32トピックとし、多くの日本文化知識を簡便に学習できる環境を提供する。そうすれば「日本事情」に関するeラーニングは在タイ日系企業だけでなく日本語教師やタイ人日本語学習者にとっても有意義な教材となる。

　表3.38は在タイ日系企業が学習を希望する内容を基に、新たに作成したトピック案である。タイ人日本語学習者に対する調査結果で学習希望の多かった「就職時に役立つ日本的価値観」と、「現在関心のある日本文化」の両方を取り入れた。また在タイ日系企業に対する調査結果から、トピックは日本と自国と比較して深く考えることのできる内容とした。

表3.38　「日本事情」に関するeラーニングのトピック案

1.「日本事情」と日本語人材	5.　時事問題
1.「日本事情」の目的 2.　多文化理解 3.　日本語で何ができる？ 4.　男性らしさと女性らしさ	1.　メディアの観方・読み方 2.　原発問題 3.　介護の最前線 4.　日本は「平和」な国？
2.　日本の多様性①日本食	6.　国際社会における日本
1.　日本人は何を食べているの？ 2.　調理実習〜日本料理ができるまで〜 3.　食の安全性 4.　テーブルマナー	1.　日本とJAPAN 2.　日本の国際協力 3.　日本の外交政策 4.　世界の中の日本
3.　日本の多様性②自然環境	7.　日本の企業文化
1.　日本の地理・地形 2.　日本の四季・気候 3.　都道府県 4.　日本の観光地	1.　日系企業とは 2.　日本人のビジネスマナー 3.　愛社精神 4.　グローバル人材
4.　日本の多様性③方言	8.　日本人の価値観
1.　日本語だけど日本語じゃない？ 2.　共通語と何がちがう？ 3.　方言＝（イコール）性格？ 4.　これは方言？どこの方言？	1.　本音と建て前 2.　和をもって貴しとなす 3.　あなたは神を信じますか 4.　それはちょっと…（タブー）

3.6　総括

　本章では、タイ人日本語学習者・日本語教師・在タイ日系企業の3社に対

して調査を実施し、その回答から各々の「日本事情」に対するニーズを分析した。タイ人日本語学習者に対する調査からは、「日本事情」の学習内容には現在自分が関心を持っている身近な日本文化と日本語人材として働く際に役立つ知識を望んでいることが分かった。特に在タイ日系企業の存在を意識するバンコクと北部ではマナーや企業文化といった内容に非常に関心が高いことから、「日本事情」のトピックとして提供すべき事柄である。またeラーニングに対しては日本語学習においてコンピュータを使用する機会が少なく、eラーニングとは自宅のデスクトップPCで授業の復習に使用するものを指すと考えていることが回答結果からうかがえた。一方でタイ人日本語学習者の大多数がスマートフォンを所有し、またWebアンケート調査の回答時にスマートフォンを使用していたことから、モバイル端末に対応したeラーニングが望ましいと考えられる。利便性の他、アクセスが容易なことによる学習活動が見込めるからである。

　次に日本語教師に対する調査からは、現在のタイ国内大学の日本語主専攻課程においては教材不足や教師不足が深刻であり、また授業運営への不安から「日本事情」開講に問題が生じやすいことが分かった。しかし大学ではICT利活用のための整備が急速に進められており、eラーニングに対する期待は高い。現状では衛星放送やTV会議システムを使用した遠隔授業等が使われているが、より導入が容易な方法を検討し、「日本事情」に関する教材を一括提供する。それによって教材不足や授業運営についての問題は軽減される。

　そして在タイ日系企業に対する調査からは、「日本事情」の学習内容には日本語人材として日本人と働く際に役に立つ日本文化知識の学習や、日本人とのコミュニケーションを円滑化するための異文化理解の視点涵養を望んでいることが分かった。在タイ日系企業が日本語人材に望み求めるものは日本語能力だけでなく英語や自分の強みとなる専門性を持つこと、また日本式ビジネスマナーや日本人ビジネスパーソンの価値観を理解して態度に表出することである。したがって本研究において開発する「日本事情」に関するeラーニングは、後者の「理解」に関する学習支援を目的とした教材とする。そうすれば大学で学習することと企業で求められることとの差が軽減され、結果として在タイ日系企業に就職するタイ人日本語学習者にとって望ましい結果となることが見込まれる。

　つまり本研究の下位課題である「日本語人材育成を目的とした『日本事情』において学習すべき内容」とは、タイ人日本語学習者にとって身近な日本文

化だけでなく、日本人と働く際に役に立つ日本社会に関する文化である。具体的には日本食、観光地、若者言葉、マナーとタブー、日本企業の社内文化、対人コミュニケーション、近現代史等が該当する。

　これらの学習内容に対してeラーニングを利用していかに学ぶか、また、いかにICTを利活用した授業を設計するかについては次章以降で検証する。

第四章

日本語人材育成を目的とした
「日本事情」e ラーニングの開発と設計

　本章では、本研究の課題 1 にあたる「タイにおいていかに『日本事情』の授業を設計すべきか」の下位課題となる「『日本事情』の学習においていかなる方法論が適しているか」を解明するために、インストラクショナルデザインを活用した「日本事情」e ラーニングの設計と開発を行う。

4.1　タイ日本語教育機関における e ラーニング授業の状況

　本節では、タイの日本語教育機関における e ラーニングを使用した授業の事例として、バンコクで同期型 e ラーニングによる日本語授業を実施している大学関係者へのインタビューを取りあげる。

4.1.1　同期型 e ラーニング実施校の現状

　第三章で調査に協力した大学17校のうち、2 校が同期型 e ラーニングによる授業を実施している（2017年 5 月時点）。それぞれ A 校・B 校とし、同期型 e ラーニングによる「日本事情」および授業実施の現状についてインタビューを実施した。調査時期は A 校・B 校共に2016年 9 月である[71]。

　2 校とも非構造化面接形式を取ったインタビュー時間が10分程度と短時間であることと、各大学ともインタビュー対象者は 1 名とケースデータが小規模であることから、分析には大谷（2008、2011）による SCAT（Steps for Coding and Theorization）を用いた。

　A 校・B 校のインタビューデータは SCAT の手法に基づいてセグメント化したのち、〈1〉テクスト中の着目すべき語句、〈2〉テクスト中を言い換える語句、〈3〉それを説明するためテクスト外の概念を表す語句、〈4〉前後や全体の文脈を配慮したテーマ・構成概念の 4 ステップで行われるコーディング

---

[71]　A 校は2016年度中にライブ中継授業の Web 公開を中止しており、動画は全て削除されている。また B 校は2017年度には遠隔授業を一旦中止している。

を経て、ストーリーラインを再構築した[72]。以下にA校・B校のインタビューの分析内容を示す。

A校：

　より多くの人へ授業を公開するという大学の方針の下、以前は受講対象者のみに1年生を対象とした科目のライブ中継授業を行っていたが、その授業を録画してwebで無料配信するようになった。ライブ中継授業はPC画面や教員の手元を撮影したもので、教員の挙動や黒板の内容にフォーカスしているものではないことから、web公開を想定した反復視聴に耐えうる授業内容を提供し、A校が提供する教材の効果と妥当性を検討する必要がある。またライブ中継授業やオンラインテストが利用しやすくなった一方で、正規受講生の通学受講が減少しており、受講期間が数年単位と長期化している。「日本事情」は本来2年生を対象とした科目であるが、タイ人教師がタイ語で教えることから1年生で履修するケースが多いものの、ライブ中継授業ではなく通学受講のみである。したがって受講生達の上達度合は緩やかなものとなり、「日本事情」の理解まで到達するには時間を要する。

B校：

　TV会議システムによる同期型eラーニング「日本事情」を開講するにあたって、「日本側の相手校に協力してもらう」という意識から日本側主導で授業実施計画が行われている。また日本側の授業担当者は日本語教育以外の専門分野を持つ大学教員がオムニバスで担当する。そのため、時に日本語のみの説明は難解を極める。授業を理解して、かつ日本側の用意した日本人学生とのディスカッションに臨むためには、現地関連機関所属のタイ人スタッフ[73]による単語リストの作成や同期型eラーニングの前後に行われるタイ語による解説といったフォローが必要となる。したがって授業は日本側とタイ人スタッフによって行われ、名目上の「日本事情」担当者である日本人教師は、日本側との連絡や学習者の出席確認および定期試験作成といった教務以外の

72　分析にあたってはSCAT WEB siteのダウンロードフォーム〈http://www.educa.nagoya-u.ac.jp/~otani/scat/scatform1.xls〉を使用した。また当該フォームを用いたA校の分析内容は資料4.1、B校の分析は資料4.2である。

73　日本側が設置したタイ国内機関で現地雇用されているタイ人教師。B校敷地内に勤務しているが、B校との雇用関係はない。日本側にタイ文化・タイ語の遠隔授業を行う他、留学関連業務を担当する。

業務を行う。日本人教師は教員ではなくファシリテータとしての立ち位置が求められる。

4.1.2　同期型 e ラーニング実施時に求められる条件

　前項の A 校・B 校の現状から、タイの日本語教育において同期型 e ラーニングを導入した場合、2 つの課題が生じることが予想される。

　1 つ目は「教師の柔軟性」である。A 校ではライブ中継授業の Web 配信という同期型 e ラーニングで構築していた授業が非同期型 e ラーニングに予期せず流用されたことから、今後は授業が録画されて Web 上で反復的に視聴されることを想定した授業展開へと切り替える必要性が生じている。また B 校では関連機関所属のタイ人スタッフが授業運営の一翼を担い、名目上の担当講師である日本人教師は当該科目が円滑に実施されるよう教務外の業務を行うことが求められている。

　しかし、このような授業提供形式に合わせた教授方法の使い分けや授業のファシリテーションを全ての日本語教師に求めることは不可能である。文化庁が2000年に行った日本語教育のための教員養成に関する調査（日本語教員の養成に関する調査研究協力者会議 2000）において、日本語教師に望まれる資質・能力は「日本語教員自身が日本語を正確に理解し的確に運用できる能力（p.9）」であると定義された。また日本語教師は日本語教育の専門家として個々の学習者の学習過程を理解し、学習者に応じた適切な教育内容・方法を判断することが求められる。そのため日本語教師養成においては「社会・文化・地域」、「言語と社会」、「言語と心理」、「言語と教育」、「言語」の 5 つの領域についての教育が行われている（p.11）。しかし A 校や B 校で求められる能力はこれらの教育内容に含まれない日本語教育外の能力である。したがって日本語教師が状況に応じて自分で考え、実行できる柔軟性が要求される。

　2 つ目は「専門人員の確保」である。B 校では日本との双方向授業を行うにあたって、日本側が提供する専門性の高い授業内容をタイ語で説明するためのタイ人スタッフと授業のファシリテーションを行う日本人教師の 2 名体制を敷いて初めて授業が成立する。また異なる専門領域を持つ複数の大学教員が講義を担当しており、さらに泰日間を TV 会議システムで接続するためのエンジニアが双方で必要となることから、講義・通信・学習支援の各フェーズで高い専門性を持った複数名の教職員を確保しなければならない。

国際交流基金が2018年度に実施した日本語教育機関調査（国際交流基金 2019）によると、タイにおいては日本語教師2,047名に対し、タイ人日本語学習者は184,962名いるとされる。すなわち単純計算では教師１名あたり約90人を担当することになる[74]。このような状況で日本語教師を同期型 e ラーニングの運営のみに専念させることは困難である。

　以上の２つがタイの日本語教育において同期型 e ラーニングの普及が進まない原因であると考えられる。

4.1.3　タイ日本語教育の現状に適した e ラーニング形式の考察

　先行研究においてタイ日本語教育においては日本語教師不足が指摘されており、また前項の通り同期型 e ラーニングを実施するための条件が伴わない状態での同期型 e ラーニングの導入は困難である。ではタイ国内で最も日本語教師不足が深刻な南部の e ラーニング導入例を見ると、タイ人日本語教師は SNS やブログあるいはアプリをオンデマンド型教材として活用する形式、つまり非同期型 e ラーニングを実践している。吉嶺（2017b）の事例は「日本語文法」の授業だが、タイ人日本語学習者は日本語教師が執筆している日本文化に関するブログを各自で読み、日本語教師は対面授業で文法説明だけでなく日本文化の視点からも説明を行って日本語学習の動機づけとしていた。したがって非同期型 e ラーニングは「日本事情」においても同様の効果が望める可能性が高い。

　非同期型 e ラーニングを導入する場合、学習のために特別な機器を用意する必要はない。南部の事例では学生全員がスマートフォンまたは PC を所有し、それを用いて日本語教師の提供するデジタルコンテンツにアクセスしている。タイはスマートフォンの人口普及率が約99％と高く（日本貿易振興機構 2018：6）、またタイ王国デジタル経済社会省の政策「ICT2020」において2020年までにブロードバンド普及率を95％とする目標を掲げた Wi-Fi 敷設プロジェクト[75]やインフラ整備プロジェクト[76]が行われているため、非同期型 e ラーニングを導入するための環境は整いつつある。タイの通信事情という面

74　大学に所属するタイ人日本語学習者は2018年度時点で20,506人（全体の約11.09％）のため、実際はより低い数値となるが、大学に所属する日本語教師数が非公表であることから全体数を用いて計算した。参考情報としてバンチョンマニー（2009：121）の独自調査によると、2000年代後半のタイにおける大学の日本語教師は１名あたり約45人、中等教育機関の日本語教師は１名あたり約135人のタイ人日本語学習者を担当していたとされる。

からも同期型eラーニングではなく非同期型eラーニング、特に個人所有の
モバイル端末によるアクセスが可能な形式が適していると考えられる。

　したがって、タイの現状を踏まえたeラーニングとして、「日本事情」に関
する学習内容をオンライン上で一連のコースとして提供する非同期型eラー
ニング（以降「『日本事情』オンラインコース」）の設計・開発を行う。

4.2　「日本事情」オンラインコースの開発

　「日本事情」オンラインコースを開発するにあたって、最初に授業設計を行
う。タイ国内大学で開講される「日本事情」においてeラーニングの使用を
可能とするには、前述したOHECの定めるTQF：HEdの「授業内における
eラーニング使用規定（最低20％は対面授業）」を遵守していることが前提で
ある。またタイ人日本語学習者の能力向上につながるだけでなく、日本語教
師の授業支援となるeラーニングである必要がある。

　そこで、設計を容易にするために、タイ各地で見聞したタイ人日本語学習
者の傾向を基にオンラインコースの受講者のモデルとなる学習者像を作成し
た。その学習者像に対するアプローチとして、eラーニング開発過程でよく
用いられる「インストラクショナルデザイン」（以降「ID」）の各モデルを用
いた授業設計を行う。

4.2.1　受講者ペルソナの作成

　オンラインコースを開発するにあたって、オンラインコースのユーザーと
なるタイ人日本語学習者像を想定し、彼らの学習に役立つデジタルコンテン
ツを作成する必要がある。国際交流基金が『まるごと　日本のことばと文化
（以降『まるごと』）』の教科書に準拠したウェブサイト「まるごと＋」を開発
する際、製作者間でユーザー像の共通認識を持つために、世界各地の国際交
流基金日本語講座に通う受講生の様子等からユーザーになると想定される架

75　インターネットアクセスの促進とデジタル・ディバイド解消を図るプロジェクトで、2011
　　年12月に開始され2013年8月時点で12万ヵ所へのWi-Fiホットスポットの導入が完了してい
　　る（総務省　2016：10）。
76　タイ国内すべての村をブロードバンドに接続させるプロジェクトで、地方の低収入世帯に
　　も高速なインターネットサービスを提供することを目的としている。タイ国内ではおよそ
　　79,000の村が存在するが、そのうち約40,000の村では何らかの形でブロードバンドインター
　　ネット接続が可能である（総務省　2016：10）。

空のユーザー像（ペルソナ）を構築した（川嶋他 2015：38-40）。これは『まるごと』受講生の学習動機やニーズが多様化していることと、『まるごと』の理念はことばによるコミュニケーションを通じて目的を達成する能力と、自分と異なる文化を理解し尊重する姿勢を養うことを目的としているからである（国際交流基金 2017b）。この手法は日本人とコミュニケーションを取るための日本文化を学習するオンラインコースの開発にも有用である。そこで第三章におけるニーズ調査の過程において見聞した各地域のタイ人日本語学習者の諸要素を統合した上で、「日本事情」オンラインコースを受講すると想定されるタイ人日本語学習者のペルソナ（以降「受講者ペルソナ」）を作成した。

　「日本事情」オンラインコースはタイ国内大学での使用を想定しているため、受講者ペルソナは「タイ国籍・大学生・日本語主専攻課程在籍・3年生・在タイ日系企業への就職希望」で統一した。また表記中の性別はジェンダーである。受講者ペルソナの下線部は構成要素であり、順に（1）日本語の学習動機、（2）上達の要因、（3）学習継続の動機、（4）学習成果の希望である。構成要素は全体的にポジティブな要因が多いが、一部地域で「（1）日本語の学習動機」がネガティブな要因であるケースが見られた。しかし学習動機がネガティブであっても、それは決して日本語学習意欲を低下させるものではなく、地方部での日本語学習動機としてはしばしば見られるため、受講者ペルソナの要素として使用した。

　表4.1は試作後にタイ各地の日本語教師に内容精査を受けて[77]完成した受講者ペルソナである。今後の開発では、これらの受講者ペルソナの構成要素を意識した教材を作成する。

表4.1　オンラインコースの受講者ペルソナ

A	首都バンコク N1相当 女性	(1) 日本のアニメ・ドラマが大好きで、(2) 高校から日本語を勉強している。(2) 高校時代に日本へ短期留学経験あり。(3) 日本人の友達も多く、会話やSNSで日本語を使いこなす。日本語を使った翻訳のアルバイトをしているが、(4) 商談通訳をしてみたい。
B	首都バンコク N2相当 男性	(1) 子供の頃から日本のゲームに慣れ親しみ、日本語に興味を抱いた。(2) 高校までは理系だったが、大学から日本語を学び始め、今ではそれなりにできる。(3) 日本のTV番組を観ているうちに日本での生活に憧れるようになり、(4) 日本の大学院へ進学したいと思っている。

77　精査を受けた修正内容の詳細については吉嶺（2017c：112）参照。

C	タイ北部 N3相当 女性	(1) 高校で何となく第二外国語として日本語を選んだが次第に日本語が好きになった。(2) せっかくなので勉強を続けたいと思い、日本語主専攻課程に入学した。(3) 日本人観光客がよく訪れるお店でアルバイトをしているが、(4) もっと深く日本について学び、日本人との交流に生かしたい。
D	タイ東北部 N3相当 女性	(1) 親が「日本語ができると給料が良い」というので日本語主専攻課程を選んだ。(2) バンコクで出稼ぎする親族から参考書を送ってもらうこともある。(3) 日本語の文字はかわいくて好き。自宅が観光地に近く日本人観光客をよく見かけるので、(4) 日本語でタイの文化を説明してあげたい。
E	タイ南部 N4相当 男性	(1) 英語学科を希望していたが、不合格で日本語主専攻課程に入学した。先生以外の日本人に会ったことはないが、(2) 日本人には好印象を抱いている。(3) 先輩が東部工業団地で日本語の通訳をしているので、自分もしたいと思っている。そのためにも(4) 在学中にN3に合格したい。

4.2.2　IDに基づく教材設計

　第三章で実施した「日本事情」ニーズ調査を基に、IDで用いられる各モデルに基づく教材設計を行った。

4.2.2.1　3つのキーコンセプト

　「日本事情」オンラインコースの3つのキーコンセプトとして、「メーガーの3つの質問」に基づく開発する「日本事情」オンラインコースの学習目標・評価方法・教授方略のキーコンセプトを以下の通り設定した。

　表4.2は学習目標（Where am I going?）にあたる「日本事情」オンラインコースの学習到達目標である。主目的である「日本語人材として働く上で有用な日本文化知識の蓄積」だけではなく、タイ文化理解のための様々な視点およびコンピュータ技能を含めた在タイ日系企業で求められる能力の習得を目的と定め、「日本事情」オンラインコースによる学習に対する期待を高める。

表4.2　キーコンセプト案―学習目標

学習目標	日本文化知識を知る	・生の情報を映像や文章で感じることができる ・タイ国内で入手しづらい詳細な文化知識を知る ・日本人との交流を通じて満足感が得られる
	自国文化と他文化を対照比較できる	・文化や価値観について説明できる ・客観的／論理的思考法を習得する ・多文化理解の視点を持つ
	日系企業で活躍できる能力を持つ	・ICTを用途に応じて利用できる ・日本語の4技能を複合的に使用できる ・学習した知識を仕事の場面で活用できる

表4.3は評価方法（How do I know when get there?）にあたる「日本事情」オンラインコースの成績の評価方法である。「日本事情」オンラインコースで重視するのは LMS への参加状況である。受講者が自律学習を行う習慣を習得することを期待し、アクセス回数や使用回数、LMS 上での学習時間等から受講者を評価する[78]。また従来の一斉講義と同様に課題提出や授業への取り組みが評価の対象となる。

表4.3　キーコンセプト案―評価方法

評価方法	参加状況…LMS（最重視）	・LMS へのアクセス頻度 ・動画授業の聴講時間および聴講回数 ・Web 演習への取り組み ・LMS の積極的活用
	参加状況…対面授業	・Web 演習への事前取り組み ・対面授業への貢献（発言・出席など）
	課題提出	・読解文の理解 ・作文／説明文

　表4.4は教授方略（How do I get there?）にあたる「日本事情」オンラインコースに使用される学習方法である。１点目はeラーニングであり、ICT 利活用による効果的で快適な学習環境を提供することで学習の動機づけを行う。２点目は受講前後テストであり、「日本事情」オンラインコースの受講前後に能力測定テストを実施し、その変化をとらえることで「日本事情」オンラインコースが日本語人材としての能力向上に効果的か否かを測定できる。３点目はメンタリング（松田・原田 2007：19）であり、日本語教師や日本人ボランティア、あるいは既に実社会で活躍しているタイ人日本語人材等がメンターとなってドロップアウトを防止するための学習支援を行う。またドロップアウト防止だけではなく、メンターとのやり取りを通じて日本的なコミュニケーションや価値観を文脈内外から感じ取り、理論ではなく実践して習得することを期待する。

78　大学の正規授業において教材として「日本事情」オンラインコースを使用する場合はこの限りでない。

108

表4.4　キーコンセプト案―教授方略

教授方略	eラーニング	・LMS を中心とした自律学習 ・単元によって反転授業やブレンディッドラーニング等の対面授業を実施 ・読解、動画視聴、文法問題、メンターとのやり取り、他受講者との交流等を通じて「日本事情」を包括的に学習
	受講前後テスト	・従来の中間／期末試験とは異なるテストを実施 ・受講前後に受講者の能力を測定（＝受講対象者か確認）するためのテストを実施 ・受講後にeラーニングによる学習効果を測定するためのテストを実施
	メンタリング	・メンターからのメンタリング支援 ・メンターとのやり取りを通じた日本的価値観の体感

4.2.2.2　コースデザイン

「日本事情」オンラインコースの中核となる「コースデザイン」の設計においても、ID モデルを利用する。

表4.5　学習活動と提供教材

学習活動	提供教材	分類
視聴覚教材で登場する単語リスト／文法を見る	なし（タイ語字幕）[79]	言語情報
単語／文法定着のための問題を解く	なし（タイ語字幕）	言語情報
視聴覚教材を見る	動画	運動技能
視聴覚教材で見られた日本文化とタイ文化とを比較して考える	活動用シート	知的技能
考えたことを文章として日本語で書く	活動用シート	運動技能
書いた文章を基に発言する	活動用シート	運動技能
他の受講者の発言を聞く	活動用シート	運動技能
発言の内容を理解する	活動用シート	知的技能
他の受講者に対して自分の意見を伝える	活動用シート	態度
自分の学習内容を振り返る	確認クイズ	認知

　日々の授業展開においては、「学習成果の５分類」に基づいた学習活動で構成する。表4.5は「学習成果の５分類」と「日本事情」オンラインコースで提供する教材との対照表である。学習効果を高めるためには、授業を実践する日本語教師が「学習成果の５分類」に基づいた学習活動を行えるよう授業教

---

[79]　受講するタイ人大学生の日本語能力は N2 ～ N3を想定していたが、第五章において実際に実証実験に協力した大学のタイ人大学生の日本語能力は N4 ～ N5であった。そこで今回はタイ語字幕を付与することで N4 ～ N5レベルのタイ人日本語学習者を支援した。

案を提供することが必要不可欠である。

　コースデザイン全般においては「ガニェの学習成果の5分類」を基盤に、授業コマ数・受講人数・想定レベルの各項目はタイ現地調査で得られた日本語主専攻課程における「日本事情」開講時の状況を参考とした。表4.6は日本語主専攻課程で「日本事情」オンラインコースを授業で継続的に使用する際のコースデザイン案である。

表4.6　日本語主専攻課程向け「日本事情」コースデザイン案

授業コマ数	1コマ90分 × 2コマ（計3時間）／1週間 ×15週	
受講人数	10名〜25名	
想定レベル	日本語能力試験N2〜N3取得または学習年数3年以上（3年生）	
受講形式	予習：LMS上での動画視聴および課題提出[80] 授業：動画の解説、課題解説、知識補強シート、活動等 復習：LMS上での確認クイズ	
評価基準	定期試験の成績：各大学の規定に基づく[81] 上記以外：LMSでの授業の参加状況40% 　　　　　　対面授業の参加状況30% 　　　　　　課題の提出状況および質的評価30%	
学習成果の5分類[82]	言語情報	視聴覚教材で登場する単語リスト／文法を見る 単語リスト／文法定着のための問題を解く
	知的技能	1．弁別：日本とタイでは価値観が異なることが感覚で分かる 2．具体的概念：日本文化や価値観を知る 3．定義された概念：日本文化の知識を日系企業勤務時に必要なものとそうでないものに分類する 4．ルール：学習した知識をビジネス場面と結び付ける 5．問題解決：ビジネス場面で学習した知識を使用する
	認知的方略	自分の学習内容を振り返る
	運動技能	視聴覚教材を見る 考えたことを文章として日本語で書く 書いた文章を基に発言する 他の受講者の発言を聞く
	態度	他の受講者に対して自分の意見を伝える 日本人とタイ人の価値観との相違によるトラブルを軽減する

80　eラーニングを使用した反転授業の予習については、河村・今井（2017：15-16）を参考にした。河村・今井によると小テストは「予習」で行うものだが、本研究においては対面授業を含めて学んだことを確認すべく「復習」で行う。

81　定期試験の評価に占める割合は、タイにおいては60%〜70%が一般的である。すなわち割合が70%である場合は、残り30%を他の評価基準（LMSでの授業の参加状況・対面授業の参加状況・課題の提出状況および質的評価）に割り当てることになる。

82　学習成果の5分類については、「2016年度熊本大学公開講座インストラクショナルデザイン入門編／応用編」の課題として筆者が試作し、その後フィードバックを受けて修正を行ったものを使用した。

4.3　電子教材の作成

　「日本事情」オンラインコースの基本コンセプトが決定した後は、電子教材の作成およびシステム開発用を行った。開発体制は筑波大学留学生センターが日本語・日本事情遠隔教育拠点において開発されたeラーニングの5つのコンセプトのうち、(1) 自律学習コース型の教材であること、(2) コミュニケーションの実践に直結する学習内容であること、(3) 大学院生・大学生向けのアカデミック・ジャパニーズとしての教材であること(市原他 2012：70)、以上3つが本オンラインコースの開発コンセプトに類似していることから、表4.7に示す開発工程とした。通常、eラーニングは工程別のチーム体制で開発するものであるが、今回は試作版であるため全工程を筆者ひとりで行った。

　開発工程のうち、「グランドデザイン」は前述のIDモデルを使用した各種設計が該当する。残り3工程については、工程別に説明する。

表4.7　「日本事情」オンラインコースの開発工程

工程	グランドデザイン	執筆	デジタルコンテンツ制作	システム運用
ミッション	教材全体のデザイン作成	原稿の執筆・編集	映像撮影、ウェブコンテンツ制作	サーバーシステム開発・運用
特徴	IDモデルを使用し基本コンセプトを決定	スクリプトを日本語能力試験N3相当に調整	スクリーン録画・動画編集・音声加工の各種ソフトウェアを使用	実証用サーバーの構築、Moodleのインストール

(市原他 2012：69を参考に筆者作成)

4.3.1　電子教材のための原稿作り

　「日本事情」オンラインコースでは、Microsoft Office のうち、PowerPoint とWord を使用して電子教材を作成する。PowerPoint は動画、Word はスクリプト執筆の他、各種活動用シートや教師用指導教案等に使用する。また教材提供フォーマットとして Excel 形式や pdf 形式での提供を行う。

　動画を作成するにあたって、5分程度の動画とするために500文字～1,000文字程度の日本語スクリプト（資料4.3：Web）を作成した。オンラインコースの受講が想定されるタイ人日本語学習者の日本語能力は日本語能力試験N3相当であることから、日本語スクリプトはN3程度の日本語能力であれば理解できる文章にする必要がある。日本語文章の難易度判定ツールは「初級前半」～「上級後半」の6段階で判定されるものが多い中、「リーディング　チュウ太」[83]は日本語能力試験出題基準に基づく5段階の級で判定される[84]。そこで今

111

回は「リーディング　チュウ太」にて日本語スクリプトのレベル判定を行った。

　図4.1は単語レベル判定時の画面、図4.2は漢字レベル判定時の画面である。判定においてN3レベルを超過した単語についてはより平易な表現に置き換え、N3レベルを超過した漢字については平仮名に直す・別の表現に変更する等の調整を行った。

図4.1　単語のレベル判定

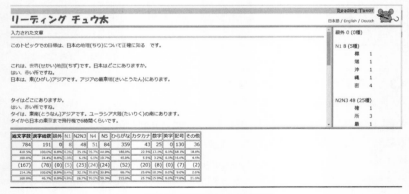

図4.2　漢字のレベル判定

83　日本語読解学習支援システム リーディング チュウ太〈http://language.tiu.ac.jp/〉2020.06.01 最終閲覧

84　「リーディング　チュウ太」のレベル判定は、国際交流基金（1994）『日本語能力試験出題基準（外部公開用）』に基づくレベル判定となる。したがってN3の場合は旧2級のものも含むことから、画面上では「N2N3」と表現される。

日本語スクリプト中の文法については、文法レベルを日本語能力試験の級別に判定できるツールは管見の限り見当たらなかった。そこで文中に出現した文法のレベル判定だけでなく判定の根拠となる文法項目や意味用法まで提示するツールを探した結果、筑波大学の日本語・日本事情遠隔教育拠点が提供していた「学習項目解析システム」[85]が文法のレベル判定、文法項目表記、意味用法までを網羅していることから、「学習項目解析システム」にてレベル判定を行った。図4.3は文法レベル判定時の画面である。レベル判定においては「中級前半」[86]を基準とし、「中級前半」以上と判定された文法については表現を変更した。

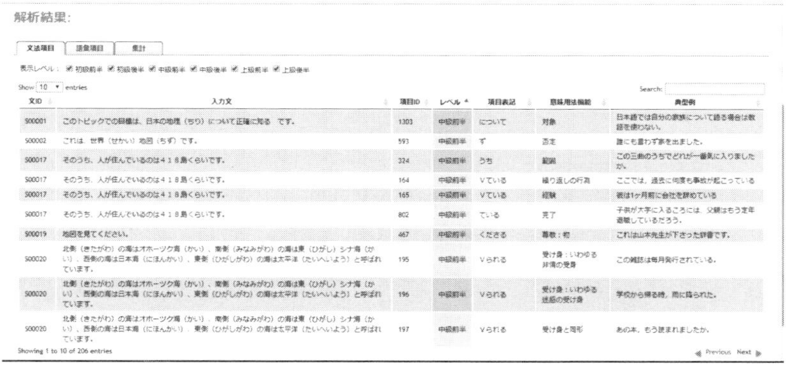
解析結果:

文法項目　語彙項目　集計

表示レベル：初級前半　初級後半　中級前半　中級後半　上級前半　上級後半

Show 10 entries　Search:

文ID	入力文	項目ID	レベル	項目表記	意味用法機能	典型例
S00001	このトピックでの目標は、日本の地理（ちり）について正確に知る　です。	1303	中級前半	について	対象	日本語では自分の家族について語る場合は敬語を使わない。
S00002	これは、世界（せかい）地図（ちず）です。	593	中級前半	ず	否定	誰にも言わず家を出ました。
S00017	そのうち、人が住んでいるのは４１８島くらいです。	324	中級前半	うち	範囲	この三曲のうちでどれが一番気に入りましたか。
S00017	そのうち、人が住んでいるのは４１８島くらいです。	164	中級前半	Vている	繰り返しの行為	ここでは、過去に何度も事故が起こっている
S00017	そのうち、人が住んでいるのは４１８島くらいです。	165	中級前半	Vている	経験	彼は1ヶ月前に会社を辞めている
S00017	そのうち、人が住んでいるのは４１８島くらいです。	802	中級前半	ている	完了	子供が大学に入るころには、父親はもう定年退職しているだろう。
S00019	地図を見てください。	467	中級前半	くださる	尊敬：物	これは山本先生が下さった辞書です。
S00020	北側（きたがわ）の海はオホーツク海（かい）、南側（みなみがわ）の海は東（ひがし）シナ海（かい）、西側の海は日本海（にほんかい）、東側（ひがしがわ）の海は太平洋（たいへいよう）と呼ばれています。	195	中級前半	Vられる	受け身：いわゆる非情の受身	この雑誌は毎月発行されている。
S00020	北側（きたがわ）の海はオホーツク海（かい）、南側（みなみがわ）の海は東（ひがし）シナ海（かい）、西側の海は日本海（にほんかい）、東側（ひがしがわ）の海は太平洋（たいへいよう）と呼ばれています。	196	中級前半	Vられる	受け身：いわゆる迷惑の受け身	学校から帰る時、雨に降られた。
S00020	北側（きたがわ）の海はオホーツク海（かい）、南側（みなみがわ）の海は東（ひがし）シナ海（かい）、西側の海は日本海（にほんかい）、東側（ひがしがわ）の海は太平洋（たいへいよう）と呼ばれています。	197	中級前半	Vられる	受け身と同形	あの本、もう読まれましたか。

Showing 1 to 10 of 206 entries　Previous　Next

図4.3　文法のレベル判定

動画についてはタイ語字幕を作成する必要があるため、上記手順で日本語スクリプトをN3相当にリライトしたのちタイ語に翻訳した。またリライトした日本語スクリプトはインターネット上の技術提供サービス[87]にて女性声優にナレーションの吹き込みを依頼した。動画に対応した学習活動教材であるディスカッション活動用シート（資料 4.4：Web）・読解活動用シート（資料 4.5：Web）・確認クイズ（資料 4.6：Web）は日本語スクリプトと同様の手順で、語彙・漢字・文法の日本語能力調整を行った。

85　学習項目解析システム〈http://lias.intersc.tsukuba.ac.jp/〉2018/05/31提供終了

86　日本語能力試験において、N3認定の目安は「日常的な場面で使われる日本語をある程度理解することができる」であることから中級前半とした。

87　cocolala〈https://coconala.com/〉2020.06.01最終閲覧

4.3.2 教材のデジタルコンテンツ化

　日本語スクリプトを基に、個人撮影や版権フリーの素材を利用して[88]Pow-erPoint を作成した。その後、動画とするためにスクリーン録画を行った。スクリーンキャストソフトウェアとして開発者のマシンに依存せずスクリーン録画が行えることと、操作が簡便であることを基準に選定を行った結果、「Screencast-O-Matic」[89]を使用した。これはオンラインツールであり、インターネット環境さえあればスクリーン録画作業を行うことができる。また録画時間15分という制限があるものの容量制限はなく、録画ボタンや録画設定が視覚に訴える作りとなっており直感的な操作ができる。またタイのインターネット使用帯域下でも動作が安定していることから選定した。

図4.4　「Screencast-O-Matic」操作パネルと録画範囲

88　著作権法第35条第1項では「学校その他の教育機関（営利を目的として設置されているものを除く。）において教育を担任する者及び授業を受ける者は、その授業の過程における使用に供することを目的とする場合には、必要と認められる限度において、公表された著作物を複製することができる。」とされている（著作権情報センター：発行年不明）が、本研究の電子教材はオンライン、すなわち授業外の使用となる。その場合は著作権者の許諾が必要となるため、原則として版権フリーの素材を使用した。オンラインでの著作物利用の需要が高まる中、2018年には「対面授業の様子を遠隔地に同時配信する場合以外の『公共通信』（インターネット通信他）を対象に、学校の設置者が指定管理団体に一括して補償金（以降「授業目的公衆送信補償金）を払う」という改正著作権法が出され、2019年に一般社団法人授業目的公衆送信補償金等管理協会が「教育分野の著作物等の利用の円滑化を図る」べく発足した（SAR-TRAS 2019）。また2020年には新型コロナウイルスによるオンライン授業を受けて「授業目的公衆送信補償金制度」が早期施行および初年度は特例的に補償金額を無償とする（文化庁 2020）など、著作権を取り巻く状況は日々変化している。

89　Screencast-O-Matic ⟨https://screencast-o-matic.com/⟩ 2020.06.01最終閲覧

　作業としては PowerPoint を開いた状態で Screencast-O-Matic を起動後、日本語スクリプトを読み上げながらプレゼンテーション操作を行い、その一部始終を録画する。図4.4は Screencast-O-Matic 起動直後の録画範囲と録画設定パネルである。録画した動画は保存時にファイル形式を選択することができるため、様々な媒体で加工・視聴可能な MP4形式で保存した。

　次に、Screencast-O-Matic で録画した動画にプロのナレーションを合成する。この作業においてはナレーション音声を分割するための音声編集ソフトウェアと、分割した音声をアニメーションと合致する位置で再生するための動画編集ソフトウェアの2つを使用した。音声編集ソフトウェアは、音声のカットや結合ができるだけでなく、入手が容易で、外国語教育の実践報告で使用が確認されるという3点を基準に選定した結果、「Audacity」[90]が最適であるという結論に至った。そこで「Audacity」を使用し、1つのナレーションをアニメーションが変化する箇所と一致するよう複数の音声ファイルに細分化した。

　図4.5は Audacity の各メニューと編集のための音声波形である。作成した音声ファイルは様々な媒体で視聴可能な MP3形式で保存した。

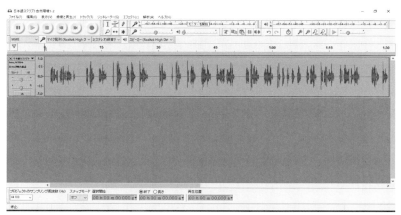

図4.5　「Audacity」編集画面

　動画編集ソフトウェアについては、操作性が高く一般的に使用されていた「Windows ムービーメーカー」を検討していたが、既に2017年1月10日にサ

90　Audacity〈https://www.audacityteam.org/〉2020.06.01最終閲覧

ポートを終了している。そこで Windows ムービーメーカーと同様に動画トラックの編集や音声トラックのミュート・合成ができ、互換性のある動画編集ソフトである「Video Pad for Windows」[91]を使用した。図4.6は Video Pad for Windows の各メニューと動画トラック・音声トラックの編集画面である。Video Pad for Windows では読み上げられていた日本語スクリプト音声をミュートにし、動画中のアニメーションに合わせてプロによるナレーションを合成したものをオンラインコース用の動画として再構築した。編集した動画は様々な媒体で視聴可能な MP4形式で保存した。

図4.6 「Video Pad for Windows」の編集画面

　ディスカッション活動用シート・読解活動用シートについては、タイのインターネット環境下でいかなる形式のファイルが最も利用しやすいかを把握する必要がある。そこでコースシラバスを Word 形式ファイル・pdf 形ファイル・Excel 形式のファイルの３種類を用意し、最も利用しやすい形式を特定したのちオンラインコースに本掲載する。また確認クイズについても同様に、クイズ機能が正しい挙動を行うことを確認したのちオンラインコースに本掲載する。

91　Video Pad for Windows〈https://www.nchsoftware.com/videopad/jp/index.html〉2020.06.01最終閲覧

4.3.3　オンラインコース開講のための Moodle 設定

　Rueangprathum et al.（2010）で示された LMS を所有するタイの大学 31 校のうち、Moodle を使用している大学は全体の 45.16% となる 14 校であり、タイ国内で使用されているプラットフォームとしては最多である（p.8）。現地調査においても Moodle を使用している大学が多数であった[92]ことから、「日本事情」オンラインコースのフラットフォームは Moodle に定める。

　Moodle で e ラーニングコースを作成するには、サーバーを構築したのち Moodle をインストールする必要がある。そこで telnet[93]でログインおよびコマンドライン操作が可能なサーバーホスティングサービス[94]でサーバーを用意し、tera term[95]よりサーバーに対して telnet 接続を行った。接続後は、リモートで圧縮された Moodle のインストールファイルをサーバー上にダウンロードし、解凍したのちインストールを行った。また Web ブラウザでは「さくらインターネット」のコントロールパネルから MySQL[96]による Moodle のデータベースの作成および初期設定を行った。以上の手順で Moodle をインストールした後、web ブラウザより Moodle にアクセスして「日本事情」オンラインコースの開設および初期設定を行った。そして「日本事情」オンラインコースの開設後、作成した各種電子教材をアップロードした[97]。まその際にフォーラムやチャット等の交流活動用の各機能も搭載した（図4.7）。

92　筆者の独自調査では、アンケート調査および現地調査を実施したタイ大学 27 校中、14 校が LMS を所有していた。そのうち 10 校のプラットフォームが Moodle であった（共に 2018 年 5 月時点）。

93　インターネット等の TCP/IP ネットワークを通じて別のコンピュータにアクセスし、遠隔操作するための通信プロトコルまたはそのプロトコルを利用するソフトウェアのことである。

94　「さくらインターネット」〈https://www.sakura.ad.jp/〉が提供する「さくらのレンタルサーバ」を利用した。

95　telnet とシリアル接続できるリモートログオンクライアントのことである。寺西高によって開発されたが、現在はオープンソースである。

96　オープンソースのリレーショナルデータベース管理システムのことである。

97　動画のアップロードに関しては、ユーザーテストにおいてタイのインターネット環境下で最適な動画視聴形式を確認するため、「動画直接埋め込み」「youtube 埋め込み」「youtube がポップアップ」「youtube に画面遷移」等、様々な仕様でアップロードを行った。

図4.7　電子教材をアップロードした後の「日本事情」オンラインコース

4.4　プロトタイプバージョンの修正

　IDモデルを利用し教材設計を行った後は、「ラピッドプロトタイピング」の手法を用いて「日本事情」オンラインコースの試作版となるプロトタイプバージョン（以降「プロトタイプ」）の改良を行った。

4.4.1　ラピッドプロトタイピングの概要

　ラピッドプロトタイピングとは、開発においては短期間で開発とユーザーテストを数回繰り返し、毎回改良を加えることでより良い完成版を目指す手法のことである（市川他 2016：122）。プロトタイプに対して動作確認やデジタルコンテンツの妥当性等のユーザーテストを3回行い、実証実験を実践するためのバージョンへと改良を重ねていく。手順としてはアンケート調査に協力した大学のうち北部・東北部・南部・バンコクの各地域より各1校、すなわち計4校の協力の下でチェック項目リストに沿ってユーザーテストを行った後、プロトタイプに対する改善点等をリストに記載して提出する。筆者は改善要望を基にプロトタイプを修正し、新たなユーザーテストを行う。
　表4.8は段階別に示したユーザーテストのテスト項目およびテストの目的である。

118

表4.8　ユーザーテストの概要

段　　階	テスト項目	テストの目的
第1回：2017年2月〜 【協力者】 ・北部：F大学 ・東北部：SR大学 ・南部：TS大学	【遷移】 URL、画面、ボタン 【動画】 ・文字が中心、5MB以下 ・写真が中心、10MB以下 ・加工編集済 【読解資料】 A4サイズ	・正しくアクセスできるか ・動画が問題なくタイ地方部で視聴できるか ・どのような仕様が視聴しやすいか ・テロップ実装の必要性を確認
第2回：2017年4月〜 【協力者】 第1回と同様＋ バンコク：D大学	【動画】 第1回で確認した仕様で作成 【練習問題】 ・×問題 ・選択問題 ・記述問題　など	・別サーバー移行後、正しくアクセスできるか ・問題解答処理が正しく動作するか ・読解資料がダウンロードできるか ・音声や文字フォント等の仕様変更と、 ・最適な仕様の特定
第3回：2017年6月〜 【協力者】 第2回と同様＋ 北部：N大学	【動画】 第2回で確認した内容で作成 【SNS機能】 教師用管理機能を実装	・動画が第2回より快適に視聴できるか ・発生していた不具合が解消したか ・現地で「日本事情」オンラインコースの管理ができるか

　第1回ユーザーテストと第2回ユーザーテストは、プロトタイプにおける受講者向けの各種機能（以降「学生用機能」）や提供する電子教材の基本的な仕様についてユーザーテストと意向調査を実施する。したがってユーザーテスト担当者はタイ人日本語学習者である。

　第3回ユーザーテストは、学生用機能と電子教材の仕様について最終確認を行うほか、プロトタイプにおける受講生の学習状況チェックや受講者登録、そして教材更新等の「日本事情」現地担当講師向けの各種コース管理機能（以降「教師用管理機能」）についてユーザーテストと意向調査を実施する。つまりユーザーテスト担当者はタイ人日本語学習者と日本語教師である。

4.4.2　プロトタイプに対する第1回ユーザーテスト

　プロトタイプに対する第1回ユーザーテストを2017年2月1日から2月28日にかけて実施し、北部・東北部・南部の各大学から質問票（資料 4.7：Web）に基づくフィードバックが寄せられた。バンコクについては2017年3月18日に行われたタイ国日本語教育研究会第29回年次セミナー分科会での口頭発表にてプロトタイプを提示し、参加者からフィードバックを受けた。

　表4.9は第1回ユーザーテストにおけるフィードバックの内容である。アク

セス状況に関しては、バンコクで問題が生じたのみで地方部でも問題なくアクセス可能であることが分かった。しかしプロトタイプは個人サーバーの一部を「日本事情」オンラインコースに充てており、今後はアクセス集中によるサーバーダウンの恐れがあることから、急遽「日本事情」オンラインコース専用のサーバーを構築した。またフィードバックの多くが「音声」に関する意見であったため、第2回目に行うユーザーテスト用動画では音声面に対する加工・編集を重点的に行った。

表4.9　第1回ユーザーテストのフィードバック

項　　目	内　　　容
アクセス状況	・練習問題にアクセスできない（バンコク）
動　画	・文字フォントを教科書体かメイリオにしてほしい（南部教師） ・漢字が難しい（南部） ・文章をもっと面白くしてほしい（南部） ・もっと画像が欲しい（南部） ・タイトルに色を付けてほしい（南部） ・文字の行間が狭すぎるのでもっと離してほしい（南部） ・youtube は別ウィンドウでポップアップ形式にしてほしい（バンコク）
音　声	・女性の声がいい（北部） ・男性の声がいい（東北部） ・男性と女性の両方の声が聞きたい（南部） ・日本語の音声のみでいい（北部） ・音声を日本語とタイ語にしてほしい（東北部・南部） ・音声のノイズカットをしてほしい（南部） ・音声のスピードが遅い（北部） ・音声の字幕が欲しい（東北部） ・音声の字幕／タイ語訳が欲しい（北部・南部） ・説明がちょっと棒読み気味なので、聞きたくなるようにもっと声に感情を込めてほしい（南部）

4.4.3　プロトタイプに対する第2回ユーザーテスト

　プロトタイプに対する第2回ユーザーテストを2017年4月17日から5月15日にかけて実施し、北部・東北部・南部・バンコクの各大学から質問票（資料 4.8：Web）に基づくフィードバックが寄せられた。
　表4.10は第2回ユーザーテストにおけるフィードバックの内容である。アクセス負荷を考慮し、新たに構築した専用サーバーに「日本事情」オンラインコースを設置したが、依然として練習問題にアクセスできないエラーが発生していた。またチャットやフォーラムはメンタリングに使用する重要なシステムであるため、早急な対応が迫られる。音声面については増幅処理に

ついて各地で意見が分かれる結果となった。動画については画面埋め込み式の希望が高く、また動画の表記フォントに教科書体またはゴシック体を希望していることが分かった。

表4.10　第2回ユーザーテストのフィードバック

項　目	内　容
アクセス状況	・pdf 形式ファイルにアクセスできない（バンコク） ・Excel 形式ファイルにアクセスできない（バンコク） ・練習問題にアクセスできない（バンコク） ・フォーラムにアクセスできない（バンコク）
動　画	・文字フォントは教科書体がいい（バンコク・南部） ・文字フォントはゴシック体がいい（北部・東北部） ・教科書体や明朝体の時は、もっと太いほうが読みやすい（南部） ・動画は埋め込み形式がいい（バンコク・東北部・南部） ・動画は別ウィンドウでポップアップ形式がいい（北部） ・もっとカラフルなほうが興味をひくと思う（バンコク） ・写真やイラストを多用してほしい（東北部） ・大阪方言と共通語の音声がほしい。実際の日本人と会ったときに役に立つと思う（バンコク）
音　声	・音声は未加工のものが聞きやすい（バンコク・南部） ・音声は多少増幅したものが聞きやすい（東北部） ・音声は増幅したものが聞きやすい（北部） ・音声にノイズが多く、内容に集中できない（バンコク） ・楽しくなるように BGM が欲しいが、小さめの音量で流してほしい（バンコク）
仕　様	・チャットへの書き込みはできるが、書き込みの修正／削除ができない（バンコク・南部） ・スマートフォンからアクセスする際、新規ウィンドウを開くとログイン画面に遷移することがあるので改善してほしい（バンコク）

4.4.4　プロトタイプに対する第3回ユーザーテスト

　プロトタイプに対する第3回ユーザーテストを2017年6月28日から7月17日にかけて実施した。最終ユーザーテストとなる第3回では、学生用機能を問うユーザーテスト質問票（資料 4.9：Web）と教師用管理機能を問うユーザーテスト質問票（資料 4.10：Web）の2種類を依頼した。北部についてはユーザーテスト協力校と後述する実証実験協力校が異なることから、前者には学生用機能を問うユーザーテスト、後者には教師用管理機能を問うユーザーテストを個別に依頼した。実施期間がタイにおける夏季休暇であったため、7月20日時点で学生向けユーザーテストは北部・東北部・南部、教師向けユーザーテストは北部・東北部・バンコクからフィードバックが寄せられた。
　表4.11は第3回ユーザーテストにおけるフィードバックの内容である。タ

イ人日本語学習者は文字フォントにゴシック体を望むが、日本語教師は教科書体を望んでいる。また BGM に対してもタイ人日本語学習者は必要だと考えているが、日本語教師は不要だと考えている。動画に対する字幕やスクリプトによる文字フォローについてもタイ人日本語学習者と日本語教師では要望が異なっている。

　動画や音声については、日本語教師からのフィードバックが細密かつ的確であるが、実際の授業に使用する立場から「完成度の高い教材を使用したい（バンコク教師）」という意識が働いているためである。また教師用管理機能の動作確認は第 3 回ユーザーテストの要であったが、Moodle の管理者用操作マニュアルを渡すのみでは日本語教師単独での教師用管理機能へのアクセスは困難であることが分かった。

表4.11　第 3 回ユーザーテストのフィードバック

項目／回答者		内　　容
動　画	学生	・文字フォントは教科書体がいい（南部） ・文字フォントはゴシック体がいい（北部・東北部） ・青や黄色などの色を使って情報を読みとりやすくしてほしい（南部）
	教師	・文字フォントは教科書体がいい（東北部・バンコク） ・文字フォントはゴシック体がいい（北部） ・動画は埋め込み形式がいい（バンコク） ・動画は youtube 遷移形式がいい（北部） ・動画は別ウィンドウで youtube ポップアップ形式がいい（東北部）
音　声	学生	・音声は未加工のものが聞きやすい（北部・東北部・南部） ・BGM は必要（北部・東北部） ・BGM は不要（南部） ・興味をひくための効果音を入れてほしい（南部）
	教師	・声は未加工のものが聞きやすい（北部・東北部・バンコク） ・男性の声の言葉の最後の音が下がり聞き取りにくい。女性が読む際、助詞が上がる（東北部） ・音がぶつぶつ途切れがちに聞こえる（東北部） ・高音の部分が飛んでいるように聞こえる（東北部） ・BGM は必要（バンコク） ・BGM は不要（北部・東北部） ・ナレーションが聞きづらいので、プロに任せたほうがいい（バンコク）
文字による フォロー	学生	・動画にタイ語の字幕が欲しい（北部・東北部） ・動画に日本語の字幕が欲しい（南部） ・音声のタイ語スクリプトがほしい（東北部） ・音声の日本語スクリプトがほしい（北部・南部）
	教師	・動画にタイ語の字幕が欲しい（東北部） ・動画に日本語の字幕が欲しい（北部・バンコク） ・音声のタイ語スクリプトがほしい（東北部） ・音声の日本語スクリプトがほしい（北部・バンコク）

仕　様	学生	・特に問題なし
	教師	・チャットやフォーラムへの書き込みはできるが、書き込みの修正／削除ができない（北部・バンコク） ・練習問題やディスカッションがどこにあるのか分かりにくい（東北部） ・動画のナンバリングがバラバラで見づらい（バンコク）
教師用管理機能		・管理機能がどこにあるか分からない（北部・東北部・バンコク）

4.4.5　ユーザーテストに見られた問題点

　タイ主要4地域においてユーザーテストを実施した結果、各ユーザーテスト協力校からのフィードバックから以下の問題点が浮かび上がった。

〈問題点〉
　（1）ユーザーテスト協力校のタイ人日本語学習者の日本語能力が受講想定
　　　　レベルに未到達
　（2）学生にとっては問題なく行える操作が、教師にとっては困難

　（1）については、「日本事情」オンラインコースはタイ人日本語学習者・日本語教師へのニーズ調査の回答結果を基に作成したため、両者から回答が得られた大学でユーザーテストを実施するのが妥当であると考えユーザーテスト協力校を選定した。しかし、受講想定レベルがN2〜N3であるのに対し、ユーザーテスト協力校におけるタイ人日本語学習者の日本語能力は卒業時点でN4程度と不一致であった。そこで第2回ユーザーテストからは受講想定レベルに相当するタイ人日本語学習者を輩出するバンコク周辺部の大学にテスト協力を依頼し、かつ「日本事情」オンラインコースの内容がタイ人日本語学習者の日本語能力に沿うものとなるよう使用語彙のコントロールを行う等、改良を行った。
　（2）については、教師によるユーザーテストを通じて、日本語教師に対する操作説明や講習会等の技術支援が必要な現状を知ることができた。実証実験のために操作マニュアルを渡してメールで概要を説明するだけでは日本語教師は教師用管理機能を十分に使用できず、結果として「日本事情」オンラインコースを授業に導入しても適切な学習効果が得られないことが危惧される。したがって今後は直接現地に赴いて操作手順を提示し、各機能について説明した上で「日本事情」担当講師のコンピュータスキルに合った「日本事情」オンラインコースの導入方法を提案していく必要がある。

4.5　オンラインコース開講前の最終調整

　タイの日本語教育現場で「日本事情」オンラインコースを使用した授業を
実践するために、ユーザーテストの問題点を解消するための以下の調整を行っ
た。

（1）タイ語や平仮名分かち書きによる補助
　日本語能力が日本語能力試験N3相当に到達していないタイ人日本語学習者
に対する授業の教材として「日本事情」オンラインコースを使用する場合、
自力で内容を理解することは困難である。特に反転授業形式であれば、オン
ラインコースの利用場所は自宅等の「日本語教師のいない場所」となること
が予想される。またユーザーテストにおいてタイ語字幕の要望があったこと
から、図4.8に示す通り、動画に対してタイ語字幕表示切り替え機能を付加し
た[98]。また確認クイズや活動用シート等、動画以外のデジタルコンテンツに
対しては、図4.9に示す通り、平仮名の分かち書きを追加した。

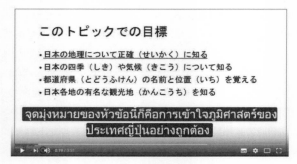

図4.8　タイ語字幕（表示オン状態）

（2）オンラインコースの改良
　プロトタイプで提供したオンラインコースは画面遷移や動作確認を主眼と
した作りとなっており、デジタルコンテンツが散乱している状態であった。
実証授業に使用することを踏まえ、トピックを番号順に掲載するとともに、
各トピックに対して提供する電子教材が一目でわかるよう配置を修正した。

98　動画の概要については、スライド形式で資料4.11（Web）に示す。

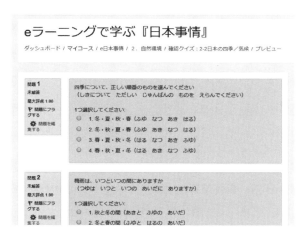

図4.9　確認クイズ（平仮名の分かち書きあり）

その際、電子教材のファイル形式は学生・教師共にダウンロードが容易なword形式に揃えた。フォーラムやチャット等の交流活動用機能については不具合が生じやすいことから、実証授業においては提供しないこととした。図4.10は実証実験で実際に使用した各トピックのデジタルコンテンツ提供画面[99]である。

図4.10　改良を行った「日本事情」オンラインコース

4.6 「日本事情」オンラインコースの効果測定を目的とした実証実験

　本研究の主目的である「日本事情」オンラインコースがタイ人日本語学習者にいかなる学習成果を与えるか測定するための実証実験を実施する。タイAEC学事暦[100]の１学期となる2017年８月より12月まで、北部・東北部・南部・バンコクの４地点の大学にある日本語主専攻課程において「日本事情」関連科目を担当する日本語教師（以降「担当講師」）に「日本事情」オンラインコースを提供した。「日本事情」関連科目を受講するタイ人日本語学習者（以降「受講者」）は自宅学習用教材として、そして担当講師は反転授業のための各種教材として「日本事情」オンラインコースを使用し、受講前後の変化からeラーニングが受講者にもたらす影響を分析する。

　実証実験はeラーニングの効果測定を目的としているため、実証実験への協力を各大学に依頼する際は、①１ヵ月以上の一定期間「日本事情」オンラインコースを継続的に使用すること、②使用前後に学習意識等のアンケート調査を実施すること[101]、以上２点を条件とした。また実証実験にはニーズ調査の回答を基に開発した「日本事情」オンラインコースを用いることから、原則として第三章におけるアンケート調査協力校およびユーザーテスト協力校に協力を依頼した。

　表4.12は大学学事暦と実証実験のスケジュールである。北部については、ユーザーテスト協力校が2017年度よりタイAEC学事暦からタイ独自学事暦[102]に戻り、１学期の開講時期が８月から６月と前倒しになった。そこで北

99　各トピックでは日本語教師が使用を希望したコンテンツのみを掲載している。したがって必ずしもディスカッション活動用シート・読解活動用シートの両方が提供されているわけではない。図4.10で示した「日本の地理・地形」というトピックではワークシート（ディスカッション活動用シートを指す）は全体に提供され、日本語教師用の授業指導教案は学生機能では非表示になる形で提供されている。

100　AEC（ASEAN Economic Community：ASEAN経済共同体）発足により、AEC域内の自由な進学および交流を目指して高等教育機関の学事暦を統一したもの。2013年度から2015年度にかけて段階的に移行された。１学期は８月〜12月、２学期は１月〜５月となる。

101　打ち合わせ時点で科目成績に結びつかない大規模なペーパーテストを授業内で行うことは困難であると担当講師側から示唆され、また実証実験中にオンラインテストである「確認クイズ」でカンニングが発生したことから、今回は能力確認試験を実施することは不可能だと判断して実施しなかった。

102　AEC発足前にタイで使用されていた高等教育機関の学事暦。１学期は６月〜10月、２学期は11月〜３月となる。2020年度現在では大多数の大学がタイ独自学事暦に戻している。なお私立大学等ではAEC学事暦ともタイ独自学事暦とも異なる学事暦を使用している場合がある。

部における実証実験はAEC学事暦の他の大学に協力を依頼した[103]。また東北部のユーザーテスト協力校もタイ独自学事暦に戻ったため、タイ独自学事暦２学期前半（11月〜12月）での実践を交渉したところ、２学期には「日本事情」関連科目が開講されないことから、１学期後半（８月〜10月）に実証実験を行うこととなった。矢印は実際に実証実験を実施した時期である。

表4.12　学事暦と実証実験の時期

学事暦	4月	5月	6月	7月	8月	9月	10月	11月	12月	1月	2月	3月
日本	1学期					休暇	2学期					休暇
タイ AEC	前年度 2学期		休暇		1学期 北部・南部・バンコク					2学期		
タイ 独自	休暇		1学期		東北部			2学期				
	4月	5月	6月	7月	8月	9月	10月	11月	12月	1月	2月	3月

　北部・東北部・南部・バンコクの４地点における研究協力校は以下の６校である。北部はユーザーテストはF大学であったが、実証実験はN大学で実施した。バンコクはユーザーテストを担当したのはD大学１校であるが、日本語主専攻課程と日本語副専攻との対照比較を行うべく、実証実験にはD大学日本語主専攻課程だけでなくC大学日本語副専攻[104]にも協力を依頼した。

研究協力校６校の内訳：
　［北部］　ユーザーテスト…F大学（チェンマイ県）／実証実験…N大学（ピサヌローク県）
　［東北部］　ユーザーテストおよび実証実験…SR大学（シーサケート県）
　［南部］　ユーザーテストおよび実証実験…TS大学（ソンクラー県）
　［バンコク］　ユーザーテスト…D大学／実証実験…D大学、C大学副専攻

　図4.11は実証実験で実施する調査手順である。まず「授業設計」では、担

---

103 F大学では日本語主専攻課程を閉鎖する関係で2016年度から新規募集を停止しており、2017年１学期に「日本事情」関連科目を受講する学生が存在しなかった。したがって別の大学に協力を依頼した。
104 C大学は第三章におけるニーズ調査に参加しており、日本語主専攻課程と文系学部副専攻の２つの課程において「日本事情」関連科目が開講されている。

当講師に対していかなる授業を望むか情報収集を行った上でレッスンプラン[105]を作成する。次に「受講前調査」では、受講者に対してアンケート調査を実施する。また「現地視察」では現地にて実証実験を観察する。そして「受講後調査」では、受講者に対してアンケート調査およびインタビューを実施する。また担当講師に対しても同様にインタビューを実施する。受講前後の変化を観察するため「受講前調査」と「受講後調査」のアンケート調査票は対応している。

図4.11　実証実験の調査手順

4.6.1　実証実験のための担当講師に対する情報取集

　本項は、北部・東北部・南部・バンコクの大学日本語主専攻課程計（４校）およびバンコクの大学日本語副専攻（１校）、計５校の担当講師に対する情報収集の詳細を示したものである。

　2017年８月からの実証実験を前に、2017年５月下旬に各大学の担当講師に対して「実証実験の情報調査シート（資料 4.12：Web)」を送付した。このシートは以下の５つの内容で構成される。

〈アンケート調査項目〉

　１）実証実験実施の可否

　２）学事暦

　３）実証実験となる科目の詳細

　４）使用したいトピック

　５）想定されるオンラインコースの使用方法

　各大学に対するレッスンプラン作成のための情報収集について、以下に回答傾向を説明する。

---

105 実証実験期間中の「日本事情」オンラインコースを使用した１コマ単位の授業案を指す。使う電子教材や授業の流れおよび時間配分等であり、評価方法は含まない。

１）実証実験実施の可否

実証実験実践前の最終確認として、担当講師に対して授業にeラーニングを導入できるかを質問した。担当講師全員が「はい」を選択した。

２）学事暦

実証実験のレッスンプランを作成するための情報として、実証実験協力校における１学期の開講期間と定期試験、卒業式等の大学行事による授業休講期間を確認した。

３）実証実験となる科目の詳細

実証実験を実施する科目を把握するため、開講科目名・担当予定教員・開講時間／曜日・開講回数等を確認した。タイの大学においては学期開始直前まで開講科目の詳細が確定しないことから、各大学とも空欄が目立った。

４）使用したいトピック

ニーズ調査において教材提供を決定した全32トピックのうち、実証実験で使用を希望するトピックを10件から15件までの範囲で選択するよう依頼した[106]。各大学で選択数が異なり、北部15件・東北部10件・南部11件・バンコク（日本語主専攻課程）11件・バンコク（日本語副専攻）４件のトピックが選択された。

表4.13　「使用したいトピック[107]」の選択件数

選択数	トピック名	
4	6-4．世界の中の日本	
3	3-1．日本の地理・地形	7-2．日本人のビジネスマナー
2	1-1．「日本事情」の目的	3-4．日本の観光地
	1-2．多文化理解	4-4．これは方言？どこの方言？
	1-3．日本語で何ができる？	5-3．介護の最前線
	2-2．調理実習〜日本料理ができるまで〜	6-1．日本とJAPAN
	2-3．食の安全性	6-3．日本の外交政策
	2-4．テーブルマナー	7-1．日系企業とは
	3-2．日本の四季・気候	7-3．愛社精神
	3-3．都道府県	8-1．本音と建て前

106　「15」という数字の根拠は、タイ大学において平均的な講義開講期間である15週間に基づく。

107　トピックについては電子教材の管理上「テーマ−トピック番号」形式でナンバリングを行っている。6-4であれば、「6．国際社会における日本」の４番目のトピック「世界の中の日本」となる。トピックはそれぞれ独立完結形式となっており、１→２→３→４と受講する必要はなく、あくまでも便宜上のナンバリングである。

1	2-1. 日本人は何を食べているの？ 4-2. 共通語と何がちがう？ 4-3. 方言＝（イコール）性格？ 5-1. メディアの観方・読み方	5-2. 原発問題 5-4. 日本は「平和」な国？ 6-2. 日本の国際協力 8-4. それはちょっと…（タブー）
0	1-4. 男性らしさと女性らしさ 4-1. 日本語だけど日本語じゃない？ 7-4. グローバル人材	8-2. 和をもって貴しとなす 8-3. あなたは神を信じますか

　表4.13は担当講師が使用を選択したトピックの件数である。「6-4. 世界の中の日本」が4件、「3-1. 日本の地理・地形」「7-2. 日本人のビジネスマナー」が3件であった。

5）想定されるオンラインコースの使用方法

　実証実験となる「日本事情」関連科目の授業におけるオンラインコースの使用目的や使用希望期間、使用頻度の他、オンラインコースにおける担当講師の権限について確認した。

　表4.14は「オンラインコースの使用目的」に関する担当講師の回答数である。「授業中の動画視聴」が4件と最も多く、「学生の予習復習用教材」が3件である。

　「オンラインコースの使用期間」については、北部とバンコク2校は「1学期前半」を選択し東北部は「1学期後半」を選択した。また「オンラインコースの使用希望頻度」については、北部と東北部が「毎週1回または毎授業」を選択しバンコク2校は「隔週1回または隔回授業」を選択した。

　表4.15は「オンラインコース内での担当講師の使用権限」に関する担当講師の回答数である。全ての担当講師が「教材のダウンロード」を希望していた。

表4.14　オンラインコースの使用目的

件数	項目
4	授業中の動画視聴
3	学生の予習復習用教材
2	授業用のミニテスト 教師の授業用教材
1	学生の自習教材 授業用の読解教材 学生と教師の交流
0	教師の学生管理

表4.15　担当講師の使用権限

件数	項目
4	教材のダウンロード
1	閲覧のみ 教材のアップロード オンラインコースの新規作成
0	オンラインコース内の更新

担当講師に対する情報収集から、担当講師の実証実験に関する要望については以下のようにまとめられる。

1．実証実験においては、国際関係・自然環境・日本の企業文化に関するトピックの使用を求めており、時事問題や価値観に関するトピックはそれほど求められていない。
2．「日本事情」オンラインコースの使用目的は主として授業中の動画視聴のためであるが、受講者の予習・復習用教材としての使用も考えている。
3．「日本事情」オンラインコースの使用権限として教材のダウンロードができればよく、担当するクラスに合ったカスタマイズまでは考えていない。

次節ではこれらの要望を踏まえ、各大学の希望に沿う形で授業設計を行う。

4.6.2　実証実験のための各大学に対する授業設計
実証実験の授業設計のために、実証実験に協力する各大学において、2017年8月から9月にかけて現地で対面による打ち合わせを行った。確認内容は以下の4点である。

〈打ち合わせ確認項目〉
　1）レッスンプランの調整
　2）授業観察の時期
　3）情報調査シートで空欄となっていた授業情報の収集
　4）実証実験環境の確認

各大学に対する対面打ち合わせにおける確認内容について、以下に説明する。

　1）レッスンプランの調整
対面による打ち合わせまでに、情報調査シートに基づく仮のレッスンプランを作成して担当講師に送付した。その後、打ち合わせにおいては実証実験の実施予定日・その日に学習するトピック・電子教材の提供タイミングの3点をヒアリングし、担当講師が望むレッスンプランとなるよう最終調整を行った。打ち合わせ終了後、最終版のレッスンプランを担当講師に送付した。

２）授業観察の時期

　レッスンプランの調整とともに、授業観察を実施する時期を調整した。担当講師が反転授業に慣れる時期、受講後アンケート調査の呼びかけができる時期、学内行事がなく大学訪問に適している時期等が検討された。各大学で授業観察を実施する時期は異なるものの、実証実験の中盤を希望した大学が２校、終盤を希望した大学が３校であった。

３）情報調査シートで空欄となっていた授業情報の収集

　実証実験の運営に関わる情報、すなわち実証実験を行う授業の開講時間や開講間隔等のレッスンプラン作成に関わる情報を確認した。対面打ち合わせの時点で不明な部分は、情報が確定した時点で担当講師より連絡を受けて調整していくこととした。

４）実証実験環境の確認

　実証実験協力校で反転授業を行うにあたって、継続した反転授業が実施可能な環境であるかを確認した。担当講師と受講者のICT利活用状況を把握するため、担当講師に開講科目の開講目的やeラーニングを導入する動機を拝聴するとともに、各大学の雰囲気や受講者の日本語運用能力の体感、授業で使用する教室に設置された機材の目視等、学習環境を確認した。また「日本事情」オンラインコースの動作確認や操作説明も実施した。

　各大学での対面打ち合わせからは、反転授業においてディスカッションまたは読解のいずれかを主軸にしたいと望んでいることが判明した。また「日本事情」オンラインコースの提供する教案や外部リンクを含む電子教材群（以降「コンテンツ」）を多く使用し、「日本事情」オンラインコースを中心とした授業を希望する場合と、一部コンテンツの使用を希望するが担当講師自身が選定した教具や学習方法を中心とした授業を希望する場合に分けられた。

　そのため、授業設計においてはディスカッション活動を取り入れた授業設計を「討論型」、読解活動を取り入れた授業設計を「読解型」と呼称し、コンテンツの使用割合が高い順に１、２、３…の番号を付与する。

　レッスンプランのベースとなる授業設計は、討論１・討論２・読解１・読解２・討論３の計５つとした。各授業設計と学習活動に関連した学習成果の５分類については、以下で説明する。授業設計図の学習活動について、「日本事情」オンラインコースのコンテンツを使用する場合は実線＋着色、「日本事

情」オンラインコースのコンテンツを使用せず担当講師自身で運営する場合
は破線で示す。

① 討論1

　討論1は、北部の要望に対する授業設計である。1つのトピックに対する
意見交換を中心とした授業展開とし、コンテンツのうち動画とディスカッショ
ン活動用シート、確認クイズを使用する。動画は［運動技能］、ディスカッ
ション活動は［知的技能・運動技能・態度］、確認クイズは［認知］に対する
学習成果を期待するものである。図4.12は討論1の授業設計図である。

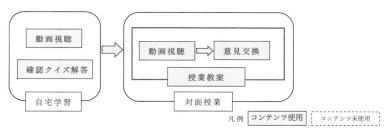

図4.12　討論1の授業設計図

　受講者は自宅学習として動画の視聴と確認のクイズ解答を行い、授業では
ディスカッション活動用シートを使用した意見交換を行う。また担当講師に
は反転授業のための授業教案が提供され[108]、教案に基づいて対面授業を運営
する。
　実証実験を実施するにあたって、学内での実機によるデモ操作において
Moodle中の動画の挙動が不安定であることが発覚したことから、受講者の自
宅学習[109]については担当講師が受講者のLINEグループにて動画のURLを紹
介し、受講者がURLに直接アクセスする方式を取る。

② 討論2

　討論2は、東北部の要望に対する授業設計である。1つのトピックに対す

---

108 提供する指導教案例は資料4.13（Web）に示す。
109 受講者は1年生であり、当該校においては「初年度は大学キャンパス内の学生寮に居住する
　　こと」と定められていることから、厳密にいえば自宅学習ではなく学内学習である。学内の挙
　　動が不安定であれば自宅学習でも不安定となるため、上記の対応を取った。

る意見交換を中心とした授業展開とするが、コンテンツのうち動画と確認クイズのみを使用する。動画は［運動技能］、確認クイズは［認知］に対する学習成果を期待するものである。図4.13は討論 2 の授業設計図である。

　受講者は自宅学習として動画視聴と確認クイズ解答を行い、授業ではディスカッション活動用シートを使用せずに自由な意見交換を行う。また担当講師は授業教案を使用せず、担当講師自身で対面授業を運営する。

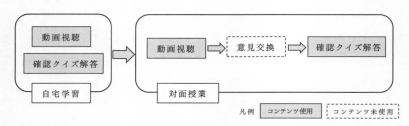

図4.13　討論 2 の授業設計図

　実証実験を実施するにあたって、Moodle 中の動画および確認クイズの挙動が不安定であることが発覚したことから、受講者の自宅学習については担当講師が学科の Facebook ページにて動画の URL および外部サイトに作成した確認クイズ[110]の URL を紹介し、受講者が直接 URL にアクセスする方式を取る。

③　読解 1
　読解 1 は、南部の要望に対する授業設計である。1 つのトピックに対する説明文読解を中心とした授業展開とし、コンテンツのうち、動画と読解活動用シート、確認クイズを使用する。またディスカッション活動用シートも適宜提供する。動画は［運動技能］、読解活動およびディスカッション活動は［知的技能・運動技能・態度］、確認クイズは［認知］に対する学習成果を期待するものである。図4.14は読解 1 の授業設計図である。

---

110 作成ツールとして、タイ学術研究者間で一般的に用いられており、タイ国内でも安定した動作が確認されている「SurveyMonkey」〈https://jp.surveymonkey.com/〉を使用した。

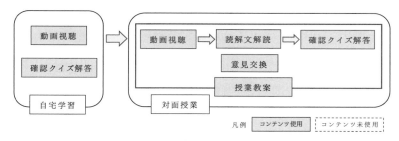

図4.14　読解1の授業設計図

　受講者は自宅学習として動画視聴を行い、授業では読解活動用シートを使用した読解文解読と意見交換、そして確認クイズ解答を行う。また担当講師には反転授業のための授業教案が提供され、教案に基づいて対面授業を運営する。

　実証実験はノートパソコンと視聴覚機材を接続可能なデスクからなる「ラーニングルーム」で実施する予定であり、そこではMoodleの挙動に問題がないことが確認されたため、コンテンツへのアクセスは全てMoodleを経由する方式を取る。

④　読解2

　読解2は、バンコク（日本語主専攻課程）の要望に対する授業設計である。1つのトピックに対する説明文読解を中心とした授業展開とし、コンテンツのうち動画と読解活動用シート、確認クイズを使用する。動画は［運動技能］、読解活動は［知的技能・運動技能・態度］、確認クイズは［認知］に対する学習成果を期待するものである。図4.15は読解2の授業設計図である。

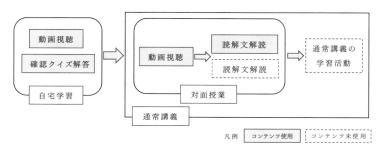

図4.15　読解2の授業設計図

受講者は自宅学習として動画視聴と確認クイズ解答を行い、対面授業では読解活動用シートの一部を使用した読解文解読を行う。実証実験は通常講義の一部として実施され、他の教具を使用した別の学習活動も行われる。したがって担当講師は「読解１」に提供する授業教案を参照することはできるが、原則として担当講師自身で対面授業を運営する。

⑤　討論３

討論３は、バンコク（日本語副専攻）の要望に対する授業設計である。１つのトピックに対する意見交換を中心とした授業展開とし、コンテンツのうち動画と確認クイズを使用する。動画は［運動技能］、確認クイズは［認知］に対する学習成果を期待するものである。図4.16は討論３の授業設計図である。

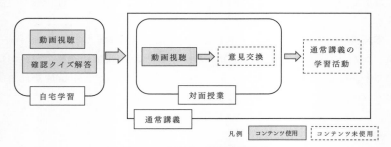

図4.16　討論３の授業設計図

授業の中心となる学習活動は意見交換であり、［知的技能・運動技能・態度］に対する学習成果が期待できるが、ディスカッション活動用シートは使用せずに担当講師が用意した別の教具を用いる。また実証実験は通常講義の一部として実施され、別の学習活動も行われる。したがって担当講師は「討論１」に提供する授業教案を参照することはできるが、原則として担当講師自身で対面授業を運営する。

表4.16は学習活動と授業に対する提供コンテンツの使用割合による分類表である。討論１・読解１は授業で使用する提供コンテンツが多く、討論２は少ない。討論３と読解２は討論２よりも使用する提供コンテンツ自体は多いものの、討論２では授業の中心は「日本事情」オンラインコースで他の教具を使用しないのに対し、討論３と読解２の授業の中心は別の教具である。したがって授業に対する「日本事情」オンラインコースの使用割合は低い。す

なわち、授業に対する提供コンテンツの使用割合は、討論 1 ≒読解 1 ＞討論 2 ＞討論 3 ≒読解 2 である。

表4.16　実証実験のための授業設計

学習活動	授業に対する提供コンテンツの使用割合		
	高い	低い	
討論型	討論 1	討論 2	討論 3
	・動画［運動技能］ ・確認クイズ［認知］ ・活動用シート［知的技能・運動技能・態度］ ・授業教案	・動画［運動技能］ ・確認クイズ［認知］	・動画［運動技能］ ・確認クイズ［認知］ （授業教案） 　※別の教具が中心
読解型	読解 1	読解 2	
	・動画［運動技能］ ・確認クイズ［認知］ ・活動用シート［知的技能・運動技能・態度］ ・授業教案	・動画［運動技能］ ・確認クイズ［認知］ ・活動用シート［知的技能・運動技能・態度］ （授業教案） 　※別の教具が中心	

4.6.3　実証実験の実践から見られた相違

　実証実験はタイ主要 4 地域の各大学において、2017年度タイ AEC 学事暦 1 学期（2017年 8 月〜12月）の期間に以下の通り実施した。

1 ）調査対象者：タイ国内大学の日本語主専攻課程に所属するタイ人大学生
　　討論 1 … 1 年生、N5相当
　　討論 2 … 3 年生、N4〜 N5相当
　　読解 1 … 3 年生、N3〜 N5相当
　　読解 2 … 2 〜 3 年生、N4〜 N5相当
　　討論 3 … 3 〜 4 年生、N1〜 N3相当

2 ）調査時期[111]：
　　討論 1 …2017年 8 月23日〜11月17日
　　討論 2 …2017年 8 月 4 日〜11月 1 日
　　読解 1 …2017年 9 月 7 日〜11月29日
　　読解 2 …2017年 9 月25日〜12月 7 日
　　討論 3 …2017年10月20日〜12月 3 日

---

111 筆者が研究滞在の拠点とした大学が AEC 学事暦を採用していたため、AEC 学事暦2017年度 1 学期に調査を実施した。

３）提供教材：

「eラーニングで学ぶ『日本事情』¹¹²」〈http://dokmai.sakura.ne.jp/moodle/〉

・動画
・確認クイズ
・読解シート（授業設計によって使用／不使用）
・ディスカッション活動用シート（授業設計によって使用／不使用）
・教師用指導教案（授業設計によって使用／不使用）

　各大学における実証実験の授業実践から、各大学の相違点は以下のように言い表すことができる。

共通点：

1．「日本事情」オンラインコースのコンテンツは全て同一内容である。
2．日本文化の理解を目的とする授業において実証実験を実施している。
3．実証実験の実施期間は1ヵ月である。
4．プロジェクターとスピーカーが存在し、インターネット接続が可能な教室で授業が実施される。
5．授業実施手順は授業教案の有無にかかわらず、①自宅で動画視聴→②教室で再視聴→③教室内の学習活動→④確認クイズの順に行われる。
6．受講者のスマートフォン所有率は約95％であり¹¹³、スマートフォンは自宅学習の他に授業中の学習活動補助にも使用される。

差異点：

1．実証実験を週1回実施する大学と週2回実施する大学が混在し、また授業時間が50分〜2時間と幅があったため、学習トピックの数が4〜11と大学によって異なる。
2．実証実験の担当講師の国籍はタイ人または日本人であり、授業ではタイ人講師はタイ語のみを使用した。日本人講師は日本語とタイ語を併用する場合と日本語のみを使用する場合に分かれた。
3．受講者の日本語能力が日本語未習からN1相当までと大学によって大き

112「日本事情」オンラインコースを Moodle で提供するための便宜上のコース名である。
113 討論1では所有率76.47％（34名中26名所有）、それ以外の大学では所有率100％であった。

138

く異なる。

4．Moodle の挙動が安定している大学では Moodle を経由して学習を行う
　　が、そうでない大学は動画や確認クイズの URL に直接アクセスするた
　　め、受講者の学習管理が容易な大学とそうでない大学が存在した。

4.7　総括

　同期型 e ラーニングによる「日本事情」実施校へのインタビューから、同
期型 e ラーニングは教師の役割に柔軟性が求められ、かつ同期型 e ラーニン
グ実施のための専門人員を確保する必要があることから全域的な普及が困難
であることが分かった。しかしタイ南部で行われている ICT を利活用した日
本語授業では、特別な機材や技術を使わずともタイ人日本語学習者の動機づ
けを行い学習成果が得られることが観察されている。したがってタイ国内で
「日本事情」に関する e ラーニングを展開する場合、非同期型 e ラーニングが
現時点では妥当な選択である。

　e ラーニングの開発にあたって ID の各モデルを取りいれ、在タイ日系企業
就職を目指すタイ国内のタイ人日本語学習者が就職時に役立つ知識を習得す
るための授業設計を行った。教材開発においてはタイ主要 4 地域でユーザー
テストを実施し、問題なく学習が可能であることが確認された。一方でユー
ザーテストからタイ人日本語学習者に対する文字による学習補助と日本語教
師に対する e ラーニングの操作支援という課題が表面化した。タイ人日本語
学習者に対する学習補助はタイ語字幕や平仮名分かち書きにすることで解決
が可能であるが、日本語教師に対する操作支援については e ラーニングを実
施する日本語教師との綿密な調整が必要である。

　「日本事情」オンラインコースの効果を測定するための実証実験において
は、担当講師から意見交換または読解文解読のいずれかの学習活動を主軸と
した授業が求められた。また授業においてコンテンツの多用を望む場合とそ
うでない場合があるため、授業設計を「討論 1・討論 2・読解 1・読解 2・
討論 3」の 5 つを作成した。各大学の要望を反映した授業設計で実証実験を
実施したが、授業の実施手順や受講者の使用機器等の共通項が多い一方で、
受講者の日本語能力や授業実施回数等の差異が確認された。

　本研究の下位課題である「日本事情」の学習における方法論のうち、設計
方法、すなわち e ラーニングの選定についてはオンライン上のコースを学習

する非同期型 e ラーニングが適している。また e ラーニングの開発について
は、授業設計の際にインストラクショナルデザインを活用すれば効率的な開
発が可能である。授業設計においては、コンテンツの使用割合によって授業
設計を変えることで 1 つの e ラーニングで複数の授業を運営できることが明
らかとなった。

　「日本事情」オンラインコースを使用した実証実験によって受講者にいかな
る変化が生じたか、また受講者と担当講師は実証実験を経ていかなる変化を
実感したか、さらに各授業設計における変化の差異については、次章におい
て実証実験前後のアンケート調査および受講後のインタビューの結果に基づ
く分析と考察を行う。

第五章

「日本事情」オンラインコースがもたらす
効果の分析と考察

　本章では、本研究の課題１にあたる「タイにおいていかに『日本事情』の
授業を設計すべきか」の下位課題となる「『日本事情』の学習において、いか
なる方法論が適しているか」を解明するために、いかなる授業設計が多くの
効果をもたらすかをタイ現地での実証実験より考察する。

5.1　受講者に対する受講前後の変容に関するアンケート調査　―調査７―

　本節では実証実験の受講者を対象として行ったアンケート調査を基に、受
講者の学習ストラテジーやｅラーニングに対する学習意識の変容について分
析する。また当調査で見られた受講者の学習ストラテジー変化傾向から受講
者を３群に分け、各群に対してインタビューを実施する。インタビュー対象
者の選定方法については本節で示す。

5.1.1　受講前 Web アンケートの調査内容

　受講者に対する受講前 Web アンケートは、学習ストラテジーとｅラーニン
グに対する学習意識に関する質問項目から構成される（資料 5.1：Web）。学
習ストラテジーとｅラーニングに対する学習意識については、次項において
説明する。

5.1.1.1　学習ストラテジーに関する質問

　学習ストラテジーとは、「第二言語教育においては学習者が言語を学習する
際に行うさまざまな思考活動や行動（元木 2006：690）」のことである。タ
イ人日本語学習者の言語学習ストラテジー研究においては、Oxford（1990）
の分類に基づく学習ストラテジーの使用状況を分析したものが多い。例えば
伊東（1993）が大学予備教育においてタイ人日本語学習者は認知ストラテ
ジーとメタ認知ストラテジーおよび社会的ストラテジーを多用することを報
告している（p.83）。また石橋（2009）が大学の読解授業においてタイ人日本

語学習者は補償ストラテジーと社会的ストラテジーを多用することを報告している（p.78）。これらの先行研究から、タイ人日本語学習者が多用するストラテジーは社会的ストラテジーを中心に様々であるといえる。

　今回の調査対象者は「日本事情」の受講者であり、日本文化学習は直接的な言語学習とは言いがたい。しかし日本文化学習が日本語学習に紐づくものである以上、学習ストラテジーは存在するはずである。そこでOxford（1990）が考案した言語能力を支える間接ストラテジーの使用についても検討できるSILL[114]を使用し、受講者の学習ストラテジーの使用実態やeラーニングによる学習ストラテジーの変化について調査を実施した。回答方法は「１＝全くしない、２＝しない、３＝どちらでもない、４＝する、５＝とてもする」の５段階のリカート尺度とした。またSILLの質問項目50問はタイ語に翻訳した。

5.1.1.2　eラーニングに対する学習意識に関する質問

　外国語学習は態度や動機づけが重要であることが、Gardner *et al.*（1959）をはじめとする多くの研究者より報告されている。すでに1980年代にはCALL[115]利用学習に対する態度・動機づけ研究が行われ、日本語学習においてもVan Aacken（1999）が日本語学習者の学習動機とCALLに対する関係性の調査を実施している。つまりCALL学習の有効性と「第二言語としての外国語学習の個人差要因」との関連は無視できない（真野・大須賀　2005：116）ものである。

　eラーニングについても同様のことが言える。タイ現地調査において、各地で複数の日本語教師からタイ人日本語学習者はコンピュータを使用した日本語学習への関心は低いと伝えられた。タイの教育観の影響[116]によりCALL使用経験が浅いことから、コンピュータを使用した学習に対して心理的な不安、つまり「コンピュータ不安」が生じることが原因ではないかと推察される。そこで学習動機の中でも学習態度、特にコンピュータを使用した学習に対する態度について分析しているカレイラ松崎（2010）、劉（2003）の研究に焦点を当てた。

---

114 Strategy Inventory for Language Learning：Oxfordが考案した言語学習ストラテジー調査法。50の質問項目から構成され、言語を学習する際に使用している方略を調査することができる。
115 Computer Assisted Language Learning：コンピュータを活用した外国語教育システム
116 タイの学校教育のほとんどは伝統的な教員から学生への一方通行の授業が多く（櫃本 2011：55）、大学では特にその傾向が顕著である。

　カレイラ松崎（2010：D4）では e ラーニングに肯定的な態度を持つ学生の傾向として、①論理的に物事を考える、②グループ活動を好む、③音声で学習することを好む、以上３つを挙げている。タイ人日本語学習者にはいかなる傾向があるか確かめるため、e ラーニングに対する肯定的態度に関する質問項目を本研究でも使用する。また劉（2003：204）では CALL を利用する日本語学習者に対して、①操作・接触に対する不安、②コンピュータ利用への意欲、③ CALL の利用拒否的態度、以上３つの態度・動機づけ尺度を作成し、調査に使用している。劉の調査では、コンピュータ利用への意欲尺度において日本語能力が高くない学生がコンピュータを積極的に利用した結果、CALL に組み込まれた問題の正解数が多くなったため高い満足度を示したことが報告されている。

　本調査においては日本語能力に関係なく調査する必要がある。そこで受講者の e ラーニングに対する肯定的態度、操作接触に対する不安、コンピュータ利用への意欲および CALL の利用拒否的態度の変化について調査を実施するため、カレイラ松崎（2010：D5）の５項目、劉（2003：204）の質問10項目を一部修正した上でタイ語に翻訳した。回答方法は「１＝全く思わない、２＝思わない、３＝どちらでもない、４＝思う、５＝とても思う」の５段階のリカート尺度とした。

5.1.2　受講後 Web アンケートの調査内容

　受講者に対する受講後 Web アンケートについては、受講前後[117]の変化を見るべく前項の質問項目を利用し、e ラーニングを使用した授業評価に関する質問項目を追加した（資料 5.2：Web）。

　e ラーニングを使用した外国語学習において、学習能力の向上を評価するための質問はあるものの e ラーニングによる実施自体を評価したものは少ない。その中で篠崎（2014）がブレンディッドラーニングモデルを用いた日本語教師養成科目の授業に対する評価アンケートを実施している。それによると、Moodle は受講者にはなじみの薄い学習方法であったが、全てのコンテンツを提供したことにより授業時間に縛られない学習方法として高評価を得たことが報告されている。本研究とは Moodle で全てのコンテンツを提供して

---

117 受講時期については前章「4.6.3　実証実験から見られた相違」に示す通り、授業設計によって異なる。

いるという共通点があることから、タイにおける日本語教育ではなじみの薄い反転授業に対する授業評価として応用できる可能性は高い。

またLMSを活用したブレンディッドラーニングの学習効果研究においては、李・伊藤（2011）や林・森原（2014）が動機づけとの関連という視点からeラーニングの有効性を議論し、「自律性（自身の行動がより自己決定的であり、責任感を持ちたいという欲求）」「関連性（周りの人や社会と密接な関係を持ち、他社と友好的な連帯感を持ちたいという欲求）」「有能性（行動をやり遂げる地震や自己の能力を示す機会を持ちたいという欲求）」（林・森原 2014：1-2）の３つの心理的欲求の変化からLMSを用いた学習環境が学習者の動機づけの変容に与える影響を考察している。李・伊藤においては受講の経過とともに「関係性」が下降する傾向が指摘される一方、林・森原では「関係性」「有能性」が上昇している。これらの研究からはブレンディッドラーニング型の外国語教育はコミュニケーションツールとしての相互学習の場となることから、学生の視野の広がりと意識の変化に有効であることが示唆された。本研究はブレンディッドラーニング型を日本語教育であり、受講者同士や担当講師との関係がeラーニングを活用した日本語学習の動機づけに何らかの影響を与えている可能性がある。

そこで篠崎（2014：21）の授業評価に関する質問10項目および林他（2014：7）の心理的欲求満足度に関する質問項目10項目の計20項目を一部修正した上でタイ語に翻訳した。回答方法は「１＝全くNO、２＝NO、３＝どちらでもない、４＝YES、５＝非常にYES」の５段階のリカート尺度とした。

5.1.3　アンケート回答の差異測定を目的とした各種検定

受講前後に実施したアンケート回答の分析および考察を円滑に行うために、授業設計による差異がないか検定にて確認する。

表5.1は各授業設計別の受講前後のアンケート調査の回答状況である。受講前の回答率は全大学とも８割を超えており、中には全員から回答が得られた大学もあった。また受講者に対して欠損値なき回答件数を求めた有効回答率は、日本語主専攻課程は８割以上、日本語副専攻は約６割であった。受講後の回答率は日本語主専攻課程では９割を超える一方、日本語副専攻では半数にとどまった。また受講者に対し欠損値なき回答件数を求めた有効回答率は、読解２と討論３は低いものの他３校では８割以上であった。

「対応あり回答」では、同一回答者が受講前後とも有効回答であった件数を

144

示している。討論３については３件のため、定量的な検定が困難である。し
たがって討論３については以降のアンケート調査分析は行わず、インタビュー
による質的分析のみを行う。

表5.1　アンケート調査の回答状況（上段：受講前、下段：受講後）

授業形式	専攻	受講人数	回答人数	回答率	有効回答	有効率	対応あり回答	対応割合
討論1	主専攻課程	34	32	94.12%	28	82.35%	24	70.59%
			34	100.00%	33	97.06%		
討論2	主専攻課程	36	36	100.00%	35	97.22%	20	55.56%
			34	94.44%	29	80.56%		
読解1	主専攻課程	34	31	91.18%	30	88.24%	24	70.59%
			34	100.00%	28	82.35%		
読解2	主専攻課程	28	28	100.00%	23	82.14%	16	57.14%
			27	96.43%	19	67.86%		
討論3	副専攻	8	7	87.50%	5	62.50%	3	37.50%
			4	50.00%	4	50.00%		

　アンケート調査の回答については、（1）受講前後の学習ストラテジーの変
化、（2）受講前後のｅラーニングに対する学習意識の変化、（3）受講後のｅ
ラーニング授業評価を分析する。アンケート回答分析にあたって、授業方法
に有意差があるか各検定を行った。なお検定には「IBM SPSS Statistics Version
24」を使用した。

5.1.3.1受講前後の学習ストラテジー変化に対する検定

　受講前後の学習ストラテジーの変化は、資料5.1（Web）および資料5.2（Web）
の「１．SILL テストに基づく質問」を基に分析する。SILL の質問項目50項
目を Oxford（1990）の分類に基づく直接ストラテジー（記憶ストラテジー・
認知ストラテジー・補償ストラテジー）と間接ストラテジー（メタ認知スト
ラテジー・情意ストラテジー・社会的ストラテジー）に分類し、各群の５段
階リカート尺度の平均差[118]から判断する。各ストラテジーに対して授業設計
によるストラテジー変化に有意差があるか調べるために、各群の５段階リカー

---

118 判断方法を「平均差」としたのは、調査の趣旨が「受講前後にいかなる変化があるか」だか
　　らである。そこで各質問項目の受講前と受講後のリカート尺度の平均を利用し、受講後のリ
　　カート尺度平均から受講前のリカート尺度平均を引いた数を「平均差」として、この値の有意
　　差を求めるための検定を行う。したがって検定にあたって「対応あり回答」のみを対象とする。

ト尺度の平均差について分散分析による多重比較を行った。表5.2は分散分析とTukey Bによる多重比較の検定結果である。その結果、全てのストラテジーについて授業設計の効果は有意であった。またTukey Bを用いた多重比較においてはサブグループが異なる。共通の傾向として、「読解1」と「討論2」のサブグループ間に有意差があり、「読解1」は負、「討論2」は正[119]の高い値を示す傾向が顕著である。

表5.2　各ストラテジーに対する検定結果

		平方和	自由度	平均平方	F値	有意確率	Tukey B a,b によるα=0.05のサブグループ		
記憶ストラテジー	グループ間	4.284	3	1.428	7.136	.000*	読解1 −.0278		
	グループ内	16.008	80	.200			読解2 .2448	.2448	
	合計	20.292	83				討論1	.3715	
							討論2	.5792	
認知ストラテジー	グループ間	5.865	3	1.955	7.654	.000*	読解1 −.0568		
	グループ内	20.434	80	.255			読解2	.3750	
	合計	26.299	83				討論1	.4053	
							討論2	.6545	
補償ストラテジー	グループ間	5.203	3	1.734	6.195	.001*	読解1 −.1806		
	グループ内	22.398	80	.280			読解2 .0000	.0000	
	合計	27.602	83				討論1	.2986	.2986
							討論2		.4417
メタ認知ストラテジー	グループ間	3.561	3	1.187	4.852	.004*	読解1 −.0231		
	グループ内	19.570	80	.245			読解2 .1111		
	合計	23.130	83				討論1 .1667		
							討論2	.5333	
情意ストラテジー	グループ間	5.143	3	1.714	4.477	.006*	読解1 −.1250		
	グループ内	30.635	80	.383			討論1 .0625	.0625	
	合計	35.778	83				読解2	.3229	.3229
							討論2		.5167
社会的ストラテジー	グループ間	2.938	3	.979	2.753	.048*	読解1 −.0903		
	グループ内	28.459	80	.356			読解2 .0625	.0625	
	合計	31.398	83				討論1 .1806	.1806	
							討論2		.4167

a. 調和平均サンプルサイズ＝21.509を使用
b. グループサイズが等しくないためグループサイズの調和平均を使用
*p<.05

5.1.3.2　受講前後のeラーニングに対する学習意識の変化に対する検定

受講前後のeラーニングに対する学習意識の変化は、資料5.1および資料5.2の「２．コンピュータに対する態度」を基に分析する。受講者のeラーニングに対する肯定的態度や操作接触に対する不安、そしてコンピュータ利用への意欲に関する前半11項目とCALLの利用拒否的態度に関する後半4項目[120]

---

119 本研究において、「負」はマイナス、「正」はプラスを指す。
120 否定的な質問であるため、リカート尺度は「1＝とてもそう思う、2＝とてもそう思う、3＝どちらでもない、4＝そう思わない、5＝全くそう思わない」となる。したがって、別の群として検定を行った。

の２つに分類し、前者を意識群１、後者を意識群２とする。各意識群に対して授業設計による意識変化に有意差があるか調べるために、各群の５段階リカート尺度の平均差[121]について分散分析による多重比較を行った。表5.3は分散分析と Tukey B による多重比較の検定結果である。Tukey B を用いた多重比較においては、各意識群とも同一のサブグループとなり有意差は見られなかった。

　意識群１については（F(3,80)=2.690, p=.052）、意識群２については（F(3,80)=2.069, p=.129）であり、意識群１の有意確率は p=.052、意識群２の有意確率は p=.153のため有意差は見られなかった。

表5.3　タイ主要4地域の各意識群に対する検定結果

		分散分析					Tukey B [a,b] による α=0.05のサブグループ	
		平方和	自由度	平均平方	F 値	有意確率		
平均差1	グループ間	2.297	3	.766	2.690	.052	読解1	.0492
	グループ内	22.773	80	.285			読解2	.0801
	合計	25.070	83				討論1	.1367
							討論2	.4700
平均差2	グループ間	4.350	3	1.450	2.069	.111	討論2	−1.0019
	グループ内	56.077	80	.701			読解1	−.9427
	合計	60.427	83				読解2	−.6637
							討論1	−.4550

a. 調和平均サンプルサイズ＝21.509を使用
b. グループサイズが等しくないためグループサイズの調和平均を使用
*p<.05

5.1.3.3　受講後のｅラーニング授業評価に対する検定

　受講後のｅラーニング授業評価は、資料5.2の「０．ｅラーニングに関する質問」を基に分析する。授業実施と評価に関する10項目と動機づけの心理欲求に関する10項目計20項目の５段階リカート尺度の平均について検定を行った。

　授業設計による授業評価に有意差があるか調べるために、各群の５段階リカート尺度の平均について分散分析による多重比較を行った。表5.4は分散分析と Tukey B による多重比較の検定結果である。

　Tukey B を用いた多重比較においては、「読解２」と「討論２・討論１・読解１」の間に有意差がある。

---

121 調査の趣旨が「受講前後にいかなる変化があるか」であるため、平均差を使用する。

表5.4　タイ主要 4 地域に対する検定結果

		分散分析					Tukey B [a,b] による α=0.05 のサブグループ			
		平方和	自由度	平均平方	F 値	有意確率				
平均	グループ間	7.418	3	2.473	7.884	.000*	読解 2	3.4750		
	グループ内	25.091	80	.314			討論 2		4.1825	
	合計	32.509	83				討論 1		4.2458	
							読解 1		4.2500	

a. 調和平均サンプルサイズ＝21.509 を使用
b. グループサイズが等しくないためグループサイズの調和平均を使用
*p<.05

5.1.3.4　検定結果から見た分析すべき事象

　受講前後の学習ストラテジーの変化において、各授業形式では全てのストラテジーに有意差があり、「読解」と「討論」に分かれる傾向が見られた。特に読解 1 と討論 2 はいかなるストラテジーにおいても異なるサブグループに属することから、授業形式においてはこの 2 つの授業設計を中心に分析を行い、受講前後の学習ストラテジーにいかなる差異と要因があるのかを解明する。

　次に受講前後の e ラーニングに対する学習意識の変化においては、各授業形式では意識群 1・意識群 2 ともに有意差が見られなかった。したがって e ラーニングに対する学習意識全般を俯瞰し、e ラーニングに対する受講者の学習意識がいかに変容したかを考察する。

　そして受講後の e ラーニング授業評価においては、各授業形式では有意差が認められ、読解 2 と他 3 校で傾向が異なる。そこで各授業形式の受講者が e ラーニング授業にいかなる評価を下すのかを分析する。

5.1.4　受講前後の学習ストラテジー変化の分析と考察

　本節では回答結果を授業設計別に集計し、受講前後のリカート尺度の平均・標準偏差・受講前後のリカート尺度平均差を基に学習ストラテジーの変化を分析する。

　表5.5は SILL の各質問項目に対応する学習ストラテジーである。各ストラテジーについて考察する際はこの分類に基づき、いかなるストラテジーに変化が見られたかを言及する。そこで直接ストラテジーと間接ストラテジーに分割した上で各ストラテジーの変化を示すデータを示す。

　また Oxford（1990）では表5.6に示す通り、方略使用の多寡を SILL の平均値を用いて評価している。本研究においてもこの評価表を用いるため、分析

に平均値を使用する。各ストラテジーの平均値については、各ストラテジーを形成する最終質問項目の後に示す。また直接ストラテジー全体平均および間接ストラテジー全体平均は表末に示す。そして分析結果提示順は討論1・討論2・読解1・読解2の順とする。

表5.5　SILL の質問項目とストラテジー

質問項目	分類	ストラテジー
1〜9	直接ストラテジー	記憶ストラテジー
10〜23		認知ストラテジー
24〜29		補償ストラテジー
30〜38	間接ストラテジー	メタ認知ストラテジー
39〜44		情意ストラテジー
45〜50		社会的ストラテジー

（Oxford 1990を基に筆者作成）

表5.6　SILL 平均値を用いた評価

上	常にあるいはほとんど常に使う	4.5〜5.0
	通常使う	3.5〜4.4
中	時々使う	2.5〜3.4
下	一般的には使わない	1.5〜2.4
	一度もあるいはほとんど使わない	1.0〜1.4

（Oxford 1990を基に筆者作成）

5.1.4.1　討論1受講者の学習ストラテジー変化
①直接ストラテジーの変化

　表5.7は討論1の直接ストラテジー項目である。記憶ストラテジーは平均が3.44から3.85に上昇し、使用状況が「中：時々使う」から「上：通常使う」に変化している。また各項目の平均差は全て受講後に値が上昇している。最も変化が大きい質問項目は「01日本語を勉強する時、今まで覚えた知識を使う（正）」であった。

　認知ストラテジーは平均が3.27から3.64に上昇し、使用状況が「中：時々使う」から「上：通常使う」に変化している。また各項目の平均差は全て受講後に値が上昇している。最も変化が大きい質問項目は「23日本語で聞いたり読んだりしたことはシンプルにまとめる（正）」であった。

　補償ストラテジーは平均が3.43から3.68に上昇し、使用状況が「中：時々使う」から「上：通常使う」に変化している。また各項目の平均差は「27日本語で本を読むときは、辞書をあまり使わないようにしている」のみ下降が見られた。最も変化が大きい質問項目は「29日本語でどう言うか分からなくなったら、意味の同じ別の言い方で話を続ける」であった。

　直接ストラテジー全体では平均が3.38から3.72に上昇し、使用状況が「中：時々使う」から「上：通常使う」に変化している。また各ストラテジーを比較すると平均差は補償ストラテジー（0.25）→認知ストラテジー（0.37）→記憶ストラテジー（0.41）の順に正の方向への変化が大きい。この結果から、

討論1の受講者は全ての直接ストラテジー、特に記憶ストラテジーの使用が増加することが分かった。

②間接ストラテジーの変化

　表5.8は討論1の間接ストラテジー項目である。メタ認知ストラテジーは平均が3.88から4.04に上昇し、使用状況はともに「上：通常使う」である。また各項目の平均差は「30いろいろな方法でなるべく日本語を使うようにしている」のみ下降が見られた。最も変化が大きい質問項目は「37日本語の勉強の目的がある（正）」であった。

表5.7　討論1：直接ストラテジー項目一覧

直接ストラテジー項目	受講前		受講後		変化
	M	SD	M	SD	平均差
01日本語を勉強する時、今まで覚えた知識を使う	3.54	0.98	4.12	0.84	0.59
02新しい単語は文の中で使いながら覚える	3.21	1.01	3.36	0.95	0.15
03新しい単語はイメージと音を結びつけて覚える	3.61	0.72	3.91	0.83	0.30
04新しい単語は単語を使う場面を想像しながら覚える	3.54	0.94	4.03	0.76	0.49
05単語は音を使って覚える	3.57	0.82	3.97	0.72	0.40
06単語は紙に書いて覚える	4.25	0.91	4.67	0.53	0.42
07動作の単語は体を動かして覚える	2.71	0.96	3.12	1.09	0.41
08よく復習をする	3.36	0.93	3.85	0.70	0.49
09単語やフレーズを覚えるときはどのページのどこにあったかなど書かれていた場所も一緒に覚える	3.14	1.06	3.58	0.89	0.43
直接：1．記憶ストラテジー平均	3.44	0.93	3.85	0.81	0.41
10単語は口に出したり書いて覚える	4.11	0.86	4.27	0.79	0.17
11ネイティブスピーカーのように話すようにしている	4.07	0.75	4.36	0.81	0.29
12発音やアクセントの練習をする	4.11	0.82	4.18	0.87	0.07
13知っている単語をいろいろ使ってみる	3.39	1.01	3.91	0.83	0.52
14自分から日本語で話を始める	3.29	0.96	3.42	0.95	0.14
15日本語でテレビ番組や映画を見る	3.46	1.24	3.70	1.09	0.23
16日本語で書かれた本を趣味として読む	2.32	0.89	2.79	1.12	0.47
17メモや手紙を日本語で書く	2.25	0.95	2.42	0.99	0.17
18日本語を読むときは最初にかるく読んで意味を取ってから、後で時間をかけてていねいに読む	3.57	1.05	3.85	0.93	0.28
19新しい単語やフレーズを見たとき、日本語で意味の似ている単語やフレーズを考える	3.14	0.91	3.67	0.84	0.52
20文法のパターンを考えて勉強する	3.32	1.07	3.67	0.84	0.35
21長い単語は意味がわかるように、いくつかに分解して考える	2.96	1.02	3.33	0.88	0.37
22単語から単語へ直訳しないようにしている	2.75	0.99	3.52	0.93	0.77
23日本語で聞いたり読んだりしたことはシンプルにまとめる	3.04	1.02	3.88	0.98	0.84
直接：2．認知ストラテジー平均	3.27	0.97	3.64	0.92	0.37
24知らない単語は意味を想像してみる	3.50	1.02	3.61	1.10	0.11
25話しているときに日本語につまったら、ジェスチャーを使う	3.82	1.14	4.15	1.13	0.33
26日本語でどういうかわからなくなったら、別の言い方を自分で考える	3.64	1.11	4.09	0.71	0.45
27日本語で本を読むときは、辞書をあまり使わないようにしている	2.89	0.94	2.67	1.01	−0.23
28相手が次に何を言うか想像しながら日本語で話を聞く	3.32	1.07	3.55	0.70	0.22

29日本語でどう言うか分からなくなったら、意味の同じ別の言い方で話を続ける	3.43	1.15	4.03	0.63	0.60
直接：3．補償ストラテジー平均	3.43	1.07	3.68	0.88	0.25
直接全ストラテジー平均	3.38	0.99	3.72	0.87	0.34

　情意ストラテジーは平均が3.48から3.54に上昇し、使用状況が「中：時々使う」から「上：通常使う」に変化している。また各項目の平均差は「42日本語を勉強しているときや使っているとき、自分がきんちょうしているかどうか自分の気持ちに気づく」等の２項目に下降が見られた。最も変化が大きい質問項目は「「43日本語で日記を書いている（負）」であった。
　社会的ストラテジーは平均が3.93から4.12に上昇し、使用状況はともに「上：通常使う」である。また各項目の平均差は全て受講後に値が上昇している。最も変化が大きい質問項目は「45わからないときは、相手に頼んでゆっくり話してもらったり、もう一度言ってもらう（正）」であった。

表5.8　討論１：間接ストラテジー項目一覧

直接ストラテジー項目	受講前		受講後		変化
	M	SD	M	SD	平均差
30いろいろな方法でなるべく日本語を使うようにしている	4.00	0.89	3.88	0.95	−0.12
31自分の日本語の間違いに気付き、間違いを日本語の勉強に役立てる	4.07	0.75	4.27	0.66	0.20
32日本語は注意して聞く	4.25	0.69	4.39	0.69	0.14
33日本語がうまくなるために工夫する	3.89	0.77	4.06	0.74	0.17
34日本語の勉強の時間が十分にできるように自分のスケジュールを決める	3.61	0.62	3.76	0.82	0.15
35日本語で話ができるように相手を探す	3.46	0.98	3.67	0.88	0.20
36日本語で読む機会を増やすようにしている	3.46	0.68	3.61	0.81	0.14
37日本語の勉強の目的がある	4.25	0.95	4.52	0.66	0.27
38日本語が上達したと感じるときがある	3.93	0.80	4.18	0.67	0.25
間接：4．メタ認知ストラテジー平均	3.88	0.79	4.04	0.76	0.16
39日本語を使うのが怖くなったらリラックスして気を落ち着かせようとする	3.89	0.82	4.21	0.69	0.32
40間違えるのが怖いときは、自分を励ましながら日本語を話す	4.14	0.87	4.33	0.72	0.19
41自分が日本語でよくがんばったと思うときは自分をほめたり自分にごほうびをあげる	3.68	1.14	3.82	1.00	0.14
42日本語を勉強しているときや使っているとき、自分がきんちょうしているかどうか自分の気持ちに気づく	3.86	1.06	3.67	1.03	−0.19
43日本語で日記を書いている	2.21	1.05	1.85	0.96	−0.37
44日本語の勉強をしているときの気持ちについて他の人に話す	3.11	0.86	3.36	0.85	0.26
間接：5．情意ストラテジー平均	3.48	0.97	3.54	0.87	0.06
45わからないときは、相手に頼んでゆっくり話してもらったり、もう一度言ってもらう	4.04	1.21	4.42	0.70	0.39
46日本語を間違えたときは教えてもらえるよう相手の人にたのむ	3.75	0.87	3.97	1.11	0.22
47他の学生といっしょに日本語を練習する	3.89	0.86	3.97	0.87	0.08
48日本語で困ったときは、日本語ができる人に助けてもらう	4.36	0.81	4.61	0.69	0.25
49ネイティブスピーカーに日本語で質問する	3.36	1.23	3.36	1.32	0.01
50日本文化をなるべく勉強している	4.18	0.60	4.39	0.81	0.22
間接：6．社会ストラテジー平均	3.93	0.93	4.12	0.92	0.19
間接全ストラテジー平均	3.76	0.90	3.90	0.85	0.14

間接ストラテジー全体では平均が3.76から3.90に上昇し、使用状況はともに「上：通常使う」である。また各ストラテジーを比較すると平均差は情意ストラテジー（0.06）→メタ認知ストラテジー（0.16）→社会的ストラテジー（0.19）の順に正方向への変化が大きい。この結果から討論1の受講者は全ての間接ストラテジー、特に社会ストラテジーの使用が増加することが分かった。

5.1.4.2　討論2受講者の学習ストラテジー変化
①直接ストラテジーの変化
　表5.9は討論2の直接ストラテジー項目である。記憶ストラテジーは平均が3.23から3.88に上昇し、使用状況が「中：時々使う」から「上：通常使う」に変化している。また各項目の平均差は全て受講後に値が上昇している。最も変化が大きい質問項目は「02新しい単語は文の中で使いながら覚える（正）」であった。

表5.9　討論2：直接ストラテジー項目一覧

直接ストラテジー項目	受講前		受講後		変化
	M	SD	M	SD	平均差
01日本語を勉強する時、今まで覚えた知識を使う	3.38	0.59	3.97	0.56	0.58
02新しい単語は文の中で使いながら覚える	2.74	0.82	3.90	0.61	1.16
03新しい単語はイメージと音を結びつけて覚える	3.24	1.00	4.17	0.70	0.94
04新しい単語は単語を使う場面を想像しながら覚える	3.26	0.85	4.03	0.76	0.77
05単語は音を使って覚える	3.18	1.01	3.93	0.83	0.75
06単語は紙に書いて覚える	4.12	0.83	4.21	1.00	0.09
07動作の単語は体を動かして覚える	2.74	0.98	3.48	0.97	0.75
08よく復習をする	3.12	0.72	3.59	0.81	0.47
09単語やフレーズを覚えるときはどのページのどこにあったかなど書かれていた場所も一緒に覚える	3.32	0.93	3.62	0.85	0.30
直接：1．記憶ストラテジー平均	3.23	0.86	3.88	0.79	0.65
10単語は口に出したり書いて覚える	3.76	1.00	4.24	0.86	0.48
11ネイティブスピーカーのように話すようにしている	3.32	0.90	4.14	0.63	0.81
12発音やアクセントの練習をする	3.24	0.94	3.93	0.58	0.70
13知っている単語をいろいろ使ってみる	3.24	0.81	4.14	0.78	0.90
14自分から日本語で話を始める	2.79	0.83	3.52	0.93	0.72
15日本語でテレビ番組や映画を見る	3.56	0.95	3.72	0.74	0.17
16日本語で書かれた本を趣味として読む	2.26	0.92	3.45	1.00	1.18
17メモや手紙を日本語で書く	2.50	0.92	3.52	0.90	1.02
18日本語を読むときは最初にかるく読んで意味を取ってから、後で時間をかけてていねいに読む	3.44	0.81	3.90	0.76	0.46
19新しい単語やフレーズを見たとき、日本語で意味の似ている単語やフレーズを考える	3.26	0.82	3.90	0.71	0.63
20文法のパターンを考えて勉強する	3.35	0.80	3.83	0.59	0.47
21長い単語は意味がわかるように、いくつかに分解して考える	3.18	0.86	3.69	0.59	0.51

	受講前		受講後		変化
	M	SD	M	SD	平均差
22単語から単語へ直訳しないようにしている	3.18	0.71	3.86	0.68	0.69
23日本語で聞いたり読んだりしたことはシンプルにまとめる	2.94	0.84	3.69	0.75	0.75
直接：2．認知ストラテジー平均	3.14	0.86	3.82	0.75	0.68
24知らない単語は意味を想像してみる	3.47	0.78	4.10	0.61	0.63
25話しているときに日本語につまったら、ジェスチャーを使う	3.85	0.84	4.14	0.57	0.28
26日本語でどういうかわからなくなったら、別の言い方を自分で考える	3.62	0.73	3.90	0.66	0.28
27日本語で本を読むときは、辞書をあまり使わないようにしている	2.85	0.91	3.59	0.89	0.73
28相手が次に何を言うか想像しながら日本語で話を聞く	2.85	0.94	3.83	0.70	0.97
29日本語でどう言うか分からなくなったら、意味の同じ別の言い方で話を続ける	3.35	0.72	3.90	0.66	0.54
直接：3．補償ストラテジー平均	3.33	0.82	3.91	0.68	0.57
直接全ストラテジー平均	3.24	0.85	3.87	0.74	0.63

　認知ストラテジーは平均が3.14から3.82に上昇し、使用状況が「中：時々使う」から「上：通常使う」に変化している。また各項目の平均差は全て受講後に値が上昇している。最も変化が大きい質問項目は「16日本語で書かれた本を趣味として読む（正）」であった。

　補償ストラテジーは平均が3.33から3.91に上昇し、使用状況が「中：時々使う」から「上：通常使う」に変化している。また各項目の平均差は全て受講後に値が上昇している。最も変化が大きい質問項目は「28相手が次に何を言うか想像しながら日本語で話を聞く（正）」であった。

表5.10　討論2：間接ストラテジー項目一覧

直接ストラテジー項目	受講前		受講後		変化
	M	SD	M	SD	平均差
30いろいろな方法でなるべく日本語を使うようにしている	3.56	0.91	4.10	0.76	0.54
31自分の日本語の間違いに気付き、間違いを日本語の勉強に役立てる	3.44	0.77	4.14	0.63	0.70
32日本語は注意して聞く	3.71	0.71	4.14	0.68	0.43
33日本語がうまくなるために工夫する	3.50	0.88	4.07	0.69	0.57
34日本語の勉強の時間が十分にできるように自分のスケジュールを決める	3.18	0.66	3.97	0.76	0.79
35日本語で話ができるように相手を探す	2.88	0.99	3.79	0.89	0.91
36日本語で読む機会を増やすようにしている	2.88	0.76	3.69	0.70	0.81
37日本語の勉強の目的がある	3.85	0.88	4.17	0.75	0.32
38日本語が上達したと感じるときがある	3.53	0.65	3.86	0.78	0.33
間接：4．メタ認知ストラテジー平均	3.39	0.80	3.99	0.74	0.60
39日本語を使うのが怖くなったらリラックスして気を落ち着かせようとする	3.53	0.81	3.93	0.64	0.40
40間違えるのが怖いときは、自分を励ましながら日本語を話す	3.79	0.76	4.14	0.73	0.34
41自分が日本語でよくがんばったと思うときは自分をほめたり自分にごほうびをあげる	3.44	0.85	3.79	0.80	0.35
42日本語を勉強しているときや使っているとき、自分がきんちょうしているかどうか自分の気持ちに気づく	3.71	0.92	4.14	0.78	0.43
43日本語で日記を書いている	2.12	0.96	3.31	0.99	1.19
44日本語の勉強をしているときの気持ちについて他の人に話す	3.03	0.75	3.62	0.76	0.59
間接：5．情意ストラテジー平均	3.27	0.84	3.82	0.78	0.55
45わからないときは、相手に頼んでゆっくり話してもらったり、もう一度言ってもらう	4.12	0.72	4.17	0.70	0.05
46日本語を間違えたときは教えてもらえるよう相手の人にたのむ	3.62	0.97	4.14	0.82	0.52

47他の学生といっしょに日本語を練習する	3.21	0.90	3.93	0.69	0.73
48日本語で困ったときは、日本語ができる人に助けてもらう	4.21	0.72	4.34	0.66	0.14
49ネイティブスピーカーに日本語で質問する	2.85	1.00	3.90	0.88	1.04
50日本文化をなるべく勉強している	3.91	0.70	4.21	0.61	0.30
間接：6．社会ストラテジー平均	3.65	0.84	4.11	0.73	0.46
間接全ストラテジー平均	3.44	0.83	3.98	0.75	0.54

　直接ストラテジー全体では平均が3.24から3.88に上昇し、使用状況が「中：時々使う」から「上：通常使う」に変化している。また各ストラテジーを比較すると平均差は補償ストラテジー（0.57）→記憶ストラテジー（0.65）→認知ストラテジー（0.68）の順に正の方向への変化が大きい。この結果から討論２の受講者は全ての直接ストラテジー、特に認知ストラテジーの使用が増加することが分かった。

　②間接ストラテジーの変化
　表5.10は討論２の間接ストラテジー項目である。メタ認知ストラテジーは平均が3.39から3.99に上昇し、使用状況が「中：時々使う」から「上：通常使う」に変化している。また各項目の平均差は全て受講後に値が上昇している。最も変化が大きい質問項目は「35日本語で話ができるように相手を探す（正）」であった。

　情意ストラテジーは平均が3.27から3.82に上昇し、使用状況が「中：時々使う」から「上：通常使う」に変化している。また各項目の平均差は全て受講後に値が上昇している。最も変化が大きい質問項目は「43日本語で日記を書いている（正）」であった。

　社会的ストラテジーは平均が3.65から4.11に上昇し、使用状況はともに「上：通常使う」である。また各項目の平均差は全て受講後に値が上昇している。最も変化が大きい質問項目は「49ネイティブスピーカーに日本語で質問する（正）」であった。

　間接ストラテジー全体では平均が3.44から3.98に上昇し、使用状況が「中：時々使う」から「上：通常使う」に変化している。また各ストラテジーを比較すると平均差は社会的ストラテジー（0.46）→情意ストラテジー（0.55）→メタ認知ストラテジー（0.60）の順に正の方向への変化が大きい。この結果から討論２の受講者は間接ストラテジー全てに使用の増加傾向が見られ、特にメタ認知ストラテジーの使用が増加することが分かった。

5.1.4.3　読解1受講者の学習ストラテジー変化

①直接ストラテジーの変化

　読解1においては、受講前後で値が下降した質問項目が多いことから下降した質問項目に焦点を当てる。表5.11は読解1の直接ストラテジー項目である。記憶ストラテジーは平均が3.73から3.81に上昇し、使用状況はともに「上：通常使う」である。また各項目の平均差は「01日本語を勉強する時、今まで覚えた知識を使う」等の2項目に下降が見られた。最も変化が大きい質問項目は「09単語やフレーズを覚えるときはどのページのどこにあったかなど書かれていた場所も一緒に覚える（正）」であった。

　認知ストラテジーは平均が3.52から3.54に上昇し、使用状況はともに「上：通常使う」である。また各項目の平均差は「11ネイティブスピーカーのように話すようにしている」等の6項目に下降が見られた。最も変化が大きい質問項目は「20文法のパターンを考えて勉強する（負）」であった。

　補償ストラテジーは平均が3.75から3.66に下降し、使用状況はともに「上：通常使う」である。また各項目の平均差は「25話しているときに日本語につまったら、ジェスチャーを使う」等の2項目以外の項目に下降が見られた。最も変化が大きい質問項目は「24知らない単語は意味を想像してみる（負）」であった。

　直接ストラテジー全体では平均は受講前後ともに3.67で変化がなく、使用状況は「上：通常使う」である。また、各ストラテジーを比較すると平均差は認知ストラテジー（0.02）→記憶ストラテジー（0.07）→補償ストラテジー（-0.09）の順に変化が大きい。この結果から読解1の受講者は認知ストラテジーと記憶ストラテジーの使用は増加、補償ストラテジーの使用は減少することが分かった。

表5.11　読解1：直接ストラテジー項目一覧

直接ストラテジー項目	受講前		受講後		変化
	M	SD	M	SD	平均差
01日本語を勉強する時、今まで覚えた知識を使う	4.07	0.66	4.03	0.60	−0.04
02新しい単語は文の中で使いながら覚える	3.70	0.90	3.80	0.65	0.10
03新しい単語はイメージと音を結びつけて覚える	3.93	0.77	4.07	0.44	0.14
04新しい単語は単語を使う場面を想像しながら覚える	3.85	0.76	4.00	0.52	0.15
05単語は音を使って覚える	3.59	0.83	3.63	0.75	0.04
06単語は紙に書いて覚える	4.33	0.82	4.33	0.75	0.00
07動作の単語は体を動かして覚える	3.00	0.86	3.23	0.80	0.23
08よく復習をする	3.59	0.62	3.40	0.66	−0.19

	受講前		受講後		変化
	M	SD	M	SD	平均差
09単語やフレーズを覚えるときはどのページのどこにあったかなど書かれていた場所も一緒に覚える	3.52	0.79	3.77	0.76	0.25
直接：1．記憶ストラテジー平均	3.73	0.78	3.81	0.66	0.07
10単語は口に出したり書いて覚える	4.07	0.60	4.20	0.60	0.13
11ネイティブスピーカーのように話すようにしている	3.96	0.58	3.87	0.62	-0.10
12発音やアクセントの練習をする	3.67	0.67	3.83	0.64	0.17
13知っている単語をいろいろ使ってみる	3.74	0.80	3.70	0.59	-0.04
14自分から日本語で話を始める	3.48	0.79	3.53	0.67	0.05
15日本語でテレビ番組や映画を見る	3.85	0.89	3.69	0.91	-0.16
16日本語で書かれた本を趣味として読む	2.70	0.81	2.73	0.81	0.03
17メモや手紙を日本語で書く	2.67	0.94	2.60	0.88	-0.07
18日本語を読むときは最初にかるく読んで意味を取ってから、後で時間をかけてていねいに読む	3.78	0.87	3.90	0.91	0.12
19新しい単語やフレーズを見たとき、日本語で意味の似ている単語やフレーズを考える	3.44	0.79	3.60	0.71	0.16
20文法のパターンを考えて勉強する	3.74	0.75	3.53	0.62	-0.21
21長い単語は意味がわかるように、いくつかに分解して考える	3.30	0.85	3.47	0.81	0.17
22単語から単語へ直訳しないようにしている	3.44	0.74	3.40	0.76	-0.04
23日本語で聞いたり読んだりしたことはシンプルにまとめる	3.37	0.67	3.47	0.72	0.10
直接：2．認知ストラテジー平均	3.52	0.77	3.54	0.73	0.02
24知らない単語は意味を想像してみる	4.04	0.51	3.63	0.75	-0.40
25話しているときに日本語につまったら、ジェスチャーを使う	3.93	0.72	3.97	0.75	0.04
26日本語でどういうかわからなくなったら、別の言い方を自分で考える	4.07	0.47	3.90	0.60	-0.17
27日本語で本を読むときは、辞書をあまり使わないようにしている	3.30	0.81	3.23	0.84	-0.06
28相手が次に何を言うか想像しながら日本語で話を聞く	3.33	0.77	3.57	0.67	0.23
29日本語でどう言うか分からなくなったら、意味の同じ別の言い方で話を続ける	3.81	0.47	3.66	0.66	-0.16
直接：3．補償ストラテジー平均	3.75	0.62	3.66	0.71	-0.09
直接全ストラテジー平均	3.67	0.72	3.67	0.70	0.00

②間接ストラテジーの変化

　間接ストラテジーについても、直接ストラテジーと同様に下降した質問項目に焦点を当てる。表5.12は読解1の間接ストラテジー項目である。メタ認知ストラテジーは平均が3.80から3.84に上昇し、使用状況はともに「上：通常使う」である。また各項目の平均差は「32日本語は注意して聞く」等の3項目に下降が見られた。最も変化が大きい質問項目は「36日本語で読む機会を増やすようにしている（正）」であった。

表5.12　読解1：間接ストラテジー項目一覧

間接ストラテジー項目	受講前		受講後		変化
	M	SD	M	SD	平均差
30いろいろな方法でなるべく日本語を使うようにしている	3.78	0.83	3.83	0.78	0.06
31自分の日本語の間違いに気付き、間違いを日本語の勉強に役立てる	3.96	0.69	4.07	0.58	0.11
32日本語は注意して聞く	4.04	0.51	3.97	0.60	-0.07
33日本語がうまくなるために工夫する	4.04	0.58	3.90	0.70	-0.14
34日本語の勉強の時間が十分にできるように自分のスケジュールを決める	3.48	0.74	3.47	0.72	-0.01
35日本語で話ができるように相手を探す	3.41	0.95	3.57	0.62	0.16
36日本語で読む機会を増やすようにしている	3.41	0.68	3.60	0.71	0.19

37 日本語の勉強の目的がある	4.15	0.65	4.17	0.64	0.02
38 日本語が上達したと感じるときがある	3.96	0.51	4.03	0.67	0.07
間接：４．メタ認知ストラテジー平均	3.80	0.68	3.84	0.67	0.04
39 日本語を使うのが怖くなったらリラックスして気を落ち着かせようとする	4.11	0.83	3.80	0.79	−0.31
40 間違えるのが怖いときは、自分を励ましながら日本語を話す	4.22	0.79	3.87	0.81	−0.36
41 自分が日本語でよくがんばったと思うときは自分をほめたり自分にごほうびをあげる	3.70	0.97	3.50	1.02	−0.20
42 日本語を勉強しているときや使っているとき、自分がきんちょうしているかどうか自分の気持ちに気づく	4.04	0.64	3.93	0.68	−0.10
43 日本語で日記を書いている	2.19	0.72	2.23	1.02	0.05
44 日本語の勉強をしているときの気持ちについて他の人に話す	2.93	0.94	3.33	0.94	0.41
間接：５．情意ストラテジー平均	3.53	0.82	3.44	0.88	−0.09
45 わからないときは、相手に頼んでゆっくり話してもらったり、もう一度言ってもらう	4.15	0.85	4.20	0.70	0.05
46 日本語を間違えたときは教えてもらえるよう相手の人にたのむ	4.11	0.87	4.07	0.89	−0.04
47 他の学生といっしょに日本語を練習する	3.70	0.97	3.63	0.87	−0.07
48 日本語で困ったときは、日本語ができる人に助けてもらう	4.11	0.92	4.03	0.91	−0.08
49 ネイティブスピーカーに日本語で質問する	3.63	0.73	3.63	0.84	0.00
50 日本文化をなるべく勉強している	4.00	0.61	3.93	0.73	−0.07
間接：６．社会ストラテジー平均	3.95	0.82	3.92	0.82	−0.03
間接全ストラテジー平均	3.76	0.77	3.74	0.79	−0.03

　情意ストラテジーは平均が3.53から3.44に下降し、使用状況が「上：通常使う」から「中：時々使う」に変化している。また各項目の平均差は「43日本語で日記を書いている」等の2項目以外の項目に下降が見られた。平均において最も変化が大きい質問項目は「44日本語の勉強をしているときの気持ちについて他の人に話す（正）」であった。

　社会的ストラテジーは平均が3.95から3.92に下降し、使用状況はともに「上：通常使う」である。また各項目の平均差は「45わからないときは、相手に頼んでゆっくり話してもらったり、もう一度言ってもらう」等の2項目以外の項目に下降が見られた。最も変化が大きい質問項目は「48日本語で困ったときは、日本語ができる人に助けてもらう（負）」であった。

　間接ストラテジー全体では平均が3.76から3.74に下降し、使用状況はともに「上：通常使う」である。また、各ストラテジーを比較すると平均差は社会的ストラテジー（−0.03）→メタ認知ストラテジー（0.04）→情意ストラテジー（−0.09）の順に変化が大きい。この結果から読解1の受講者はメタ認知ストラテジーの使用は増加、情意ストラテジーと社会ストラテジーの使用は減少することが分かった。

5.1.4.4　読解2受講者の学習ストラテジー変化

①直接ストラテジーの変化

　表5.13は読解2の直接ストラテジー項目である。記憶ストラテジーは平均が3.31から3.71に上昇し、使用状況が「中：時々使う」から「上：通常使う」に変化している。また各項目の平均差は「06単語は紙に書いて覚える」以外の項目の値が上昇している。最も変化が大きい質問項目は「07動作の単語は体を動かして覚える（正）」であった。

表5.13　読解2：直接ストラテジー項目一覧

直接ストラテジー項目	受講前		受講後		変化
	M	SD	M	SD	平均差
01日本語を勉強する時、今まで覚えた知識を使う	3.50	0.71	4.00	0.73	0.50
02新しい単語は文の中で使いながら覚える	2.96	0.84	3.37	0.93	0.41
03新しい単語はイメージと音を結びつけて覚える	3.46	0.87	4.05	0.83	0.59
04新しい単語は単語を使う場面を想像しながら覚える	3.46	0.96	3.89	0.85	0.44
05単語は音を使って覚える	3.71	0.89	3.89	0.91	0.19
06単語は紙に書いて覚える	4.13	1.05	3.95	0.89	−0.18
07動作の単語は体を動かして覚える	2.54	0.91	3.42	1.04	0.88
08よく復習をする	3.08	0.76	3.26	0.91	0.18
09単語やフレーズを覚えるときはどのページのどこにあったかなど書かれていた場所も一緒に覚える	3.00	0.96	3.53	0.99	0.53
直接：1．記憶ストラテジー平均	3.31	0.88	3.71	0.90	0.39
10単語は口に出したり書いて覚える	3.96	0.84	4.16	0.87	0.20
11ネイティブスピーカーのように話すようにしている	3.83	0.90	4.00	0.79	0.17
12発音やアクセントの練習をする	3.50	0.91	3.84	0.93	0.34
13知っている単語をいろいろ使ってみる	3.29	0.89	3.47	0.75	0.18
14自分から日本語で話を始める	3.25	0.78	3.53	0.75	0.28
15日本語でテレビ番組や映画を見る	3.79	1.22	4.16	0.87	0.37
16日本語で書かれた本を趣味として読む	2.67	1.14	3.32	1.03	0.65
17メモや手紙を日本語で書く	2.33	1.25	3.05	0.76	0.72
18日本語を読むときは最初にかるく読んで意味を取ってから、後で時間をかけてていねいに読む	3.50	1.08	3.68	0.92	0.18
19新しい単語やフレーズを見たとき、日本語で意味の似ている単語やフレーズを考える	3.08	1.11	3.74	0.71	0.65
20文法のパターンを考えて勉強する	3.04	0.89	3.79	0.83	0.75
21長い単語は意味がわかるように、いくつかに分解して考える	2.92	0.81	3.63	0.74	0.71
22単語から単語へ直訳しないようにしている	3.21	0.74	3.47	1.14	0.27
23日本語で聞いたり読んだりしたことはシンプルにまとめる	2.96	1.02	3.21	1.00	0.25
直接：2．認知ストラテジー平均	3.24	0.97	3.65	0.87	0.41
24知らない単語は意味を想像してみる	3.88	0.88	3.89	0.72	0.02
25話しているときに日本語につまったら、ジェスチャーを使う	4.13	0.88	4.21	0.83	0.09
26日本語でどういうかわからなくなったら、別の言い方を自分で考える	3.58	0.70	3.79	0.69	0.21
27日本語で本を読むときは、辞書をあまり使わないようにしている	2.63	1.11	2.95	1.10	0.32
28相手が次に何を言うか想像しながら日本語で話を聞く	2.96	1.06	3.37	1.04	0.41
29日本語でどう言うか分からなくなったら、意味の同じ別の言い方で話を続ける	3.29	0.97	3.47	0.99	0.18
直接：3．補償ストラテジー平均	3.41	0.92	3.61	0.90	0.20
直接全ストラテジー平均	3.32	0.92	3.66	0.89	0.34

認知ストラテジーは平均が3.24から3.65に上昇し、使用状況が「中：時々使う」から「上：通常使う」に変化している。また各項目の平均差は全て受講後に値が上昇している。最も変化が大きい質問項目は「20文法のパターンを考えて勉強する（正）」であった。

補償ストラテジーは平均が3.41から3.61に上昇し、使用状況が「中：時々使う」から「上：通常使う」に変化している。また各項目の平均差は全て受講後に値が上昇している。最も変化が大きい質問項目は「28相手が次に何を言うか想像しながら日本語で話を聞く（正）」であった。

直接ストラテジー全体では、平均が3.32から3.66に上昇し、使用状況が「中：時々使う」から「上：通常使う」に変化している。また、各ストラテジーを比較すると平均差は補償ストラテジー（0.20）→記憶ストラテジー（0.39）→認知ストラテジー（0.41）の順に正の方向への変化が大きい。この結果から読解2の受講者は全ての直接ストラテジー、特に認知ストラテジーの使用が増加することが分かった。

②間接ストラテジーの変化

表5.14は読解2の間接ストラテジー項目である。メタ認知ストラテジーは平均が3.55から3.77に上昇し、使用状況はともに「上：通常使う」である。また各項目の平均差は全て受講後に値が上昇している。最も変化が大きい質問項目は「35日本語で話ができるように相手を探す（正）」であった。

情意ストラテジーは平均が3.04から3.39に上昇し、使用状況はともに「中：時々使う」である。また各項目の平均差は全て受講後に値が上昇している。最も変化が大きい質問項目は「41自分が日本語でよくがんばったと思うときは自分をほめたり自分にごほうびをあげる（正）」であった。

社会的ストラテジーは平均が3.83から3.94に上昇し、使用状況はともに「上：通常使う」である。また各項目の平均差は「47他の学生といっしょに日本語を練習する」2項目以外の項目は値が上昇している。最も変化が大きい質問項目は「49ネイティブスピーカーに日本語で質問する（正）」であった。

間接ストラテジー全体では平均が3.47から3.70に上昇し、使用状況が「中：時々使う」から「上：通常使う」に変化している。また、各ストラテジーを比較すると平均差は社会的ストラテジー（0.11）→メタ認知ストラテジー（0.22）→情意ストラテジー（0.35）の順に正の方向への変化が大きい。この

結果から読解２の受講者は全ての間接ストラテジー、特に情意ストラテジーの使用が増加することが分かった。

表5.14　読解２：間接ストラテジー項目一覧

間接ストラテジー項目	受講前		受講後		変化
	M	SD	M	SD	平均差
30いろいろな方法でなるべく日本語を使うようにしている	3.67	0.80	3.89	0.85	0.23
31自分の日本語の間違いに気付き、間違いを日本語の勉強に役立てる	3.88	0.78	4.05	0.83	0.18
32日本語は注意して聞く	4.04	0.68	4.37	0.67	0.33
33日本語がうまくなるために工夫する	3.79	0.82	3.84	0.93	0.05
34日本語の勉強の時間が十分にできるように自分のスケジュールを決める	3.17	0.90	3.32	0.80	0.15
35日本語で話ができるように相手を探す	2.92	0.95	3.26	1.02	0.35
36日本語で読む機会を増やすようにしている	2.96	0.84	3.21	0.89	0.25
37日本語の勉強の目的がある	4.00	0.71	4.11	0.85	0.11
38日本語が上達したと感じるときがある	3.50	0.87	3.84	0.81	0.34
間接：４．メタ認知ストラテジー平均	3.55	0.82	3.77	0.85	0.22
39日本語を使うのが怖くなったらリラックスして気を落ち着かせようとする	3.83	0.75	3.89	0.91	0.06
40間違えるのが怖いときは、自分を励ましながら日本語を話す	3.58	0.91	4.00	0.97	0.42
41自分が日本語でよくがんばったと思うときは自分をほめたり自分にごほうびをあげる	2.83	1.07	3.58	1.27	0.75
42日本語を勉強しているときや使っているとき、自分がきんちょうしているかどうか自分の気持ちに気づく	3.42	1.00	3.58	1.04	0.16
43日本語で日記を書いている	1.83	1.03	2.32	1.38	0.48
44日本語の勉強をしているときの気持ちについて他の人に話す	2.75	0.83	3.00	1.21	0.25
間接：５．情意ストラテジー平均	3.04	0.93	3.39	1.13	0.35
45わからないときは、相手に頼んでゆっくり話してもらったり、もう一度言ってもらう	4.08	1.00	4.11	1.12	0.02
46日本語を間違えたときは教えてもらえるよう相手の人にたのむ	3.88	1.05	4.05	0.94	0.18
47他の学生といっしょに日本語を練習する	3.46	1.00	3.37	0.98	−0.09
48日本語で困ったときは、日本語ができる人に助けてもらう	4.42	0.70	4.21	0.89	−0.21
49ネイティブスピーカーに日本語で質問する	3.21	0.82	3.79	0.77	0.58
50日本文化をなるべく勉強している	3.96	0.79	4.11	0.79	0.15
間接：社会ストラテジー平均	3.83	0.89	3.94	0.92	0.11
間接全ストラテジー平均	3.47	0.88	3.70	0.97	0.23

5.1.4.5　学習ストラテジー変化の考察

　学習ストラテジーの変化について、受講前後のリカート尺度の平均値の差を基に分析した結果、各授業設計で変化する学習ストラテジーとその傾向が異なることが分かった。

　図5.1は各授業設計のストラテジーの平均差についての折れ線グラフである。縦軸は受講前後のリカート尺度の平均差、横軸は学習ストラテジーである。平均差は受講後の平均値から受講前の平均を減算し、平均差が正の数であれば受講後の平均値が高く、負の数であれば受講後の平均値が低いことを示す。

①授業設計別分析

　討論２・討論１・読解２は全ストラテジーにおいて平均差が正の数を示していることから、受講後に各ストラテジーを多用していることが分かる。特に討論２では各ストラテジーの値が0.5前後と顕著であり、他大学と比較して受講後に学習ストラテジーの使用が増加していることを示している。

　読解１においては受講後のストラテジーの使用はそれほど増加せず、減少しているストラテジーも見られたが、いずれも－0.1から0.1までの範囲である。読解１では実証実験以前よりICTを利用した授業を行っていることから実証実験もその一環として捉えられ、結果として学習ストラテジー使用に大きな変化がなかったことを表している。

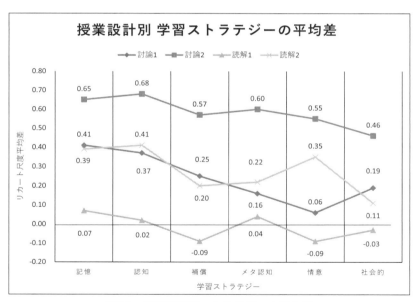

図5.1　授業設計別ストラテジーの平均差

　また学習ストラテジーの使用状況においては、討論１・討論２・読解２の直接ストラテジー全てに「中：時々使う」から「上：通常使う」へと変化する様子が観察された。全体として使用状況が上昇あるいは使用状況に変化のないことが多く、唯一「上：通常使う」から「中：時々使う」へと使用状況が下降したストラテジーは、読解１の情意ストラテジーのみであった。

②ストラテジー別分析

　まず直接ストラテジーの各ストラテジーについて述べる。記憶ストラテジーについては、全大学が正の値を示した。したがって授業設計によらず様々な記憶方略を使用するように変化するということである。値は討論2が0.45と最も高く、討論1・読解2が0.4程度であり、読解1が0.07と最も低かった。

　認知ストラテジーについても全大学が正の値を示した。つまり授業設計によらず様々な認知方略を使用するようになることが示されている。討論2が0.66と最も高く、読解2・討論1は0.4程度である。読解1は限りなく0に近い。

　補償ストラテジーについては、討論2・討論1・読解2が正の値、読解1が負の値を示した。つまり討論および提供コンテンツの使用割合が低い読解の授業形式では様々な補償方略を使用するようになるが、提供コンテンツの使用割合が高い読解の授業形式では補償方略の使用は減少することが示されている。値は討論2が0.57と最も高く、討論1・読解2は0.2程度、読解1は約−0.1である。

　次に間接ストラテジーの各ストラテジーについて述べる。メタ認知ストラテジーについては、全大学が正の値を示した。つまり授業設計によらず様々なメタ認知方略を使用するようになることが示されている。値は討論2が0.60と最も高く、読解2・討論1は0.2程度である。読解1は限りなく0に近い。

　情意ストラテジーについては、討論2・読解2・討論1が正の値、読解1が負の値を示した。つまり討論および提供コンテンツの使用割合が低い読解の授業形式では実証実験講後に様々な情意方略を使用するようになるが、提供コンテンツの使用割合が高い読解の授業形式では情意方略の使用は減少することが示されている。値は討論2が0.55と最も高く、読解2も0.35と高い値を示す一方で討論1は約0.1であった。読解1は約−0.1であった。

　社会的ストラテジーについては、討論2・討論1・読解2が正の値、読解1が負の値を示した。つまり討論および提供コンテンツの使用割合が低い読解の授業形式では様々な社会的方略を使用するようになるが、提供コンテンツの使用割合が高い読解の授業形式では社会的方略の使用は減少する。値は討論2が0.46と最も高く、討論1が約0.2程度、読解2が約0.1である。読解1は限りなく0に近い値を示した。

③考察

「日本事情」オンラインコースを使用した実証実験前後のストラテジー変化について、以下のことが言える。

1．「日本事情」オンラインコースを使用した授業を受講後、討論および提供コンテンツの使用割合が低い読解の授業形式において学習ストラテジーの多用が見られ、特に直接ストラテジーの使用が増加する。しかし提供コンテンツの使用割合が高い読解の授業形式では「直接ストラテジー：補償ストラテジー」・「間接ストラテジー：情意ストラテジー」・「間接ストラテジー：社会的ストラテジー」の各方略の使用が減少する可能性がある。

2．各ストラテジーの変化においては、「直接ストラテジー：記憶ストラテジー」が最も変化が大きく、特にイメージや音に結びつける方略が最も多用されるようになる。間接ストラテジーにおいては直接ストラテジーほどではないが「間接ストラテジー：メタ認知ストラテジー」が多用される傾向がある。一方、タイ語によるフォローやインターネット検索等が行われた場合は「直接ストラテジー：補償ストラテジー」の方略の使用が抑制される。また提供コンテンツの使用割合が高い授業形式では、「間接ストラテジー：情意ストラテジー」が他のストラテジーと比較して使用されなくなる傾向がある。

先行研究ではタイ人日本語学習者の使用するストラテジーは社会的ストラテジーを中心に様々であるとされていた。しかし今回の実証実験では先行研究とは異なり、記憶ストラテジーおよびメタ認知ストラテジーの使用が増加する結果となった。記憶ストラテジーは学習後に必ず確認クイズが行われることから、難易度の高い学習内容を記憶するために様々な方略を使用したと考えられる。またメタ認知ストラテジーは自宅学習において動画の内容を理解するためには自分で能動的に疑問を解決する必要があることから、自律学習に関する方略を多く習得したと考えられる。

5.1.5　受講前後のコンピュータ学習意識の分析と考察

本節では回答結果を授業設計別に集計し、受講前後のリカート尺度の平均・標準偏差・受講前後のリカート尺度平均差を基にコンピュータ学習意識の変

化を分析する。

　コンピュータ学習意識に関する質問項目は全15項目あり、内訳は受講者の
eラーニングに対する肯定的態度や操作接触に対する不安、そしてコンピュー
タ利用への意欲に関する11項目とCALLの利用拒否的態度に関する質問項目
４項目である。前者を意識群１、後者を意識群２として各群を形成する質問
項目の後に平均値を示すとともに全体平均を表末に示す。なお意識群２はリ
カート尺度が逆順となり、１から５に進むにつれて質問に対して否定的な回
答となることから、分析においてはリカート尺度が正順となるよう値を変換
している[122]。以降の分析結果提示順は討論１・討論２・読解１・読解２の順
とする。

5.1.5.1　討論１受講者のコンピュータ学習意識変化

　表5.15は討論１のコンピュータ学習意識である。意識群１は平均が3.89か
ら4.01に上昇している。平均差は「01紙とペンよりも、コンピュータのほう
が便利だ」等の３項目以外の項目の値が上昇している。最も変化が大きい質
問項目は「03コンピュータが使えれば、周りにかっこいと思われる（負）」で
あった。

　意識群２は平均が3.24から3.29に上昇している。平均差は「12コンピュー
タを使った日本語の勉強には自分に合ったものがない」等の２項目の値が下
降している。最も変化が大きい質問項目は「14コンピュータを使った日本語
の勉強では、コンピュータの操作を覚えなければいけないので負担が大きい
（正）」であった。

　コンピュータ学習意識に関する質問全項目の平均は3.56から3.65に上昇し
た。

---

122 例えば「12コンピュータを使った日本語の勉強には自分に合ったものがない」で「1（全く
　そう思わない）」を選んだ場合、「コンピュータを使った日本語の勉強には自分に合ったものが
　ある――とても思う」という意味となるため、「5」に変換する。次節以降は全て変換後の値を
　集計し、分析を行う。

表5.15　討論１：コンピュータ学習項目一覧

項　　　目	受講前		受講後		変化
	M	SD	M	SD	平均差
01紙とペンよりも、コンピュータのほうが便利だ	4.64	0.61	3.76	0.95	−0.89
02コンピュータの操作に自信がある	4.43	0.78	4.03	0.83	−0.40
03コンピュータが使えれば、周りにかっこいいと思われる	4.07	0.80	2.85	1.16	−1.22
04コンピュータが使えたら、将来仕事で役に立つと思う	4.36	0.97	4.79	0.41	0.43
05コンピュータを上手に使っている人を見ると、自分も早くそうなりたいと思う	3.93	0.84	4.30	0.90	0.37
06これからの社会で、コンピュータがもっと利用されていくことに賛成だ	3.89	0.94	4.18	0.83	0.29
07今の人達は勉強の他にコンピュータの操作や知識を身につけなければならない	3.89	0.82	4.45	0.70	0.56
08コンピュータを使った日本語の勉強は面白そうだ	3.68	0.76	4.00	1.02	0.32
09コンピュータを使った日本語の勉強は楽しそうだ	3.68	1.10	4.03	0.76	0.35
10コンピュータを使った日本語の勉強で日本語が上手になりそうだ	3.39	1.14	3.82	0.90	0.43
11コンピュータを使って日本語を勉強することに興味がある	2.79	1.18	3.94	0.85	1.15
意識群１	3.89	0.90	4.01	0.85	0.13
12コンピュータを使った日本語の勉強には自分に合ったものがない	3.39	1.01	3.18	1.22	−0.21
13コンピュータを使った日本語の勉強ではコンピュータがないと勉強できないので不公平だ	3.36	1.11	3.09	1.36	−0.27
14コンピュータを使った日本語の勉強では、コンピュータの操作を覚えなければいけないので負担が大きい	3.21	1.18	3.70	1.09	0.48
15日本語を勉強する方法はたくさんあるので、コンピュータを使う必要はない	3.00	1.22	3.18	1.40	0.18
意識群２	3.24	1.13	3.29	1.27	0.05
全平均	3.56	1.02	3.65	1.06	0.09

5.1.5.2　討論２受講者のコンピュータ学習意識変化

　表5.16は討論２のコンピュータ学習意識である。意識群１は平均が3.51から4.10に上昇している。また各項目の平均差は全て受講後に値が上昇している。最も変化が大きい質問項目は「11コンピュータを使って日本語を勉強することに興味がある（正）」であった。

　意識群２は平均が2.71から2.48に下降している。平均差は「13コンピュータを使った日本語の勉強ではコンピュータがないと勉強できないので不公平だ」以外の項目の値が下降している。最も変化が大きい質問項目は「12コンピュータを使った日本語の勉強には自分に合ったものがない（負）」であった。

　コンピュータ学習意識に関する質問全項目の平均は3.11から3.29に上昇した。

表5.16　討論2：コンピュータ学習項目一覧

項　　目	受講前		受講後		変化
	M	SD	M	SD	平均差
01紙とペンよりも、コンピュータのほうが便利だ	2.91	1.07	3.76	0.86	0.85
02コンピュータの操作に自信がある	3.38	0.80	3.83	0.65	0.45
03コンピュータが使えれば、周りにかっこいと思われる	2.50	0.85	3.41	0.85	0.91
04コンピュータが使えたら、将来仕事で役に立つと思う	4.32	0.79	4.41	0.67	0.09
05コンピュータを手に使っている人を見ると、自分も早くそうなりたいと思う	4.00	0.69	4.34	0.66	0.34
06これからの社会で、コンピュータがもっと利用されていくことに賛成だ	3.91	0.74	4.34	0.76	0.43
07今の人達は勉強の他にコンピュータの操作や知識を身につけなければならそうだ	3.94	0.68	4.34	0.66	0.40
08コンピュータを使った日本語の勉強は面白そうだ	3.59	0.73	4.24	0.62	0.65
09コンピュータを使った日本語の勉強は楽しそうだ	3.47	0.65	4.10	0.71	0.63
10コンピュータを使った日本語の勉強で日本語が上手になりそうだ	3.32	0.72	4.10	0.66	0.78
11コンピュータを使って日本語を勉強することに興味がある	3.26	0.78	4.24	0.68	0.98
意識群1	3.51	0.77	4.10	0.71	0.59
12コンピュータを使った日本語の勉強には自分に合ったものがない	3.03	0.82	2.62	0.93	−0.41
13コンピュータを使った日本語の勉強ではコンピュータがないと勉強できないので不公平だ	2.44	0.95	2.48	1.10	0.04
14コンピュータを使った日本語の勉強では、コンピュータの操作を覚えなければいけないので負担が大きい	2.76	0.84	2.62	0.89	−0.14
15日本語を勉強する方法はたくさんあるので、コンピュータを使う必要はない	2.59	0.81	2.21	0.85	−0.38
意識群2	2.71	0.85	2.48	0.94	−0.22
全平均	3.11	0.81	3.29	0.82	0.18

5.1.5.3　読解1受講者のコンピュータ学習意識変化

　表5.17は読解1のコンピュータ学習意識である。意識群1は平均が4.14から4.18に上昇している。平均差は「04コンピュータが使えたら、将来仕事で役に立つと思う」等の5項目以外の項目の値が上昇している。最も変化が大きい質問項目は「01紙とペンよりも、コンピュータのほうが便利だ（正）」であった。

　意識群2は平均が3.29から3.08に下降している。平均差は「15日本語を勉強する方法はたくさんあるので、コンピュータを使う必要はない」以外の項目の値が下降している。最も変化が大きい質問項目は「13コンピュータを使った日本語の勉強ではコンピュータがないと勉強できないので不公平だ（負）」であった。

　コンピュータ学習意識に関する質問全項目の平均は3.71から3.63に下降した。

表5.17　読解１：コンピュータ学習項目一覧

項　目	受講前		受講後		変化
	M	SD	M	SD	平均差
01紙とペンよりも、コンピュータのほうが便利だ	3.85	0.80	4.20	0.87	0.35
02コンピュータの操作に自信がある	3.70	0.94	3.97	0.91	0.26
03コンピュータが使えれば、周りにかっこいいと思われる	3.00	1.15	3.23	1.23	0.23
04コンピュータが使えたら、将来仕事で役に立つと思う	4.74	0.44	4.70	0.53	−0.04
05コンピュータを上手に使っている人を見ると、自分も早くそうなりたいと思う	4.56	0.57	4.27	0.96	−0.29
06これからの社会で、コンピュータがもっと利用されていくことに賛成だ	4.26	0.70	4.50	0.72	0.24
07今の人達は勉強の他にコンピュータの操作や知識を身につけなければならない	4.44	0.57	4.50	0.67	0.06
08コンピュータを使った日本語の勉強は面白そうだ	4.30	0.76	4.33	0.65	0.04
09コンピュータを使った日本語の勉強は楽しそうだ	4.37	0.67	4.33	0.70	−0.04
10コンピュータを使った日本語の勉強で日本語が上手になりそうだ	4.15	0.70	3.93	0.73	−0.21
11コンピュータを使って日本語を勉強することに興味がある	4.15	0.80	3.97	0.55	−0.18
意識群１	4.14	0.74	4.18	0.77	0.04
12コンピュータを使った日本語の勉強には自分に合ったものがない	3.52	1.03	3.33	1.19	−0.19
13コンピュータを使った日本語の勉強ではコンピュータがないと勉強できないので不公平だ	3.30	0.97	2.87	1.20	−0.43
14コンピュータを使った日本語の勉強では、コンピュータの操作を覚えなければいけないので負担が大きい	3.22	0.99	3.00	1.24	−0.22
15日本語を勉強する方法はたくさんあるので、コンピュータを使う必要はない	3.11	1.17	3.13	1.23	0.02
意識群２	3.29	1.04	3.08	1.22	−0.20
全平均	3.71	0.89	3.63	1.00	−0.08

5.1.5.4　読解２受講者のコンピュータ学習意識変化

　表5.18は読解２のコンピュータ学習意識である。意識群１は平均が3.63から3.78に上昇している。平均差は「02コンピュータの操作に自信がある」等の３項目以外の項目の値が上昇している。最も変化が大きい質問項目は「05コンピュータを上手に使っている人を見ると、自分も早くそうなりたいと思う（正）」であった。

　意識群２は平均が3.13から2.82に下降している。平均差は「14コンピュータを使った日本語の勉強では、コンピュータの操作を覚えなければいけないので負担が大きい」以外の項目の値が下降している。最も変化が大きい質問項目は「12コンピュータを使った日本語の勉強には自分に合ったものがない（負）」であった。

　コンピュータ学習意識に関する質問全項目の平均は3.38から3.30に下降した。

表5.18　読解2：コンピュータ学習項目一覧

項目	受講前		受講後		変化
	M	SD	M	SD	平均差
01紙とペンよりも、コンピュータのほうが便利だ	3.50	1.00	3.63	1.13	0.13
02コンピュータの操作に自信がある	3.88	1.09	3.84	0.99	-0.03
03コンピュータが使えれば、周りにかっこいと思われる	2.63	1.25	3.00	1.34	0.38
04コンピュータが使えたら、将来仕事で役に立つと思う	4.54	0.64	4.63	0.58	0.09
05コンピュータを手に使っている人を見ると、自分も早くそうなりたいと思う	3.71	1.27	4.42	0.75	0.71
06これからの社会で、コンピュータがもっと利用されていくことに賛成だ	4.00	0.82	4.32	0.86	0.32
07今の人達は勉強の他にコンピュータの操作や知識を身につけなければならない	4.13	0.67	4.16	0.74	0.03
08コンピュータを使った日本語の勉強は面白そうだ	3.58	1.04	3.47	0.88	-0.11
09コンピュータを使った日本語の勉強は楽しそうだ	3.50	0.96	3.58	0.94	0.08
10コンピュータを使った日本語の勉強で日本語が上手になりそうだ	3.08	0.91	3.26	0.91	0.18
11コンピュータを使って日本語を勉強することに興味がある	3.33	0.85	3.26	1.07	-0.07
意識群1	3.63	0.95	3.78	0.93	0.15
12コンピュータを使った日本語の勉強には自分に合ったものがない	3.33	1.34	2.44	1.07	-0.89
13コンピュータを使った日本語の勉強ではコンピュータがないと勉強できないので不公平だ	3.13	1.13	2.61	1.11	-0.51
14コンピュータを使った日本語の勉強では、コンピュータの操作を覚えなければいけないので負担が大きい	3.17	1.40	3.39	0.89	0.22
15日本語を勉強する方法はたくさんあるので、コンピュータを使う必要はない	2.88	1.09	2.83	0.90	-0.04
意識群2	3.13	1.24	2.82	0.99	-0.31
全平均	3.38	1.10	3.30	0.96	-0.08

5.1.5.5　コンピュータ学習意識変化の考察

　コンピュータ学習意識の変化について、受講前後のリカート尺度の平均値の差を基に分析した結果、意識群1については各大学で変化したコンピュータ学習意識とその傾向が異なることが分かった。

　図5.2は各大学の意識群の平均差についての棒グラフである。縦軸は受講前後のリカート尺度の平均差、横軸は各大学である。平均差は受講後の平均値から受講前の平均を減算し、平均差が正の数であれば受講後の平均値が高く、負の数であれば受講後の平均値が低いことを示す。

①意識群1
　全大学が正の数となり、コンピュータ学習意識のうちeラーニングに対する肯定的態度や操作接触に対する不安やコンピュータ利用

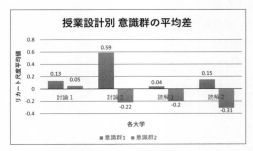

図5.2　各大学の意識群の平均差

への意欲については実証実験を経て肯定的に変化したことが分かった。特に討論2は全項目が上昇していたことから、平均差も高い値を示している。読解1が他大学と比較して値が低いのは、受講前の平均値が高く受講後にeラーニングに関する項目を中心に平均値が下降したことによるものであり、また「日本事情」オンラインコースが期待外れだったことを示している。討論1と読解2は近似値であるが、各大学の事情は異なる。討論1は受講後にeラーニングに対する項目の平均値が上昇したものの、コンピュータ操作に対する不安に関する項目の平均値が下降している。読解2は受講前後でそれほど意識変化が見られなかったが、コンピュータ利用に対する意欲に関する項目が上昇した。

②意識群2

　討論1がわずかに正の数を示しているものの、それ以外の大学は負の数となり、CALLの利用拒否的態度については実証実験を経て否定的に変化したことが分かった。特に読解2の値が「－0.31」と著しい。これらの情報からは、「日本事情」オンラインコースが自分に合う学習方法とは言い切れず、またコンピュータがなければ学習できない不公平さを感じたことから、必ずしも日本語学習にコンピュータを使う必要はないと考えたことが読み取れる。他大学も同様の傾向を示しており、討論2や読解1からはコンピュータ操作の理解に対する負担が読み取れた。討論1については教材の相性や学習機会がコンピュータ所有に依存する不公正さを感じるものの操作については負担であるとは考えておらず、また日本語学習にコンピュータを使う必要性を感じているため、平均差は正の数を示した。

③考察

　「日本事情」オンラインコースを使用した実証実験前後のコンピュータ学習意識変化について、以下のことが言える。

1．eラーニングに対する肯定的態度や操作接触に対する不安やコンピュータ利用への意欲については全て肯定的に変化し、特にコンピュータ利用に対する意欲が高まる。
2．CALLの利用拒否的態度については拒否的態度が強まる。特に相性面でそれが顕著であり、タイ人日本語学習者はeラーニングに対して何らか

169

の不都合があれば「自分に合ったものがない」と考える可能性がある。

　つまりeラーニングに対する肯定的態度の傾向として、先行研究とは異なり、グループ活動や音声で学習するのではなく、授業設計においてeラーニングで提供されるコンテンツの使用割合が低い場合は授業後に肯定的な態度へと変化する可能性が高い。またeラーニングに対して肯定的な態度に変化する一方で、eラーニングによる日本語学習に対しては拒否的態度が強まることが分かった。

5.1.6　受講後のeラーニング授業評価の分析と考察
　本項では回答結果を大学別に集計し、受講後のリカート尺度の平均・標準偏差・TP値（全回答における「そう思う」・「とてもそう思う」を選択した割合）を基にコンピュータ学習意識の変化を分析する。本節では「受講者の何％がそう考えているか」に注目するため、TP値を基に分析を行う。
　eラーニング授業評価に関する質問項目は全20項目あり、授業に対する評価アンケートに関する10項目と動機づけの心理欲求に関する質問項目10項目で構成される。各群質問項目の後に平均値を示すとともに全体平均を表末に示す。以降の分析結果提示順は討論1・討論2・読解1・読解2の順とする。

5.1.6.1　討論1受講者の実証実験後におけるeラーニング授業評価
　表5.19は討論1のコンピュータ学習意識である。最も受講者の評価が高かった質問項目は「09. 先生はeラーニングによる授業に参加するよう、サポートをしましたか」であった。
　全員から高評価を受けた項目があり、また最も評価の低かった質問項目でも60％近い受講者が良い評価を示している。このことから、討論1の受講者は担当講師によるサポートや運営体制に非常に満足していると同時に学習への有効性を実感していることが分かった。また動機づけの心理欲求のうち、特に「関係性」が強く満たされた。

表5.19　討論１：eラーニング授業評価一覧

項目	M	SD	TP
09．先生は e-learning による授業に参加するよう、サポートをしましたか。	4.76	0.43	100.00%
06．e-learning による授業にタイ側の熱意を感じましたか。	4.58	0.55	96.97%
07．e-learning による授業に日本側の熱意を感じましたか。	4.73	0.51	96.97%
03．e-learning による授業は有意義でしたか。	4.39	0.74	84.85%
18．e-learning による授業は、日本語の上達に有効だと思いますか。	4.42	0.74	84.85%
19．e-learning による授業は、日本文化の理解に有効だと思いますか。	4.55	0.74	84.85%
14．e-learning による授業の先生とは、良い関係ですか。	4.27	0.75	81.82%
17．e-learning による授業で、日本へのイメージは変わりましたか。	4.03	0.83	81.82%
02．e-learning による授業は興味深いものでしたか。	4.06	0.69	78.79%
12．e-learning による授業の一員であることを感じられましたか。	4.15	0.96	78.79%
05．e-learning による授業の進むスピードは適切でしたか。	3.85	0.61	72.73%
08．e-learning による授業の内容や先生の教え方は効果的でしたか。	4.03	0.76	72.73%
10．e-learning による授業にいっしょうけんめい取り組みましたか。	4.00	0.74	72.73%
15．e-learning による授業での自分の努力に満足していますか。	4.06	0.92	72.73%
01．e-learning による授業に賛成ですか。	3.88	0.69	69.70%
11．自分のペースで学習できましたか。	3.91	1.00	69.70%
20．機会があれば、また e-learning による授業を受けたいですか。	3.88	0.98	69.70%
13．e-learning による授業では、友達と学び合う雰囲気がありましたか。	3.45	0.96	60.61%
16．e-learning による授業で、日本語に自信がつきましたか。	3.70	1.00	60.61%
04．e-learning による授業は分かりやすかったですか。	3.67	0.80	57.58%
全平均	4.12	0.77	―

5.1.6.2　討論２受講者の実証実験後におけるeラーニング授業評価

　表5.20は討論２のコンピュータ学習意識である。最も受講者の評価が高かった質問項目は「07．eラーニングによる授業に日本側の熱意を感じましたか」等の４項目であった。

　最も評価の低かった質問項目でも70% 近い受講者が良い評価を行っていることから、討論２の受講者は日本の運営体制や担当講師のサポートに非常に満足していることが分かった。また動機づけの心理欲求のうち、特に「関係性」が強く満たされた。

表5.20　討論２：eラーニング授業評価一覧

項目	M	SD	TP
07．e-learning による授業に日本側の熱意を感じましたか。	4.38	0.61	93.10%
09．先生は e-learning による授業に参加するよう、サポートをしましたか。	4.48	0.62	93.10%
12．e-learning による授業の一員であることを感じられましたか。	4.34	0.60	93.10%
18．e-learning による授業は、日本語の上達に有効だと思いますか。	4.38	0.61	93.10%
03．e-learning による授業は有意義でしたか。	4.45	0.72	86.21%
08．e-learning による授業の内容や先生の教え方は効果的でしたか。	4.31	0.70	86.21%
11．自分のペースで学習できましたか。	4.31	0.70	86.21%

項目	M	SD	TP
14．e-learning による授業の先生とは、良い関係ですか。	4.17	0.65	86.21%
15．e-learning による授業での自分の努力に満足していますか。	4.21	0.66	86.21%
19．e-learning による授業は、日本文化の理解に有効だと思いますか。	4.34	0.71	86.21%
20．機会があれば、また e-learning による授業を受けたいですか。	4.34	0.71	86.21%
02．e-learning による授業は興味深いものでしたか。	4.28	0.74	82.76%
06．e-learning による授業にタイ側の熱意を感じましたか。	4.28	0.74	82.76%
10．e-learning による授業にいっしょうけんめい取り組みましたか。	4.21	0.71	82.76%
01．e-learning による授業に賛成ですか。	4.14	0.82	79.31%
05．e-learning による授業の進むスピードは適切でしたか。	4.03	0.67	79.31%
13．e-learning による授業では、友達と学び合う雰囲気がありましたか。	4.21	0.80	75.86%
04．e-learning による授業は分かりやすかったですか。	4.03	0.85	72.41%
17．e-learning による授業で、日本へのイメージは変わりましたか。	3.93	0.69	72.41%
16．e-learning による授業で、日本語に自信がつきましたか。	3.83	0.75	68.97%
全平均	4.23	0.70	―

5.1.6.3　読解 1 受講者の実証実験後における e ラーニング授業評価

　表5.21は読解 1 のコンピュータ学習意識である。最も受講者の評価が高かった質問項目は「07．e ラーニングによる授業に日本側の熱意を感じましたか」等の 5 項目であった。

　傾向としては討論 2 に近いが、討論 2 よりも評価が高い。20項目中18項目に対して80% の受講者が良い評価を行っていることから、読解 1 の受講者は日本の運営体制や担当講師のサポートに非常に満足していることが分かった。また動機づけの心理欲求は「関係性」・「自律性」・「有能性」の順に強く満たされた。

表5.21　読解 1：e ラーニング授業評価一覧

項目	M	SD	TP
07．e-learning による授業に日本側の熱意を感じましたか。	4.40	0.55	96.67%
09．先生は e-learning による授業に参加するよう、サポートをしましたか。	4.47	0.56	96.67%
10．e-learning による授業にいっしょうけんめい取り組みましたか。	4.33	0.54	96.67%
18．e-learning による授業は、日本語の上達に有効だと思いますか。	4.47	0.56	96.67%
19．e-learning による授業は、日本文化の理解に有効だと思いますか。	4.47	0.56	96.67%
02．e-learning による授業は興味深いものでしたか。	4.27	0.68	93.33%
03．e-learning による授業は有意義でしたか。	4.37	0.71	93.33%
06．e-learning による授業にタイ側の熱意を感じましたか。	4.40	0.84	93.33%
14．e-learning による授業の先生とは、良い関係ですか。	4.30	0.59	93.33%
20．機会があれば、また e-learning による授業を受けたいですか。	4.43	0.62	93.33%
01．e-learning による授業に賛成ですか。	4.13	0.56	90.00%
08．e-learning による授業の内容や先生の教え方は効果的でしたか。	4.37	0.66	90.00%
11．自分のペースで学習できましたか。	4.30	0.64	90.00%
13．e-learning による授業では、友達と学び合う雰囲気がありましたか。	4.27	0.85	90.00%
15．e-learning による授業での自分の努力に満足していますか。	4.27	0.63	90.00%

04. e-learning による授業は分かりやすかったですか。	4.07	0.63	83.33%
12. e-learning による授業の一員であることを感じられましたか。	4.17	0.82	80.00%
17. e-learning による授業で、日本へのイメージは変わりましたか。	4.07	0.85	80.00%
16. e-learning による授業で、日本語に自信がつきましたか。	3.97	0.66	76.67%
05. e-learning による授業の進むスピードは適切でしたか。	3.70	0.78	63.33%
全平均	4.26	0.66	―

5.1.6.4 読解2受講者の実証実験前後におけるeラーニング授業評価

　表5.22は読解2のコンピュータ学習意識である。最も受講者の評価が高かった質問項目は動機づけの心理欲求における自律性を示す「11．自分のペースで学習できましたか」であった。

　質問項目の中には良い評価を行った受講者が50％を下回るものもあったことから、読解2の受講者は授業展開に不満があり、動機づけの心理欲求が十分に満たされなかったと言える。

表5.22　読解2：eラーニング授業評価一覧

項目	M	SD	TP
11. 自分のペースで学習できましたか。	4.00	0.97	78.95%
07. e-learning による授業に日本側の熱意を感じましたか。	3.89	0.91	73.68%
09. 先生は e-learning による授業に参加するよう、サポートをしましたか。	4.05	0.76	73.68%
10. e-learning による授業にいっしょうけんめい取り組みましたか。	3.89	0.85	68.42%
01. e-learning による授業に賛成ですか。	3.84	1.04	63.16%
18. e-learning による授業は、日本語の上達に有効だと思いますか。	3.63	1.09	63.16%
03. e-learning による授業は有意義でしたか。	3.58	1.09	57.89%
14. e-learning による授業の先生とは、良い関係ですか。	3.63	1.13	57.89%
19. e-learning による授業は、日本文化の理解に有効だと思いますか。	3.53	1.27	57.89%
20. 機会があれば、また e-learning による授業を受けたいですか。	3.58	1.31	57.89%
02. e-learning による授業は興味深いものでしたか。	3.63	1.18	52.63%
12. e-learning による授業の一員であることを感じられましたか。	3.47	1.19	52.63%
15. e-learning による授業での自分の努力に満足していますか。	3.53	1.09	52.63%
04. e-learning による授業は分かりやすかったですか。	3.42	1.23	47.37%
05. e-learning による授業の進むスピードは適切でしたか。	3.53	1.04	42.11%
08. e-learning による授業の内容や先生の教え方は効果的でしたか。	3.42	0.99	42.11%
06. e-learning による授業にタイ側の熱意を感じましたか。	3.37	0.98	36.84%
16. e-learning による授業で、日本語に自信がつきましたか。	3.11	0.97	36.84%
17. e-learning による授業で、日本へのイメージは変わりましたか。	3.32	0.92	36.84%
13. e-learning による授業では、友達と学び合う雰囲気がありましたか。	2.84	1.42	31.58%
全平均	3.56	1.07	―

5.1.6.5 実証実験前後におけるeラーニング授業評価の考察

「日本事情」オンラインコースを使用した実証実験前後におけるeラーニン

グ授業評価について、各大学の回答結果より以下のことが言える。

1. 読解 2 以外は受講者の評価が総じて高く、特に担当講師からのサポートや日本側の熱意といった運営体制を最も高く評価するほか、「関係性」を高く評価している。読解 2 では自己のペースで学習できる「自律性」を最も高く評価し、また運営体制や e ラーニングの有能性も評価するが、総じて他ほど評価は高くない。
2. 受講者は e ラーニングの有効性を評価するとともに、自己の取り組みに対しても高い評価を行う。しかし日本語能力の向上を実感しづらいことから、日本語能力に対する自信（有能性）は醸成されない。
3. 受講者は個別学習のため関係が希薄となり、受講者同士の学び合いが乏しいと感じている。

　授業評価については、先行研究と同様に運用体制や自己の取り組みを高く評価していた。しかし動機づけの面から見たブレンディッドラーニングの学習効果は先行研究とは異なり、「自律性」や「関係性」の評価は高いが「有能性」の評価は高くない。したがってタイ人日本語学習者に対する授業で「日本事情」オンラインコースを使用する際は、学び合い等を通じて自身の日本語能力に自信を持つ仕掛けが必要である。

5.1.7　インタビュー対象者の選定
　前項までのアンケート調査の回答結果から、受講者の学習ストラテジーの変化やコンピュータ学習意識の変化については考察することができた。しかし、アンケート調査だけでは「日本事情」オンラインコースを使用した受講者に在タイ日系企業で就職する際に有用な日本文化に関する知識がもたらされたのか解明するのは困難である。そこで各大学からインタビューの対象となる受講者（以降「インタビュー対象者」）を選定し、インタビューを実施する。

5.1.7.1　インタビュー対象者選定のためのパラメータ付与
　インタビュー対象者を選定するにあたって、各大学の受講者を「正の変化[123]が見られた群」・「負の変化が見られた群」・「特に変化が見られなかった群」の 3 群に分類し、各群から数名ずつ選定した。受講者のグループ分けに

ついては、学習ストラテジーに関する質問項目およびコンピュータ学習意識に関する質問項目全65項目に対する受講前後のリカート値を基に文字列データ（以降「パラメータ」）を付与し、パラメータの量によって分類した。パラメータ付与は以下の手順で行った。

1．各項目に対し、受講後のリカート値を基準に同一人物の受講前の回答と比較する。リカート値がどの程度大きい値（以降「ポジティブ」）または小さい値（以降「ネガティブ」）に移動したか、あるいは受講前後で変化がなかった場合は同一の値（以降「変化なし」）が何であるかを、パラメータで表示する。
2．各パラメータを集計する。
3．「ポジティブ」・「ネガティブ」・「変化なし」の各傾向を示すパラメータを程度の大きいものから順に並べ、それぞれ集計する。
4．集計件数を基に、各分類のパラメータが全項目に占める割合を計算する。

　パラメータの表記は、受講後のリカート値「n」を基準とし、ポジティブ方向に変化した場合は＋の数（「n+」）、ネガティブ方向に変化した場合は―の数（「n-」）で示した。また、変化なしは「nN」とした。例えばある質問項目に対して受講前は「3」・受講後は「5」と回答した場合、パラメータの表記は「5++」となる。

　表5.23は先の手順に基づいて受講者の回答に対するパラメータ付与例である。ポジティブに変化したパラメータが全回答に占める割合は61.54%、ネガティブに変化したパラメータが全回答に占める割合は7.69%、変化のないパラメータが全回答に占める割合は30.77%であることが分かる。

123　ここでは「学習ストラテジーを多用するようになった」「コンピュータを使った日本語学習に対する興味が高まった」等の変化を指す。

表5.23　受講者の回答に対するパラメータ付与例

	パラメータ	数	ステイタス	分類群	件数	割合
01	5++++（5←1）	1	とても思う←全然思わない	ポジティブな意見 良 ↕ 悪	40	61.54%
02	5+++（5←2）	1	とても思う←思わない			
03	4+++（4←1）	0	思う←全然思わない			
04	5++（5←3）	14	とても思う←どちらでもない			
05	4++（4←2）	0	思う←思わない			
06	3++（3←1）	0	どちらでもない←全然思わない			
07	2+（2←1）	0	思わない←全然思わない			
08	3+（3←2）	0	どちらでもない←思わない			
09	4+（4←3）	3	思う←どちらでもない			
10	5+（5←4）	21	とても思う←思う			
11	4-（4←5）	2	思う←とても思う	ネガティブな意見 良 ↕ 悪	5	7.69%
12	3-（3←4）	0	どちらでもない←思う			
13	2-（2←3）	0	思わない←どちらでもない			
14	1-（1←2）	0	全然思わない←思わない			
15	1--（1←3）	0	全然思わない←どちらでもない			
16	2--（2←4）	0	思わない←思う			
17	3--（3←5）	2	どちらでもない←とても思う			
18	1---（1←4）	1	全然思わない←思う			
19	2---（2←5）	0	思わない←とても思う			
20	1----（1←5）	0	全然思わない←とても思う			
21	5N（5←5）	9	とても思う←とても思う	変化なし 良 ↕ 悪	20	30.77%
22	4N（4←4）	9	思う←思う			
23	3N（3←3）	2	どちらでもない←どちらでもない			
24	2N（2←2）	0	思わない←思わない			
25	1N（1←1）	0	全然思わない←全然思わない			

5.1.7.2　インタビュー対象者を選定するための分類

　前項で集計したパラメータに基づき、受講者を「ポジティブ群」「ネガティブ群」「変化なし群」の3群に分類した。以下に各群分類のための定義を示す。

①ポジティブ群：リカート値がポジティブに変化した項目が34%以上である受講者
②ネガティブ群：リカート値がネガティブに変化した項目が34%以上またはeラーニング授業評価に関する質問項目に「1」または「2」を選択した受講者[124]
③変化なし群：リカート値の変化がない項目が34%以上である受講者

―――――――
124　ネガティブに変化した項目が34%以上の受講者が1人も存在しない大学があったため、受講後に「1（全くそう思わない）」または「2（そう思わない）」を選択した受講者をネガティブ群と捉えることにした。

176

　各大学の受講者を先の定義で分類後、インタビュー時間を鑑みて各群の上位最大５名までを選定した。表5.24は各大学のインタビュー対象者とその内訳である。また各インタビュー対象者のパラメータの割合等は資料5.3に示す。討論３についてはアンケート回答者が少なく３群への分類が不可能であったため、受講者全員にインタビューした上で一つの群として分析する。

表5.24　各大学のインタビュー対象人数

地域	専攻	パラメータ付与者	インタビュー対象者	インタビュー対象者の内訳		
				ポジティブ群	ネガティブ群	変化なし群
討論１	主専攻課程	24	12	5	5	2
討論２	主専攻課程	23	12	6	3	3
読解１	主専攻課程	23	8	3	3	2
読解２	主専攻課程	16	8	3	3	2
討論３	副専攻[125]	3	7	1	1	1

5.2　「受講者に対する学習成果」インタビュー　―調査８―

　本節では討論１・討論２・読解１・読解２および討論３のインタビュー対象者となった受講者に対し、「日本事情」オンラインコースの使用によって日本文化や日本語学習においていかなる効果がもたらされ、いかなる変化を実感しているか調査するために構造化面接によるインタビューを実施した。

5.2.1　「受講者に対する学習成果」調査概要

　インタビュー実施にあたって、日本語主専攻課程と日本語副専攻ではインタビュー実施の時期が異なる。日本語主専攻課程については受講前後アンケート調査を基にインタビュー対象者を選定する必要があることから、受講後アンケート調査終了後に行った。日本語副専攻については先方のスケジュールの都合上[126]、受講後アンケート調査と同日に行った。

---

125 受講者は実証実験開始時点では８名だったが、終了時までに１名が未履修となり、インタビュー時には７名となった。
126 実証実験は文系学部日本語副専攻の選択科目を利用して実施された。受講者の所属学部が様々であるため、改めてのインタビュー時間の確保が困難であったことによる。

インタビュー実施日：
　　討論 1 …2017年11月17日
　　討論 2 …2017年11月 1 日
　　読解 1 …2017年11月29日
　　読解 2 …2017年12月 7 日
　　討論 3 …2017年11月24日

　質問内容は事前にインタビュー対象者に開示しており（資料 5.4：Web）、
質問内容は以下の 4 点に分類される。

〈インタビュー質問項目〉
　　1）e ラーニング実施に対する感想 5 項目
　　2）提供コンテンツに感じた効果 7 項目
　　3）e ラーニングに対する意識 3 項目
　　4）総評 3 項目

　各項目のうち、以下の 3 点について分析を行う[127]。

1．日本語学習に対する効果：
　　インタビュー対象者が実証実験を通じて、「日本事情」オンラインコース
　　の使用が自身の日本語学習に対し、いかなる効果を与えたと実感してい
　　るかを考察する。
2．日本文化理解に対する効果：
　　インタビュー対象者が実証実験を通じて、「日本事情」オンラインコース
　　の使用が自身の日本文化理解に対し、いかなる効果を与えたと実感して
　　いるかを考察する。
3．実証実験を経た学習スタイルの変化：
　　インタビュー対象者が実証実験を通じて、「日本事情」オンラインコース
　　の使用が自身の日本語および日本文化の学習スタイルに対し、いかなる
　　変化を与えたと実感しているかを考察する。

---

127 1 つの分析すべき課題に対し、複数のインタビュー質問項目への回答を統合した上で分析を
　　行うため、次節のインタビュー回答分析で示す件数と実際の回答人数は異なる。

　各大学ともインタビュー対象者に対するインタビューは１人15分程度であり、開示していた質問票を基に日本語で質問を行った。インタビュー対象者は質問に対してタイ語で回答した。討論２・読解１・読解２・討論３についてはインタビュー終了後、録音された回答を日本語に翻訳し分析に使用した。討論１については日本語通訳が同席し、通訳された日本語を書き起こして分析に使用した。

5.2.2　「受講者に対する学習成果」インタビュー回答分析

　本項では各大学のインタビュー回答をポジティブ群・ネガティブ群・変化なし群の各群に分類し、各群の回答について分析した。受講者が「日本事情」オンラインコースによって日本文化や日本語学習にいかなる効果がもたらされ、自身にいかなる変化が生じたと感じているか考察する。

　分析方法はインタビュー回答[128]に対して重複する回答[129]を削除した後、出現頻度の多い回答および特徴的な回答を基にKJ法の手法を援用し、各群の回答傾向として再構築を行う。そして回答傾向を概念化したキーワードを作成し、文末に［キーワード］という形式で示す。また学習スタイルの変化が何によって生じたかについて、〈要素〉という形式で示す。以降の提示順は討論１・討論２・読解１・読解２・討論３の順とする。

5.2.2.1　討論１受講者に対する学習成果インタビュー

　本節では、討論１受講者に対して実施した学習成果に関するインタビューの回答分析を行う。回答件数が多く、回答が長いのは、インタビュー実施時に通訳が同席したことによるものである。

　１．日本語学習に対する効果
①ポジティブ群
　表5.25は全回答10件から抽出した概念である。
　動画の日本語発音が聴解や会話の学習に役立つと感じている［聴解への有用性］［会話への有用性］。また動画を反復視聴することで復習や予習ができ、学習内容への理解が深められたと考えている［反復学習による深い理解］。さ

128　分析に使用した受講者の全回答は資料5.5に示す。
129　特に地方部において、他者の回答を模倣する傾向が見られたことによる措置である。

らに文法学習について「試験前は自分がリーダーとなってチューターみたいな感じでみんなが分からないところを教えるところまでレベルアップできた（回答抜粋）」という回答が得られ、受講者の自律学習によって日本語能力の向上が望めることが示唆された［自律学習］。

表5.25　日本語学習に対する効果（討論1　ポジティブ群）

出現頻度	単語	概念化されたキーワード
5	勉強、授業	［聴解への有用性］
4	役に立つ	［会話への有用性］ ［反復学習による深い理解］
3	日本語、見る	［自律学習］

②ネガティブ群

　表5.26は全回答9件から抽出した概念である。「日本語の語彙数も増えたので日本語というものが身近になった（回答抜粋）」という回答の他は具体的な日本語能力ではなく、復習や自分で調べるといった学習習慣について言及する回答者が多かった［語彙の増加］。したがって自律学習の習慣が定着し、結果として日本語の学習に良い効果をもたらすことが示唆された［自律学習］。

表5.26　日本語学習に対する効果（討論1　ネガティブ群）

出現頻度	単語	概念化されたキーワード
7	日本語	
6	勉強	［語彙の増加］ ［自律学習］
3	漢字、文法、見る、役に立つ	

③変化なし群

　表5.27は全回答4件から抽出した概念である。インターネット環境下であれば時間・場所を問わず学習できる利便性と学習に対する有用性を強く実感していることが示された［利便性］［有用性］。それに関連して、インターネットが使用できない場合は学習できないことがeラーニングの欠点であると指摘された［アクセス不可時の対策］。

表5.27　日本語学習に対する効果（討論1　変化なし群）

出現頻度	単語	概念化されたキーワード
3	インターネット、役に立つ	［利便性］
2	使える	［有用性］ ［アクセス不可時の対策］

２．日本文化理解に対する効果

①ポジティブ群

　表5.28は全回答10件から抽出した概念である。日本文化の中でも特に時間厳守や挨拶励行といった、タイでは重視されない文化[130]が日本では重視されることを動画によって理解し、日常生活の中で実践していることが複数の受講者の回答から明らかになった［時間厳守］［挨拶励行］。他には年功序列や高齢者への敬意というタイにも見られる文化に対して、今まで以上に意識するようになったことが分かった［年長者に対する意識変容］。

表5.28　日本文化に対する効果（討論1　ポジティブ群）

出現頻度	単語	概念化されたキーワード
6	時間厳守	［時間厳守］
4	日本人	［挨拶励行］
3	挨拶、授業、役に立つ	［年長者に対する意識変容］

②ネガティブ群

　表5.29は全回答9件から抽出した概念である。ポジティブ群と同様に時間厳守や挨拶励行について理解し、実際の行動に移すようになったことが分かった［時間厳守］［挨拶励行］。またお辞儀の仕方などを学んだが、「日本文化の風土を実際にビジュアルでしかも説明付きで接触できたということが非常に役に立った（回答抜粋）」という回答のように、本や文字による説明よりも視覚的に説明する動画が文化理解には有用だと感じている［視覚による深い理解］。

---

130 中島（2012）によると、タイは食物を得るための時間管理と共同作業が不要な自然風土であることと仏教において遅刻が戒律とされていないため時間遵守を重要だと考えていない（pp.40-41）。またタイ人は挨拶については全ての人に挨拶をすることはなく、上下関係によって作法が異なり（pp.53-54）、気楽な人間関係を望むため挨拶の言葉はそれほど存在しない（p.58）とされる。

表5.29　日本文化に対する効果（討論1　ネガティブ群）

出現頻度	単語	概念化されたキーワード
6	授業	［時間厳守］ ［挨拶励行］ ［視覚による深い理解］
5	挨拶	
3	教室、役に立つ	

③変化なし群

　表5.30は全回答4件から抽出した概念である。具体的な変化としては挨拶の習慣定着が挙げられた［挨拶励行］。また「授業で実際にビデオを見て、家へ帰ってその練習問題をするのがとても良かった（回答抜粋）」という回答のように、動画視聴と確認クイズを組み合わせた学習方法を支持する意見が得られた［受講者に合った学習方法］。

表5.30　日本文化に対する効果（討論1　変化なし群）

出現頻度	単語	概念化されたキーワード
2	習慣、ビデオ、見る	［挨拶励行］ ［受講者に合った学習方法］

３．実証実験を経た学習スタイルの変化

①ポジティブ群

　表5.31は全回答15件から抽出した概念である。学習スタイルの変化を実感した要素は〈日本語〉〈日本文化〉〈eラーニング〉である。

表5.31　学習スタイルの変化（討論1　ポジティブ群）

出現頻度	単語	概念化されたキーワード
10	見る	〈日本語〉 ［音による日本語学習］ 〈日本文化〉 ［日本文化の理解と実践］ 〈eラーニング〉 ［eラーニングの印象好転］
8	知る	
7	勉強、日本文化	
6	日本語	
5	変わる、分かる	
3	ビデオ、理解	

　〈日本語〉では、「今回ビデオ自体を見て日本語を聞くアプローチの仕方が身についた（回答抜粋）」等、音を手掛かりとする日本語学習スタイルの定着が示された［音による日本語学習］。

　〈日本文化〉では、「日本文化についての動画を見てそれを実践する・試してみるという刺激を受けた（回答抜粋）」という回答のように、動画で視聴した日本の職場環境や規律に強い印象を受け、深く理解するとともに理解した日本文化を知識に終わらせずに試行するという態度の変容が起きている［日本文化の理解と実践］。

　〈eラーニング〉では、実証実験前にはeラーニング利用経験がなく未知のものであったが、授業を通じてその利便性を実感し好印象を抱くとともに、自律学習や総合的理解という学習成果につながったと考えていることが示された［eラーニングの印象好転］。

②ネガティブ群
　表5.32は全回答14件から抽出した概念である。学習スタイルの変化を実感した要素は〈日本語〉〈日本文化〉〈eラーニング〉である。

表5.32　学習スタイルの変化（討論1　ネガティブ群）

出現頻度	単語	概念化されたキーワード
11	知る	〈日本語〉 ［音による日本語学習］
9	分かる	［eラーニングによる学習動機づけ］ 〈日本文化〉
4	時間厳守、勉強、復習、先生、文法、聞く	［日本文化の深層理解］ 〈eラーニング〉
3	日本文化、ビデオ、授業、日本人、見る、生まれる、変わる	［eラーニングの印象好転］

　〈日本語〉では、「eラーニングの前は文法中心、説明中心でしかなかった。しかしこの授業では聞くというひとつの機能があることで自分にとってプラスとなった（回答抜粋）」という回答のように、文法説明中心の学習スタイルとは異なる、聴解による学習スタイルに対する気づきが生まれた［音による日本語学習］。またeラーニングを使用することで物事について深く知りたいと思う意識や、自律学習の習慣が定着したことによる日本語学習に対する積極性等が変化として挙げられた［eラーニングによる学習動機づけ］。

　〈日本文化〉では、動画視聴によって時間厳守・挨拶励行の実践や食文化お

および日常生活の深い理解ができたことを実感するとともに、「日本文化について非常に深いところまで勉強したいという意識が生まれた（回答抜粋）」という回答のように、日本文化学習に対する動機となったことが示された［**日本文化の深層理解**］。

　〈eラーニング〉では、eラーニング未経験の受講者と経験済の受講者がいたが、両者とも反復視聴ができて調べたい事柄を即時に調べられる利便性を実感し、好印象を抱くようになったことが示された。また学習方法としてのeラーニングに対しても同様に好印象を持つようになった［**eラーニングの印象好転**］。

　③変化なし群
　表5.33は全回答6件から抽出した概念である。学習スタイルの変化を実感した要素は〈日本語〉〈日本文化〉〈eラーニング〉である。

表5.33　学習スタイルの変化（討論1　変化なし群）

出現頻度	単語	概念化されたキーワード
3	アクセス、勉強	〈日本語〉 ［教具の利便性］ 〈日本文化〉 ［日本文化を意識した行動］
2	ビデオ、非常、授業、オンライン、抑える、分かる、言う	〈eラーニング〉 ［eラーニングに対する高評価］

　〈日本語〉では、学習方法というよりも教具の変化について言及しており、ペーパーレスで日本語を独習できる利便性を実感している［**教具の利便性**］。
　〈日本文化〉では、時間厳守と直接的な表現を避ける価値観に影響を受け、それらの文化を意識した行動を取るようになったことが示された［**日本文化を意識した行動**］。
　〈eラーニング〉では、未知の受講者と既知の受講者がいたが、両者とも学習内容へのアクセスの良さと利便性を実感し、好印象を抱くようになった。またコスト面においてもeラーニングを高く評価している［**eラーニングに対する高評価**］。

5.2.2.2　討論2受講者に対する学習成果インタビュー

本項では、討論2受講者に対して行った学習成果に関するインタビューの回答分析を行う。回答件数が少なく、また回答の根拠が明確に示されていないため、授業観察での様子も踏まえて考察を行う。

1．日本語学習に対する効果

①ポジティブ群

表5.34は全回答6件から抽出した概念である。日本語学習方法としてのeラーニングは日本語の解読に有用であり、また利便性があると感じている［有用性］［利便性］。同時にeラーニングに面白さを感じており、それによって理解が促進されるため結果的に学習意欲も向上することが示された［学習意欲の向上］。

表5.34　日本語学習に対する効果（討論2　ポジティブ群）

出現頻度	単語	概念化されたキーワード
3	役に立つ	［有用性］
		［利便性］
2	～やすい	［学習意欲の向上］

②ネガティブ群

表5.35は全回答6件から抽出した概念である。ポジティブ群と同様にeラーニングの利便性と教科書とは異なる内容が学べる有用性を実感している［利便性］［有用性］。その一方で「教室は100%ならeラーニングは70%（回答抜粋）」という回答のように、通常講義のほうが日本語学習については優位性があるとする回答も得られた［日本語学習効果の限界］。

表5.35　日本語学習に対する効果（討論2　ネガティブ群）

出現頻度	単語	概念化されたキーワード
		［利便性］
2	便利、役に立つ、すごい	［有用性］
		［日本語学習効果の限界］

③変化なし群

表5.36は全回答3件から抽出した概念である。他2群と同様にeラーニングの利便性と有用性を実感していることが分かった［利便性］［有用性］。

185

表5.36　日本語学習に対する効果（討論2　変化なし群）

出現頻度	単語	概念化されたキーワード
2	便利、役に立つ、すごい	［利便性］ ［有用性］

2．日本文化理解に対する効果
①ポジティブ群
　表5.37は全回答3件から抽出した概念である。日本の文化の由来や歴史を知ることができ、学習に有用だとしている［**日本文化理解への有用性**］。

表5.37　日本文化理解に対する効果（討論2　ポジティブ群）

出現頻度	単語	概念化されたキーワード
2	日本の文化	［日本文化理解への有用性］

②ネガティブ群
　表5.38は全回答4件から抽出した概念である。出現頻度が高い単語は存在しなかった。未知の日本文化を学習することができ、またその日本文化が日常生活においても使用できる身近なものであることから有用であると感じている［**日本文化学習への有用性**］［**日本文化実践への有用性**］。

表5.38　日本文化理解に対する効果（討論2　ネガティブ群）

出現頻度	単語	概念化されたキーワード
—	—	［**日本文化学習への有用性**］ ［**日本文化実践への有用性**］

③変化なし群
　表5.39は全回答2件から抽出した概念である。出現頻度が高い単語は存在しなかった。eラーニングによる日本文化学習は理解が容易であるため、学習に有用であると感じている［**日本文化学習への有用性**］。

表5.39　日本文化理解に対する効果（討論2　変化なし群）

出現頻度	単語	概念化されたキーワード
—	—	［**日本文化学習への有用性**］

186

３．実証実験を経た学習スタイルの変化

①ポジティブ群

表5.40は全回答11件から抽出した概念である。学習スタイルの変化を実感した要素は〈日本文化〉〈e ラーニング〉である。

表5.40　学習スタイルの変化（討論2　ポジティブ群）

出現頻度	単語	概念化されたキーワード
4	勉強	〈日本文化〉 [日本文化の深層理解]
3	快適、知る、分かる	〈e ラーニング〉 [e ラーニングへの好印象]
2	使う、変わる	[変化なし]

〈日本文化〉では、実証実験を通じて現代日本文化を知り、日本文化への理解が深まったことを実感している[日本文化の深層理解]。

〈e ラーニング〉では、快適な学習ができ、また学習に対する自由度から有用性を認め、好印象を抱くようになった[e ラーニングへの好印象]。一方で特に変化を感じていない受講者も存在した[変化なし]。

②ネガティブ群

表5.41は全回答4件から抽出した概念である。学習スタイルの変化を実感した要素は〈e ラーニング〉である。

表5.41　学習スタイルの変化（討論2　ネガティブ群）

出現頻度	単語	概念化されたキーワード
4	e ラーニング	〈e ラーニング〉 [e ラーニングへの好印象]
2	勉強	

〈e ラーニング〉では、学習に対する自由度と利便性を実感し、動画視聴やe ラーニングによる学習を好むようになったことが示された[e ラーニングへの好印象]。

③変化なし群

表5.42は全回答5件から抽出した概念である。学習スタイルの変化を実感

した要素は〈日本文化〉〈e ラーニング〉である。

表5.42　学習スタイルの変化（討論 2　変化なし群）

出現頻度	単語	概念化されたキーワード
3	勉強	〈日本文化〉 ［日本文化の理解を実感］
2	e ラーニング、文化	〈e ラーニング〉 ［e ラーニングへの好印象］

　〈日本文化〉では、未知の日本文化を勉強することで、日本文化についてより詳しくなったことを実感している［日本文化の理解を実感］。
　〈e ラーニング〉では、システムの快適さや利便性を実感し、また日本文化への理解が促進されたことから e ラーニングによる日本文化学習に好印象を抱いていることが示された［e ラーニングへの好印象］。

5.2.2.3　読解 1 受講者に対する学習成果インタビュー
　本項では、読解 1 受講者に対して行った学習成果に関するインタビューの回答分析を行う。

1．日本語学習に対する効果
①ポジティブ群
　表5.43は全回答 5 件から抽出した概念である。分からない言葉があればすぐに調べることができ、また実証実験では担当講師からの助言が得られるため学習に有用であると実感している［有用性］。一方で自宅学習を望まない者にとっては有用ではないという回答も得られた［自宅学習への圧力］。

表5.43　日本語学習に対する効果（読解 1　ポジティブ群）

出現頻度	単語	概念化されたキーワード
4	役に立つ	［有用性］ ［自宅学習への圧力］
2	調べる	

②ネガティブ群
　表5.44は全回答 5 件から抽出した概念である。正しい日本語の使い方や新出単語を学習でき、場所を問わず詳しい内容を学習できるため有用であると

実感している［有用性］。読解 1 においては使用したトピックが「方言」のみであったことから、共通語である通常の日本語学習には有用ではないという回答も得られた［日本語学習との乖離］。

表5.44　日本語学習に対する効果（読解 1　ネガティブ群）

出現頻度	単語	概念化されたキーワード
5	役に立つ	［有用性］ ［日本語学習との乖離］
4	勉強	
2	授業、日本語、なかった	

③変化なし群

表5.45は全回答 3 件から抽出した概念である。様々な内容を自学自習できることから、日本語学習に有用であると実感している［自律学習］［有用性］。

表5.45　日本語学習に対する効果（読解 1　変化なし群）

出現頻度	単語	概念化されたキーワード
3	役に立つ	［自律学習］ ［有用性］
2	勉強	

2．日本文化理解に対する効果
①ポジティブ群

表5.46は全回答 6 件から抽出した概念である。知りたいことを調べられ、日本語の使い方だけではなく未知の日本文化や方言についての理解が深まったことから有用性を実感している［日本文化の深層理解］［有用性］。

表5.46　日本文化理解に対する効果（読解 1　ポジティブ群）

出現頻度	単語	概念化されたキーワード
4	日本の文化、役に立つ	［日本文化の深層理解］ ［有用性］
2	知る	

②ネガティブ群

表5.47は全回答 5 件から抽出した概念である。方言等の日本文化をより詳しく学習できることに有用性を感じている一方、学習内容が方言であるため

日常的に使うことはあまりないことから有用でないと感じる受講生も存在した［有用性］［学習内容の非日常性］。

表5.47　日本文化理解に対する効果（読解1　ネガティブ群）

出現頻度	単語	概念化されたキーワード
5	役に立つ	［有用性］
2	勉強	［学習内容の非日常性］

③変化なし群
　表5.48は全回答3件から抽出した概念である。日本各地の方言について様々なことを学習できたことに有用性を感じている［有用性］。

表5.48　日本文化理解に対する効果（読解1　変化なし群）

出現頻度	単語	概念化されたキーワード
3	役に立つ	［有用性］

３．実証実験を経た学習スタイルの変化
①ポジティブ群
　表5.49は全回答9件から抽出した概念である。学習スタイルの変化を実感した要素は〈日本語〉〈日本文化〉〈e ラーニング〉である。

表5.49　学習スタイルの変化（読解1　ポジティブ群）

出現頻度	単語	概念化されたキーワード
3	学ぶ	〈日本語〉 ［日本語能力の向上］ 〈日本文化〉 ［日本文化への好印象］
2	日本語、方言、勉強、使う	〈e ラーニング〉 ［e ラーニング未使用者に対する動機づけ］ ［操作の上達］

　〈日本語〉では、具体的な技能は明かされていないものの、日本語能力の向上を実感していることが分かった［日本語能力の向上］。
　〈日本文化〉では、方言を学習することで日本文化に詳しくなり、より日本文化を理解できたと感じているとともに日本文化に良い印象を抱くようになっ

た［日本文化への好印象］。

〈eラーニング〉では、普段からeラーニングを利用していた受講者はあまり変化が実感できなかったものの、そうでない受講者は負担を感じることのない新しい学習方法として捉え、eラーニングでの更なる学習を望むようになった［eラーニング未使用者に対する動機づけ］。またeラーニングを通じてコンピュータ操作が上達したことを実感している［操作の上達］。

②ネガティブ群

表5.50は全回答9件から抽出した概念である。学習スタイルの変化を実感した要素は〈日本語〉〈日本文化〉〈eラーニング〉である。

表5.50　学習スタイルの変化（読解1　ネガティブ群）

出現頻度	単語	概念化されたキーワード
8	使う	〈日本語〉 ［学習内容の実践］ ［受講者レベルとの乖離］
6	変わる	〈日本文化〉 ［日本文化理解に対する自信］
3	知る	〈eラーニング〉 ［eラーニングへの好印象］
2	コンピュータ、日本文化、詳しい	［変化なし］

〈日本語〉では、具体例は示されていないものの日本語学習に有用であり、学習内容を実際の場面で使用するようになった［学習内容の実践］。一方で内容が難解なためあまり学習が進まず、自身の日本語能力にあまり変化がなかったとする回答も得られた［受講者レベルとの乖離］。

〈日本文化〉では、未知の日本文化を学習して日本文化に詳しくなったことを実感し、「今後日本に行くことになっても適応できる（回答抜粋）」という回答から、日本文化の理解に自信を持っていることが分かった［日本文化理解に対する自信］。

〈eラーニング〉では、実証実験の前はeラーニングやコンピュータについてそれほど理解してしなかったが、授業を通じてその利便性を実感するとともに、コンピュータに対しても興味関心を持つようになった。また実証実験前にeラーニングに対して良い印象を持っていなかったが、内容の理解が促進されたことから好印象へと転じている［eラーニングへの好印象］。一方で

191

変化を感じられなかった受講者も存在した［変化なし］。

③変化なし群
　表5.51は全回答5件から抽出した概念である。学習スタイルの変化を実感した要素は〈日本文化〉〈eラーニング〉である。

表5.51　学習スタイルの変化（読解1　変化なし群）

出現頻度	単語	概念化されたキーワード
2	勉強、方言、分かる、知る	〈日本文化〉 ［文化比較視点の醸成］ 〈eラーニング〉 ［学習意欲の向上］

　〈日本文化〉では、動画による日本文化の学習意欲が高まり、またタイと日本双方の文化を比較して考えられる視点が醸成されたことが示された［**文化比較視点の醸成**］。
　〈eラーニング〉では、eラーニングの更なる使用を希望するとともに、eラーニングによる自律学習に意欲を見せるようになった［**学習意欲の向上**］。

5.2.2.4　読解2受講者に対する学習成果インタビュー
　本項では、読解2受講者に対して行った学習成果に関するインタビューの回答分析を行う。

1．日本語学習に対する効果
①ポジティブ群
　表5.52は全回答6件から抽出した概念である。eラーニングの内容が実用的で知らないことを調べることができ、また授業の復習用教材として有用性があると感じている［**有用性**］。ただし「場面による（回答抜粋）」という回答のように、受講者によってその有用性は限定的である［**限定的な有用性**］。

192

表5.52　日本語学習に対する効果（読解2　ポジティブ群）

出現頻度	単語	概念化されたキーワード
3	内容、役に立つ	［有用性］
2	授業	［限定的な有用性］

②ネガティブ群

　表5.53は全回答3件から抽出した概念である。日本語のアクセント学習に有用だとする意見が得られた［**アクセント学習への有用性**］。しかし、有用性は認めるものの受講者自身はコンピュータ学習に面白さを感じておらず、更なるeラーニングの導入は困難であることが示唆された［**コンピュータ学習への無関心**］。

表5.53　日本語学習に対する効果（読解2　ネガティブ群）

出現頻度	単語	概念化されたキーワード
2	勉強、役に立つ	［**アクセント学習への有用性**］ ［**コンピュータ学習への無関心**］

③変化なし群

　表5.54は全回答6件から抽出した概念である。時間に関係なく学習できる点については有用性を感じている［**有用性**］。しかし内容が理解できない場合は解説者がおらず疑問が解消されないことから、教育方法としては有用ではないという回答が多く示された［**解説の必要性**］。

表5.54　日本語学習に対する効果（読解2　変化なし群）

出現頻度	単語	概念化されたキーワード
6	役に立つ	［有用性］
2	なかった	［解説の必要性］

２．日本文化理解に対する効果

①ポジティブ群

　表5.55は全回答6件から抽出した概念である。礼儀を重んずる日本文化に触れることができ、日本文化学習に有用性を感じている［**礼節重視**］。一方、eラーニングでは学習内容を実践する場がないため通常講義のほうが有用であるとする意見が得られた［**実践の場としての通常講義**］。

表5.55　日本文化理解に対する効果（読解2　ポジティブ群）

出現頻度	単語	概念化されたキーワード
7	役に立つ	[礼節重視] [実践の場としての通常講義]
6	授業	
2	日本、使う	

②ネガティブ群

　表5.56は全回答3件から抽出した概念である。日本文化に詳しくなったことから有用であると考える受講者と、通常講義形式で日本語教師と学習するほうが理解できるため有用ではないと考える受講者とで意見が分かれた［有用性］［対面授業の有用性］。

表5.56　日本文化理解に対する効果（読解2　ネガティブ群）

出現頻度	単語	概念化されたキーワード
3	役に立つ	[有用性] [対面授業の有用性]

③変化なし群

　表5.57は全回答4件から抽出した概念である。通常講義よりも学習内容が詳しいため日本文化に詳しくなったことを実感し、日本文化学習に有用だと考えている［知識増加の実感］。

表5.57　日本文化理解に対する効果（読解2　変化なし群）

出現頻度	単語	概念化されたキーワード
4	役に立つ	[知識増加の実感]
2	詳しい	

　３．実証実験を経た学習スタイルの変化

①ポジティブ群

　表5.58は全回答7件から抽出した概念である。学習スタイルの変化を実感した要素は〈日本文化〉〈eラーニング〉である。

表5.58　学習スタイルの変化（読解2　ポジティブ群）

出現頻度	単語	概念化されたキーワード
4	使う	〈日本文化〉 [許容意識の変容] 〈eラーニング〉
2	先生、普通、授業、方言、勉強、便利	[自律学習] [通常講義の優位性] [変化なし]

　〈日本文化〉では、日本における方言の存在を知り、相手に合わせ方言を許容しようという意識の変容が見られた [許容意識の変容]。

　〈eラーニング〉では、利便性と通常講義にない内容の目新しさから好印象を持ち自学自習に励むようになる受講者と、好印象を持ちつつも日本語教師に随時質問できる通常講義を好む受講者とに分かれた [自律学習][通常講義の優位性]。また普段よりeラーニングで学習している受講者は特に変化を感じなかったとしている [変化なし]。

②ネガティブ群

　表5.59は全回答7件から抽出した概念である。学習スタイルの変化を実感した要素は〈日本語〉〈日本文化〉〈eラーニング〉である。

表5.59　学習スタイルの変化（読解2　ネガティブ群）

出現頻度	単語	概念化されたキーワード
4	変わる	〈日本語〉 [変化なし] 〈日本文化〉 [知識増加を実感]
2	勉強	〈eラーニング〉 [学習負担の軽減] [変化なし]

　〈日本語〉では、学習内容を理解できず、また普段よりゲーム等で日本語を学習していることから実証実験による変化は感じられなかったことが示された [変化なし]。

　〈日本文化〉では、実証実験を経て日本文化に詳しくなったことを変化として捉えていることが分かった [知識増加を実感]。

　〈eラーニング〉については、eラーニングの利便性から学習に対する負担

が軽減されたことを挙げる一方、良い印象を持たず変化もそれほど感じられなかったことが示された [学習負担の軽減][変化なし]。

③変化なし群
表5.60は全回答7件から抽出した概念である。学習スタイルの変化を実感した要素は〈日本語〉〈eラーニング〉である。

表5.60　学習スタイルの変化（読解2　変化なし群）

出現頻度	単語	概念化されたキーワード
3	授業	〈日本語〉 [聴解上達] [アクセント上達]
2	上手い	〈eラーニング〉 [通常講義の再評価]

〈日本語〉では、4技能のうちの聴解と会話の際の日本語アクセントが上達したことを実感している [聴解上達][アクセント上達]。
〈eラーニング〉では、eラーニングの利便性は認めるものの、疑問を解決するためには自分自身で調べなければならないことからeラーニングを好まず、日本語教師やクラスメイトに質問できる通常講義を再評価したことが明らかになった [通常講義の再評価]。

5.2.2.5　討論3受講者に対する学習成果インタビュー

本項では、討論3受講者に対して行った学習成果に関するインタビューの回答分析を行う。討論3受講者については前述の説明の通り、受講者を3群に分けず全員の回答を分析した。

1．日本語学習に対する効果

表5.61は全回答12件から抽出した概念である。ビジネス日本語の授業において実証実験を実施したため、授業に関連付けて単語や日本語会話、在タイ日系企業での働き方の理解が深められたと感じている [日本式ビジネス文化の深層理解]。また、授業内容の復習や授業で勉強できなかった事柄についても学習ができることから自習教材としての有用性を実感している [有用性]。しかし、授業以外で日本語を使用しない受講者にとっては日本語学習に対する有用性は実感されにくいことが示唆された [授業内限定の有用性]。

196

表5.61　日本語学習に対する効果（読解 3）

出現頻度	単語	概念化されたキーワード
8	勉強、役に立つ	［日本式ビジネス文化の深層理解］ ［有用性］ ［授業内限定の有用性］
6	授業	
3	日本語	
2	復習、内容	

２．日本文化理解に対する効果

　表5.62は全回答11件から抽出した概念である。e ラーニングの動画や担当講師の説明から日本の企業文化を学習できたことに対し、「日本の会社で働くことになればこの基礎知識が役に立つだろう（回答抜粋）」と非常に有用であると感じている［日系企業就職に対する有用性］。一方で、内容は良いが実用性が低いという回答も得られた［内容と実用性の不均衡］。

表5.62　日本文化学習に対する効果（読解 3）

出現頻度	単語	概念化されたキーワード
11	役に立つ	［日系企業就職に対する有用性］ ［内容と実用性の不均衡］
5	内容	
4	文化、会社	
3	日本	
2	授業	

３．実証実験を経た学習スタイルの変化

　表5.63は全回答16件から抽出した概念である。学習スタイルの変化を実感した要素は〈日本語〉〈日本文化〉〈e ラーニング〉である。

表5.63　学習スタイルの変化（読解 3）

出現頻度	単語	概念化されたキーワード
10	使う	〈日本語〉 ［利便性］ ［会話能力の向上］ ［討論機会の増加］
7	変わる	
5	勉強	〈日本文化〉 ［日本文化の奥行を実感］
3	内容、先生	［他の学習方法支持］ 〈e ラーニング〉
2	スライド、日本文化、授業、普段、役に立つ、増える、学ぶ	［学習方法としての承認］ ［期待外れ］

〈日本語〉では、時間や場所にとらわれず日本語を学習できることに利便性を感じるとともに、日本人の会話中の言葉に気付くようになったことが示された［利便性］［会話能力の向上］。また授業中の日本語学習活動の変化として討論が増加したことを指摘する回答も得られた［討論機会の増加］。

　〈日本文化〉では、日本文化における細かいルールやマナーを学習でき、また日本文化の面白さを感じる一方で、日本文化には未知の部分が多いことを実感している［日本文化の奥行を実感］。他に日本文化はeラーニングではなく他の方法で学習しており、授業の一環に過ぎないeラーニングでは日本文化学習に変化はないとする回答も得られた［他の学習方法支持］。

　〈eラーニング〉では、実証実験前は実用性に乏しく面倒だと感じていたが、実証実験後は様々な内容を学習でき利便性を実感した［利便性］。自学自習教材としてeラーニングを認め、学習方法の選択肢の一つにeラーニングが加えられたことが示唆された［学習方法としての承認］。一方で実証実験前は期待していたが、内容自体は良いものの新鮮さを感じない、あるいはあまり変化がないという回答も得られた［期待外れ］。

5.2.3　受講者に対する学習成果の考察

　「日本事情」オンラインコースを使用した実証実験が受講者にもたらした学習成果について、インタビュー対象者の回答結果より、各授業設計の学習成果には以下のことが言える。

　受講者は先の学習ストラテジー使用の多寡や意識変化とは別に、「日本事情」オンラインコースを使用した授業によって日本語学習および日本文化理解に対して様々な変化を実感していることが明らかになった。特筆すべき点は「聴解に関する効果」と「日本の規律的価値観を意識した行動」である。「日本事情」オンラインコースを聴解学習教材として活用し、自身の聴解能力が向上したことを実感する回答が討論1・読解1・読解2において産出されている。また、「日本事情」オンラインコースで学習した日本の規律については討論1・読解2で触れられており、特に討論1については理解にとどめるだけでなく、その価値観を取り入れて実際に行動に移しているとした回答が全群で産出されている。また全ての授業設計に共通の傾向として、実証実験を通じてeラーニングの利便性や有用性を理解し、多くの大学ではこれらの長所を享受できる「自律学習」を意識するようになった。それがやがて自律学習の習慣として定着し、学習態度や行動にも表出されることが示された。

これらは受講期間の長短に関係なく変化として自覚できるものである。

　したがって「日本事情」オンラインコースの最も大きな学習成果は、日本語学習については「聴解能力の向上」、日本文化理解については「深層理解と実践に対する即効性」であり、これらを支える「自律学習態度の醸成」も「日本事情」オンラインコースの学習成果であることが明らかになった。またこれらの学習成果に対する回答が「討論１」で最も顕著だったことから、タイ人日本語学習者に対する「日本事情」オンラインコースを使用した授業設計においては、１つのトピックに対する意見交換を中心とした授業展開とし、動画とディスカッション活動用シートおよび確認クイズを使用する「討論１」が最も学習成果が得られると言える。

5.3　「担当講師に対する効果」インタビュー　―調査９―

　前節において、実証実験の受講者が実感した「日本事情」オンラインコースの学習成果がいかなるものであるかを受講者の回答から解明した。実証実験を実施した担当講師から見て受講者にいかなる変化が見られ、また受講者や担当講師自身にいかなる学習成果を実感したかについても調査する必要がある。本節ではタイ討論１・討論２・読解１・読解２および討論３の実証実験担当講師に対して実施したインタビューについて述べる。

5.3.1　「担当講師に対する効果」調査概要
　日本語主専攻課程の各大学におけるインタビューは、受講者に対するインタビューと同日に行った。討論３については、担当講師のスケジュールの都合上、受講者に対するインタビューとは別日程で行った。

調査時期：
　　討論１…2017年11月17日
　　討論２…2017年11月１日
　　読解１…2017年11月29日
　　読解２…2017年12月７日
　　討論３…2017年12月３日

　各大学ともインタビュー対象者である「日本事情」の担当講師は１名であ

る。表5.64は担当講師の性別・国籍・ノンネイティブの場合の日本語能力・日本語教育歴・授業におけるeラーニング利用経験等の属性である。日本語教育歴は担当講師の勤務形態や所属機関が多岐に渡ることから、日本語教育に携わった国とその年数で表す。

表5.64　インタビュー対象者の属性（2017年12月時点）

授業設計	討論1	討論2	読解1	読解2	討論3
性別	女性	男性	男性	男性	女性
年齢	50代	40代	30代	40代	40代
国籍	タイ	日本	タイ	日本	日本
日本語能力	N1以上、日本にて博士号取得	ネイティブ	N1以上、日本にて博士号取得	ネイティブ	ネイティブ
日本語教育歴（年）	タイ25	タイ13 中国1	タイ4.5	タイ8	タイ11 シンガポール7 日本2 アメリカ1 ニュージーランド1
eラーニング使用経験	あり	なし	あり（SNS）	あり（SNS、アプリ）	あり

　また質問内容は事前にインタビュー対象者に開示しており（資料5.6：Web）、質問内容は以下の4点に分類される。

〈アンケート調査項目〉
　　1）eラーニング実施に対する感想5項目
　　2）提供コンテンツに対する意見4項目
　　3）運用に対する意見3項目
　　4）総評4項目

　各項目のうち、実証実験前の期待・実証実験中に印象的だった事象・「日本事情」オンラインコースの授業支援教材としての有用性・実証実験を通じて受講者に見られた変化・実証実験を通じて担当講師に見られた変化・eラーニングを導入した場合の受講者のメリットとデメリット・eラーニングを導入した場合の担当講師のメリットとデメリットの計7項目について分析を行う。
　討論1・読解1・討論3については、開示していた質問票を基に20分程度のインタビューを日本語で質問を行った。担当講師がタイ人の場合は質問に

対して日本語で回答した。討論2・読解2については回答記入済の質問票を受け取り、それに対して口頭で補足を受けた[131]。インタビュー終了後、録音された回答を日本語で書き起こして分析に使用した。

5.3.2 「担当講師に対する効果」インタビュー回答分析

　本項では、各設問に対する担当講師の回答を比較して、「日本事情」関連科目に「日本事情」オンラインコースを導入した場合に受講者と担当講師にどのような変化が生じたか、担当講師から見た受講者への学習成果や担当講師自身にもたらされる効果を「教師支援」という視点から考察する。

　担当講師の回答を討論1・討論2・読解1・読解2・討論3の授業設計別に提示し、回答を分析する。回答中の注目すべき部分を太字で示し、回答を概念化したものを［キーワード］形式で示す。

（1）実証実験前の期待

　表5.65は担当講師が実証実験前に「日本事情」オンラインコースに期待した事柄である。回答からは受講者の学習に良い効果がもたらされることを第一に考えており、ICTを活用して学習することで受講者の興味を惹くだけでなく学習機会が増加することを念頭に置いていたことが分かる。また担当講師にもたらされる効果の期待として、授業準備の削減や授業の活性化が挙げられた。

表5.65　実証実験前の期待

討論1	内容がもっと多いと思った。一つのトピックの内容がもう少しあるかなと思った。［内容の豊富さ］
討論2	学生が自宅で学習できるオンラインで問題等に回答でき、答えが正解かどうかわかる。普段の授業（パワーポイント使用）とは違うので、学生にとって良い刺激になる。インターネットを使うので、学生の興味が湧く。［学習への刺激］［学習への興味］
読解1	学生を楽しませる。動画もあるし文字を避ける方法。先生も学生も楽しく授業ができるという期待を持っていました。［学習の楽しさ］
読解2	教室外での学習機会を増加することができる［学習機会の増加］。授業準備の軽減につながる。［授業準備の削減］
討論3	私自身はeラーニングのことを分かっていなかったが、何か新しいことが起こるかなと思った。［授業の活性化］

（2）実証実験中に印象的だった事象

　表5.66は担当講師が実証実験において印象に残った事象である。討論1と討論2で「あまり発言しない学生」に焦点を当てた回答をしており、実証実験においては従来の授業展開とは異なる層の受講者に良い影響を与えたことが分かる。また動画を一緒に見ることで学習内容の高い定着が図れ、またクラスに一体感が生じることも報告された。一方でeラーニングに対して否定的な受講者の存在が指摘され、そういった受講者にどのような学習支援を行うかが今後の課題となる。

表5.66　実証実験中、印象的だった事象

討論1	議論できるような質問があり、あまり発言しない学生にとってはこういった活動はいいと思うが毎回は疲れるので他の活動もあるといい。[発話しない学生への効果][学習活動の充実]
討論2	普段の授業であまり発言しない学生の一部が、授業中に何度も教材のビデオを見たいと言ってきたこと。[発話しない学生への効果][態度の変化]
読解1	家で1回2回見てくれて学校に来たんですが、もう1回一緒に動画を見ました。一番印象的だったのは意外とみんなテストがよくできた。動画のおかげなのか効率的だったのか、動画や先生の説明の後ですごくよく点数が取れた。[高得点]
読解2	肯定的な学生と、否定的な学生がいることに気付いた。[受講者の二極化]
討論3	一回（動画を）見てきているがみんなで一緒に短いTVを見ているような形で世間話に入れたので、みんなが本音を出し合うことができ一つのものに向かってみんなが色々な意見を出せ考えが明確になった。会話のロールプレイで日本語能力を気にすることもなかった。[クラスの一体感]

（3）「日本事情」オンラインコースの授業支援教材としての有用性

　表5.67は担当講師が考える「日本事情」オンラインコースの授業支援教材としての有用性である。教師の授業準備支援においては討論1・読解2では役に立つとしているが、他大学では特に明言されていない。討論2・読解1・討論3は受講者の自宅学習支援として役に立つとしている。一方で読解2が指摘したように、教師不在の学習となるゆえに不正行為が行われる恐れがあるため、不正防止策を講じる必要がある。

表5.67　「日本事情」オンラインコースの授業支援教材としての有用性

討論1	見た人はちゃんと答えられる。別の授業で今回の動画に関連した質問をしたが答えられた。先生の授業準備にはかなり役に立った。[授業準備支援]私にとって便利。ただ自分でももう少し調べておかなければいけないが回答例を用意してくれているのでかなり助かった。[準備負担軽減]

討論2	どのくらいかは具体的には示しにくいが、**自宅でビデオを見直せる**という点でとても役に立った。[自宅学習支援]
読解1	役に立ちました。例えば家で学生がビデオを何回も見る自宅学習になった。自分の授業準備の時間は短いので**特に負担減にはならなかった**。[自宅学習支援]
読解2	授業をする上の「**材料**」として使用できたことが役に立った。[授業準備支援] ただ、クイズに関しては**学生同士で解答の写真を撮って、シェアしている**という意見も聞かれたので選択式のクイズに関する限界を感じた。[不正発覚]
討論3	すごく役に立った。宿題としても気持ちの負担は少なかったのではないか。**見てくることが予習**になった。それを次の授業で形にする、そして最後にテストと評価できたのはとても良かった。[自宅学習支援][授業設計への高評価]

（4）実証実験を通じて受講者に見られた変化

　表5.68は担当講師が実証実験を通じて目撃した受講者の変化である。回答は「変化なし」と「変化あり」に分かれた。変化がないと回答した大学は実証実験が短期間であったり、受講者との関係が十分に構築される過程での授業であったりしたためである。変化があると回答した大学は受講者の学習態度や意識に変化があったと回答している。

表5.68　実証実験を通じて受講者に見られた変化

討論1	１年生の１学期なので変化がわからない。**正直あまり見られなかった**。でもどの学生が議論好きか、目立ちたがりか思慮深いのかなど、性格の確認に良かった。[**変化なし**][受講者の性格把握]
討論2	スマホを手放せない学生で普段の授業は聞かない子も、自分のスマホでビデオを見直していた。その子たちは**授業に前向きになった**気がする。[学習態度の変化]
読解1	悪い変化はない。特になかった。[変化なし]
読解2	４回だけの使用だったので、**変化はそこまで感じることができなかった**。[変化なし]
討論3	ビジネス会話への相乗効果や多文化尊重とタイ文化への再評価、自身がグローバル人材であることの気づきなどたくさんあった。[意識の変化]

（5）実証実験を通じて担当講師に見られた変化

　表5.69は担当講師が実証実験を通じて自覚した変化である。全員が「変化あり」と回答している。担当講師は５名とも日本語教授経験が長いベテラン日本語教師であるが、「日本事情」オンラインコースを使用するにあたって無意識に行っていた授業準備や教材選定を見つめ直すことになった。結果としてそれらを今まで以上に意識して行うとともに、通常と異なる教授方法や新しい授業デザインに対する挑戦心が生まれたことが推察される。

表5.69　実証実験を通じて担当講師に見られた変化

討論1	これを使ってみたいというのがひとつだった。自分でもやりたいなと思っていた。他に Google を使っている先生がいて誰が見たか学習状況の確認ができる。これを使って自分の答えを探さなければいけない。自分も学生と合わせて自分で準備や勉強をするようになった。[意識的な授業準備]
討論2	学生の嗜好にあった授業方法をすると、学生のモチベーションが上がることがわかった。授業内容だけではなく、様々な授業方法を使ってみたくなった。[様々な方法への挑戦]
読解1	こういう教材があれば学生にとってメリットがあるのではないかと実感した。[受講者視点の教材選定]
読解2	動画の視聴とそのための導入準備を通して、積極的に新しいアイデアや授業構成を考えるようになった。[新しい方法への挑戦]
討論3	実感したのは良いコンテンツの動画を使うことがこんな相乗効果を生み出すんだなと思ったこと。YouTube などではいらないものがいっぱい入っていたり日本語がとても難しい。それが結局負担になって見てこないことがあり次の授業に生かされないことがあったが、今回はバッチリはまった。[教材選定の重要性]

（6）e ラーニングを導入した場合の受講者のメリットとデメリット

　表5.70は「日本事情」オンラインコースのような非同期型 e ラーニングを導入した場合、受講者にもたらされるメリットとデメリットである。全大学の担当講師の回答から、「日本事情」オンラインコースでは時間と場所を選ばずに動画を反復視聴できることが最大のメリットであることが示された。デメリットは教師からの学習促進ができないこと、受講者自身で動画の内容を選択できないこと、受講者の学習状況を把握する方法がないこと、質問や話し合いといった対話型の学習活動ができないこと等が挙げられた。

表5.70　e ラーニングを導入した場合の受講者のメリットとデメリット

討論1	メリットは学生は何回も見られる。動いているので学生も眠くならない。音声もある。[反復視聴] 先生が誰が何回見たかチェックできない。先生が学生の学習を促すことができないのがデメリット。[学習状況の把握困難][学習の促進が困難]
討論2	メリットはネットが好きな学生にはいいと思う。自宅でも、そして一人でも、授業後にビデオを見直して復習ができる。[反復視聴] デメリットは学生自身がビデオ内容を選べないこと。[内容選択が困難]
読解1	映像がいい、人間は視覚から情報が入りやすい。[視覚的効果]
読解2	メリットはどこでもできること。[場所不問] デメリットは反応がなく、質問や話し合いができないこと。[対話型学習が困難]

| 討論3 | メリットは一人で何回も見れたり自分で評価できること。準備ができるし考える時間も自分のスケジュールに合わせてできる。教室でみなが集まった時に誰かの意見を聞けたりする。聴解の力もつくし自分の考えをまとめることができる。これはビジネス会話の教科書ではできないことだと思う。[反復視聴] [総合的学習能力の育成]
デメリットは会話練習の時間などが減ったが成績に影響はなかったし、それほどデメリットは感じなかった。[実技練習の減少] |

（7）eラーニングを導入した場合の担当講師のメリットとデメリット

　表5.71は「日本事情」オンラインコースのような非同期型eラーニングを導入した場合、担当講師にもたらされるメリットとデメリットである。メリットは教材準備時間の短縮になる、学生のモチベーションを引き出せる、積極的に授業構成を考えるようになった、教材探しをする必要がなくなった等である。ただしコンピュータに慣れていない日本語教師の場合はeラーニングによってかえって負担が増加するとの指摘もあり、必ずしも授業準備時間や教師の負担を削減できるかどうかは現時点での明言は避けたい。デメリットはeラーニングの内容の予習が必要であること、コンテンツが少ないゆえに必要とする内容に合致した動画が少なかったこと、学習効果が不明瞭なこと等である。

表5.71　eラーニングを導入した場合の担当講師のメリットとデメリット

討論1	すでに作ってあるので時間がない先生にとってはすごくいいと思う。[授業準備時間の短縮] ただ自分で予習しておかなければならない。自分は学科長なので本当に時間がない。内容の準備には時間が取られていないが少し予習しておかなければいけない。[予習時間の発生]
討論2	メリットは学生のモチベーションが引き出せること。自宅でも学生に学習させられる。[学習動機づけ] デメリットは教師と学生が必要とする内容に合致したビデオが少なかったこと。コンテンツが少なかった。[指導希望内容との不一致]
読解1	先生にとっては開発が負担になる。[開発に対する負担]
読解2	メリットは、授業で用いる新しい「素材・材料」の選択肢が増えたこと。以前よりも、積極的に授業構成や学習内容を考えるようになった。[新しい方法への挑戦] デメリットは、負担軽減になると考えていたeラーニングが逆に負担増になってしまったこと。また、解答を写し合うなどの行為が発生してしまったので、期待した学習効果があったのか不明瞭な点が残ってしまう。[負担の増加] [学習効果が不明瞭]
討論3	メリットは教材を探しあぐねていたので使ってみたらちょうど良かったこと。[教材選定支援] デメリットは特にない。[特になし]

5.3.3 担当講師に対する「日本事情」オンラインコースの効果の考察

「日本事情」オンラインコースを使用した実証実験によって受講者にもたらされた学習成果および担当講師にもたらされた効果について、担当講師の回答結果より以下のことが言える。

（1）担当講師が考える受講者にもたらされた学習成果

受講者の興味を惹くことで学習機会が増加し、能力が向上することを期待して「日本事情」オンラインコースを導入したが、受講期間が1ヵ月程度であったため受講者に対する変化はあまり感じられなかった。しかし討論型の授業設計では、受講者の学習態度の改善や自己価値への気づきが観察された。つまり日本語能力向上や日本文化理解といった直接的な成果はすぐには表れにくいものの、今後の学習効果を高める学習態度の醸成や意識改革といった間接的な成果は、短期間であっても「成果」として現れる。

（2）担当講師が考える担当講師にもたらされた効果

担当講師全員が「日本事情」オンラインコースを導入後、授業準備や教材選定を意識して行うようになった。また授業の予習や異なる教授方法に挑戦する等の新しい取り組みが見られた。つまり自己の授業構成に向き合い、新しい方法を試行することで「授業の化石化」を防ぐ効果が得られた。また日本語主専攻課程と日本語副専攻とでは日本語副専攻の担当講師からの評価が高いことから、授業設計と動機づけが難しい日本語副専攻に対する授業支援にも有効である。

（3）担当講師からの「日本事情」オンラインコースの評価

授業支援という点からは、授業準備の削減というよりも受講者の学習動機づけとなる自宅学習教材として評価している。教材を探す手間が省けるため教材準備時間の短縮にはなるものの、コンピュータに慣れていない日本語教師の場合はかえって負担が増加する。したがって授業支援を主眼とするのであれば、日本語教師のコンピュータ操作能力を考慮した設計とする必要がある。

eラーニングという点からは、時間と場所を選ばず反復視聴できることを評価する一方で、日本語教師からの学習促進ができず、また質問や話し合いといったマンツーマンの学習活動ができないことが指摘された。したがって

これらの活動を行うシステムをeラーニングに追加するか、対面授業において補完することが求められる。

「日本事情」オンラインコースを使用した実証実験の学習成果および効果について、担当講師からの回答から、各授業設計における学習成果および効果には以下のことが言える。

まず受講者に対する学習成果は、読解型よりも討論型のほうに多く観察されている。特に日本語主専攻課程である討論1・討論2では普段学習に積極的ではない受講者の学習態度が積極的なものに変容したことが報告され、日本語副専攻である討論3では異なる専攻・異なる学年で構成されたクラスに一体感を持たせることに成功している。

次に担当講師に対する効果は、全ての担当講師に自身の授業に対する意識の変容が起きている。読解1・討論3は教材選定、討論1・討論2・読解2は授業準備に対して実証実験前よりも意識的に取り組み、今までと異なる新しい方法を試行したことが分かった。「日本事情」オンラインコースが担当講師にとっていかなる支援となるかについては、討論1のみが準備時間を削減できたとしている。しかし他の担当講師は授業準備を支援されたとは感じておらず、むしろ受講者の自宅学習を支援できたことを高く評価した。

担当講師の回答からは、受講者に対しては読解型よりも討論型の授業設計がより多くの学習成果をもたらし、担当講師に対してはいかなる授業設計に対しても授業運営のための意識変容を促すことが明らかになった。

5.4　総括

「日本事情」オンラインコースを使用した授業がもたらす学習成果について、受講者に対するアンケートとインタビューおよび担当講師に対するインタビューから分析し考察を行った。受講者に対するアンケートでは学習ストラテジーの変化やコンピュータ学習意識およびeラーニング授業評価を基に学習成果を考察した。

受講者に対するアンケート調査からは読解型よりも討論型、提供コンテンツの使用割合が高い授業形式において受講者の学習ストラテジーの使用が増加する傾向が見られた。特に記憶ストラテジーの増加が著しく、記憶するためにイメージや音に結びつける方略が最も使用されることが示された。したがって「日本事情」オンラインコースには、様々な学習ストラテジーの方略

を試行し学習に生かそうとする変化をもたらす効果があると言える。また受講者はeラーニングに対して肯定的態度を取るようになり、コンピュータの操作に対する不安は軽減され、コンピュータ利用に意欲的になるという変化が示された。しかしコンピュータを使用した日本語学習については否定的な傾向を示すことから、今後の開発および導入には注意が必要である。そして受講者はeラーニングによる授業の有用性や自己の取り組みについては高い評価を行う一方で、自身の日本語能力に対する自信は醸成されないことが示された。したがって「日本事情」オンラインコースを授業で使用する際は単独で使用するのではなく、自己の取り組みに対して日本語能力の向上が実感できる方法を併用することが望ましい。

　受講者へのインタビューから、「日本事情」オンラインコースの学習成果として、日本語学習については「聴解能力の向上」、日本文化理解については「深層理解と実践に対する即効性」、そして「自律学習態度の醸成」が示唆された。反転授業における対面授業での学習活動に関する先行研究では、近藤（2015：111）が教職科目においてディスカッション等の意見交換活動が授業理解度の向上に寄与することを示唆し、また米満他（2015：177、2016：186）がキャリア教育においてICT活用とディスカッションによる協同学習の手法を融合させた結果、キャリア設計に関する思考に変化が生じたことを確認している。同様にLMSを用いてアクティブラーニングの手法を導入した授業では、学生個々が考えて議論することで対象について深く考え理解するようになると述べている。すなわち反転授業の対面授業においてディスカッションを実施すると、小川（2008：73）の指摘する通り、教室外で動画を視聴して授業の予習・復習・課題研究等に活用することによって自らが主体的に学ぼうとする能動的な学習が促進される。それだけだけでなく、大谷他（2017：138-139）の通り、既習知識や経験に考えを関連づけ、パターンや重要な原理を探すところまで到達することが可能なのである。

　しかし、今回の調査結果からは受講者には先行研究で指摘された「能動的な学習の促進」や「思考の関連づけ」だけでなく、新たに「学習内容に基づいた態度表出」が観察されている。日本文化の規範に対する理解およびタイと日本の文化比較を経て自主的に行動に移していることから、「日本事情」オンラインコースは日本文化の学習意欲を高め、かつ学習成果をもたらすと言える。

　また受講者の回答結果を裏付ける資料として、受講者に対するアンケート

調査において通常講義とe ラーニングによる「日本事情」を比較した場合の有効性について質問した回答結果を示す。図5.3は「日本文化理解に有効なのは通常講義かe ラーニングか」という質問の回答結果であり、60%（67名）がe ラーニングであると回答している。図5.4は「日本語の上達に有効なのは通常講義かe ラーニングか」という質問の回答結果であり、46%（51名）がe ラーニングであると回答している。すなわち受講者は「日本事情」オンラインコースは日本文化の理解については通常講義よりも有効であり、また日本語の上達については通常授業に拮抗すると考えていることが示された。日本文化理解の過程で聴解を中心とした日本語能力も磨かれたことが示唆され、受講者は短期間の学習であってもこれらの学習成果を実感していることが認められる。

図5.3　実証実験：日本文化理解

図5.4　実証実験：日本語上達

　一方、担当講師へのインタビューからは担当講師には受講者に対する「日本事情」オンラインコースの学習成果は見えにくく、学習態度や意識の変化が観察された程度にとどまったことが分かった。したがって受講者の実感する学習成果と担当講師の実感する学習成果とでは差異があるため、学習成果を客観的に測るための何らかの指標が必要である。担当講師自身は「日本事情」オンラインコースによる効果として授業構成に対する新しい方法の試行を挙げており、当初想定していた授業支援としての効果は明確に示されなかったものの、日本語教師の授業運営の振り返りと自己研鑽に効果があることが示唆された。

　つまり本研究の下位課題である「日本事情」の学習において最適な方法とは、タイの大学において「日本事情」オンラインコースを使用した場合は、

討論型の授業設計であることが判明した。また学習ストラテジー方略の使用増加については提供コンテンツの使用割合が低い討論型、受講者の聴解能力の向上や日本文化に基づく行動の実践については提供コンテンツの使用割合が高い討論型が適していることがアンケート調査やインタビューより導かれた。この結果については、提供コンテンツの使用割合が高い際は授業設計時に意図した学習成果だけでなくコンテンツの多用による意識の変化が生じ、提供コンテンツの使用割合が低い際は討論に向けて内容を理解するために受講者が様々な学習ストラテジーを試行したと考えられる。

　インタビューにおいて表出した「日本事情」オンラインコースの抱える課題と解決策については次章以降で検証する。

第六章

「日本事情」オンラインコースの評価

　本章では、タイ人日本語学習者に対して「日本事情」関連科目で「日本事情」オンラインコースを使用した場合の成績評価について、実証実験の分析結果を基に論じる。

6.1　「日本事情」オンラインコースに期待される効果と課題

　本節では「日本事情」オンラインコースにおいてタイ人日本語学習者にもたらされる学習成果と別の方法で補完すべき課題について考察を行う。

6.1.1　タイ人日本語学習者にもたらす学習成果の課題

　前章で行った受講者に対する web アンケート調査から、「日本事情」オンラインコースが日本語学習ストラテジーにもたらす変化として記憶ストラテジーとメタ認知ストラテジーの使用が増加する一方で、タイ語の使用やインターネット検索によって補償ストラテジーが減少した。また受講後は e ラーニングによる学習には肯定的態度に変化するものの、e ラーニングによる日本語学習に対して拒否的態度が強まる。そして動機づけにおいては「自律性」や「関係性」は高まるものの、自分の日本語能力に自信を持ち能力を示そうとする「有能性」が醸成されないことが分かった。

　また受講者に対するインタビューから、規律に関する日本文化を理解した態度の表出や自律学習の習慣定着が報告される一方、「日本事情」オンラインコースの課題が判明した。討論 1 からはインターネット不通時は学習に使用できない不便さ、討論 2 からは e ラーニングによる日本語学習効果の限界、読解 1 からはレベルの不一致、読解 2 からは通常講義とは異なり質問が即時対応されないことによる不満、討論 3 からは実用性への疑問が指摘された。

　これらの課題を解決するために、学習ストラテジーについては感情のコントロールやコミュニケーションに関する方略の使用が増加する学習方法を取り入れることが肝要である。つまり e ラーニングによる独習で完結させるのではなくブレンディッドラーニングや反転授業形式を取り、ディスカッショ

ン等の他のタイ人日本語学習者との学び合いの場を提供することが求められる。またeラーニングによる日本語学習に対する拒否的態度や動機づけに対する「有能性」については、タイ人日本語学習者の日本語能力に合わせたコンテンツを提供するとともに、学習による日本語能力の向上を実感できる仕組みが必要である。タイ人日本語学習者からの指摘については、システム上の問題と学習成果に関する問題の2種類に分かれている。システム上の問題については、オフラインでも学習するためのダウンロード機能追加やアプリ製作、疑問を早期に解決するためのFAQ作成やチャット機能追加等を検討する。学習成果に関する問題については、実用性を高めるために在タイ日系企業に対してタイ人日本語人材に対する任務遂行に求められる能力の調査や在タイ日系企業に対する任務遂行に求める能力の調査を実施し、その結果を反映した教材作成を検討する。このうち、学習成果に関する問題についての調査結果を本章で示す。

6.1.2 教師支援としての「日本事情」オンラインコースの課題

「日本事情」オンラインコースが担当講師にもたらす効果として考察すべき点は、「日本事情」担当講師の授業準備にかかる負担がeラーニングで軽減できるかどうか、すなわちeラーニングによって「日本事情」の開講が促進できるかである。担当講師へのインタビューからは「教材が用意されているので授業準備の時間が削減された」という旨の回答が得られたものの、「eラーニングを導入してかえって負担が増えた」という回答が存在した。

この回答は久我・立部（2016：29）が指摘するように、ICT導入を推進したいと考えている教師が、その効果的な使い方を一般の教師に広く示せていないゆえに、授業に導入したものの、実践したいと考える指導方法とICT活用方法との乖離が起きたことによるものだと推測される。また負担の増加について言及した担当講師は、打ち合わせ時から不慣れなICT活用への不安について言及[132]しており、運営への技術問い合わせも他大学と比べ2倍以上であったことから、「日本事情」オンラインコース受け入れのプロセスに時間がかかったことが推測される。別の担当講師からは「受講者や担当講師の求める内容と合致せず期待外れだった」という旨の回答が寄せられており、これ

---

132 柳（2016：12）の紹介する「Dudeney & Hockly（2007）によるICTに対する教員の態度」のうち、Technophobia（ICT/Technologyに対して最初から拒否反応を示す場合）に近い状態であった。

も「効果的な使い方」を十分に提案できなかったことが原因と言える。

　これら2校では受講者に対するインタビューにおいて「日本事情」オンラインコースに対して否定的な回答が目立った一方で、他大学の担当講師は「日本事情」オンラインコースに概ね満足し、受講者もeラーニングの利便性と有用性を感じて肯定的な回答をしていた。山本（2013：140）によると、学習者のeラーニングコース受け入れのプロセスには「革新的なものの受け入れ」・「テクノロジーの受け入れ」・「学習者の受け入れ」の3つがあるとしているが、担当講師がeラーニングに対して心理的バリア（廣澤 2010：224）を持った状態で授業に導入した結果、受講者は新しい学習方法や環境を受け入れる決定ができなかった可能性がある。したがってタイ人日本語学習者がeラーニングを受け入れて学習効果を高めるためには、まず日本語教師自身がeラーニングに対するバリアを軽減することが重要である。

　そこで以降の実証実験においては日本語教師の負担を軽減すべく、現地日本語教師は教室と受講者の管理を中心に行い、筆者自身が現地で授業を実施する形式を取る。

6.1.3　オンラインコースを使用した授業に対する評価方法

　実証実験前の担当講師との打ち合わせの中で、ほぼ全員から「日本事情」オンラインコースを使用した学習活動や学習成果に対する点数による評価方法を求められた。「日本事情」は日本文化を学習する科目という性質上、形成的評価が困難なため評価方法が確立されていない。日本国内の「日本事情」においては、出席点（宇塚・岡 2014：187）、レポート（小川 2013：111）、グループ活動貢献度（北出 2013：294）等の総括的評価が用いられることが多い。しかし海外においてはノンネイティブ教師が客観的に評価でき、また成績付与のための点数に使用できる評価方法が求められる。タイにおいては学習内容の確認を兼ねたテスト評価が一般的だが、テスト評価では本当に日本文化を理解しているのか、また実際に態度に表出できるかの評価は困難である。さらに実証実験中に確認クイズで不正行為が行われた事例が報告されたことから、eラーニングの成績評価はオンラインテスト以外の方法が望ましい。

　そこで「日本事情」オンラインコースによる学習成果の評価方法については、日本文化の理解度に対するパフォーマンス評価を検討する。パフォーマンス評価についてはCAN-DOリストまたはルーブリック[133]による点数化およ

びeポートフォリオ[134]による評価保存を試行する。

6.2 「日本事情 CAN-DO リスト」による成績評価 　－調査10－

　本節では、「日本事情」オンラインコースの各トピックで身についた知識を使用して日本語によるコミュニケーションができるか評価する「日本事情 CAN-DO リスト」を作成し、受講者の日本文化理解度の測定を実施する。授業においてタイ人日本語学習者は4段階尺度による自己評価、日本語教師は採点ルーブリックを用いて測定する。

6.2.1 「日本事情 CAN-DO リスト」の試作

　日本語運用能力における評価基準として、国際交流基金がCEFR[135]（Council of Europe2001）に準じたレベル設定を基に「JF 日本語教育スタンダード」を作成し（熊野他 2013）、レベル認定のための CAN-DO を開発している（森本他 2011）。また、東京外国語大学ではアカデミック・ジャパニーズ教育の基準を示す「JLC 日本語スタンダード」を公開し、CAN-DO リストを作成している（鈴木他 2012）。その他の大学でも留学生の日本語能力を判定する基準の開発が試みられている。しかし日本文化の理解度を判定する基準はなく、「生活者としての外国人」の日本語能力判定・評価においても明確な基準は示されていない（文化庁 2010）。

　日本国内留学生向け日本語プログラムにおいて日本文化の理解向上に対する評価基準を示した札野（2005）では、Wisconsin's Model Academic Standards for Foreign languages の交流のパターン・文化的行動・信念および態度・歴史的影響の4つの分野[136]を使用している（p.16）。この概念を利用し、また日本

---

133 ルーブリックとは、「学生が何を学習するのかを示す評価規準（＝ criteria ＝学習活動に応じたより具体的な到達目標）と学生が学習到達しているレベルを示す具体的な評価基準（＝ standards ＝ scales ＝ description ＝どの程度できればどの評点を与えるかの特徴の記述）をマトリクス形式で示す評価指標」（濱名 2011、沖 2014：73）のことである。

134 ポートフォリオとは、「学習活動において児童生徒が作成した作文、レポート、作品、テスト、活動の様子が分かる写真や VTR 等をファイルに入れて保存する方法」（グロワート 1999：8）である。すなわちeポートフォリオは電子化されたポートフォリオのことである。

135 Common European Framework of Reference for Language: Learning, teaching, assessment：言語のためのヨーロッパ共通参照枠。ヨーロッパ全体で外国語の学習者の習得状況を示す際に用いられるガイドライン。

文化を理解した上でのコミュニケーション能力として「ポライトネス」[137]や「プロフィシェンシー」[138]の確認も踏まえて試作したものが「日本事情 CAN-DO リスト」である。「日本事情 CAN-DO リスト」は日本語能力を分析するものではなく、「日本事情」オンラインコースによってもたらされた知的技能・運動技能・認知的方略の学習成果を日本語によるコミュニケーション、特に「口頭説明」[139]の様子を通じて確認するものである。

　「日本事情 CAN-DO リスト」については、表6.1に示す通り、国際交流基金の「JF 日本語教育スタンダード」にて使用される「活動 Can-Do」の構造で提示する。評価は日本語学習者の自己評価と日本語教師の採点の２方向から行う。

表6.1　CAN-DO リスト例

大テーマ	6．国際社会における日本			
小トピック	6-1．日本と JAPAN			
CAN-DO	条件	話題・場面	対象	行動
	動画を見て、日本の歴史的・国際的な立場の変化を理解した後で	タイの昔の国名や歴史的変化について日本人に日本語で質問されたとき	プレゼンテーション	日本語で説明できる。

　表6.2はタイ人日本語学習者のための自己評価尺度である。作成にあたって日本人中学生の英語学習の学習意欲を高める目的で自己評価尺度を設定し、

---

136 Patterns of Interaction：フォーマル／インフォーマルな各場面で、敬意をもって文化的に適切な行動ができるか、Cultural Activities：日本文化・社会的な行動を体験し、自国の文化・行動様式と比較対照して捉えることができるか、Beliefs and Attitudes：日本文化における信念および態度を認識し、自国のものと比較して、日本的なものの見方を説明できるか、Historical Influences：日本の行動様式の背景にある歴史的・哲学的な理由付けができるか（札野 2005：22）の4つの分野である。

137 ポライトネスとは「聞き手に対する話し手の配慮全てを含み、礼儀正しさや丁寧さだけでなく、親密さや仲間意識をも包含する（堀 2006：1）」概念である。

138 プロフィシェンシーとは「様々な知識を有することを前提として、その知識を正しく、適切に、一貫性を持って、理解、産出の両面で処理する能力の程度を表す（坂本 2009：25）」概念である。

139 タイにおける企業通訳についての実態調査では、タイ人と日本人の仕事への取り組み方の傾向の違いを認識し、仲介者としての心構えを持ったうえで異文化コミュニケーターとして業務を遂行しているとされる（葦原他 2018：15）。しかし筆者の独自調査では在タイ日系企業はタイ人日本語人材を通訳として見ておらず、したがって「仲介」よりは「タイ文化と日本文化を踏まえた上での説明」の場面が多いと考えたため、説明スキルを評価する CAN-DO とした。

表6.2 「日本事情 CAN-DO リスト」に対する自己評価（4段階尺度）リスト例

活動	タイの昔の国名や歴史的変化について日本人に日本語で質問されたとき、日本語で説明できる。
気をつけること：タイ人が話すときにすることで、日本人が嫌がることは何だろう。	
1	質問された内容について理解できなかった。
2	イラストを描いたり英語を使ったりして、日本語を使わず答えた。
3	日本語で簡単に説明できた。
4	動画に出てきた表現や複雑な文型の日本語で説明できた。

表6.3 「日本事情 CAN-DO リスト」に対する採点ルーブリック例

活動	タイの昔の国名や歴史的変化について日本人に日本語で質問されたとき、日本語で説明できる。
0	沈黙する、あるいは薄笑いを浮かべてごまかしている。
1	次の特徴いずれかに当てはまる ①イラストを描く、またはインターネット検索結果を見せるなどの非言語的方法で説明した。 ②答えたが、内容が間違っている。「タイは昔からタイです。」
2	次の特徴いずれかに当てはまる ①単語のみを答えた。 ②単文、または簡単な文で答えたが、フィラーが多い。 　「えっとー、昔は、あーシャムです。うー、100年くらい前。」 ③単文、または簡単な文で答えたが、舌打ちをする。 　「昔はシャムです。（チッ）100年くらい前。」 ④単文、または簡単な文で答えたが、笑いが多い。 　「昔は（笑い）シャムです（笑い）。100年くらい前（笑い）。」
3	次の特徴いずれかに当てはまる ①単文、または簡単な文で答えた。「昔はシャムです。100年くらい前。」 ②動画に出てきた表現や複雑な文型の日本語で答えたが、フィラーが多い。 　「えっとー、タイは昔、あー、シャムと呼ばれていました。今から、うー、100年くらい前のことです。」 ③動画に出てきた表現や複雑な文型の日本語で答えたが、舌打ちをする。 　「タイは昔、シャムと呼ばれていました。（チッ）今から100年くらい前のことです。」 ④動画に出てきた表現や複雑な文型の日本語で答えたが、笑いが多い。 　「タイは昔（笑い）、シャムと呼ばれていました（笑い）。今から100年くらい（笑い）前のことです。」
4	次の特徴いずれかに当てはまる ①動画に出てきた表現や複雑な文型の日本語で答えた。 　「タイは昔、シャムと呼ばれていました。今から100年くらい前のことです。」 ②説明する前に、条件を確認した。 　「昔とはどれくらい前のことでしょうか」「首都があったところの話でしょうか（地方部の場合）」

ICT での振り返りを併用することで学習意欲が向上することを報告した山下（2014：9）の「4段階自己評価尺度」を参考とした。

　また表6.3は日本語教師がタイ人日本語学習者を観察するための採点ルーブ

リックである。作成にあたって日本語会話のみならずそこに表出される日本文化理解や多文化比較の態度をも評価するために、ハート（2012：97）が提示した holistic scoring[140] による採点ルーブリックを参考とした。「日本事情」オンラインコースで提供される全32トピックに対し、学習目的に呼応する CAN-DO リスト・自己評価尺度・採点ルーブリックを作成した（資料 6.3）。

　タイ人日本語学習者は、自分の学習成果を自身で評価するべく4段階尺度による自己評価を行う。自己評価リスト中の「気をつけること」に、タイと日本の文化の違いに気づくためのヒントがある。ここでは「気をつけること：タイ人が話すときにすることで、日本人が嫌がることは何だろう」と書かれている。「笑ってごまかす」「質問に非言語的方法で答える」「フィラー多用」「舌打ち」[141]「笑い」[142]等を会話において行わないよう意識させるためである。

　日本語教師はタイ人日本語学習者の「日本事情 CAN-DO リスト」に対して、プロフィシェンシーに重点を置いた採点を行う。ルーブリックは5段階に分けられ、日本語に関する項目の他に日本人とのコミュニケーションとして適切であるか判断する項目を使用して採点を行う。

　パフォーマンス評価に使用した「日本事情 CAN-DO リスト」とそれに対する自己評価・ルーブリックは、授業終了後にまとめて LMS に電子提出、つまり e ポートフォリオに登録する。タイ人日本語学習者が e ポートフォリオを見返すことで自身の学習・評価を客観的に捉える効果があるだけでなく、学習成果の証明として他者に提示することもできる（森本 2015：20）。このようにタイ人日本語学習者の評価点（4点満点）と日本語教師の評価点（4点満点）、そして e ポートフォリオへの登録（2点満点[143]）をもって学習活動を点数化し、「日本事情」の成績評価とする。図6.1は成績評価のためのフローである。

---

140 生徒の作品事例を全体的に見て、包括的な印象に基づいて行われる評価。典型的には4〜6段階で点数がつけられる（ハート 2012：96）。

141 萩原・池谷（2016）によると、タイ人の舌打ちにはフィラー的機能がある。しかし日本人にとっては非常に不快に感じるものであり、また日本式ビジネスマナーでは看過できないため減点とし、出現した時点で日本語教師はその旨を説明する。

142 萩原・池谷（2018）によると、タイ人の笑いには舌打ちと同様のフィラー的機能があると考えられている。これも使用頻度が多いと日本人にとっては不快に感じるものであるため、出現した時点で日本語教師はその旨を説明する。

143 「未登録0点、一部資料のみ登録1点、全ての資料を登録2点」を想定している。

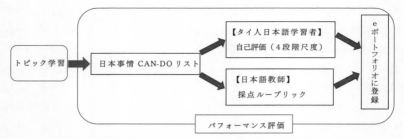

図6.1 「日本事情 CAN-DO リスト」による成績評価フロー

6.2.2 「日本事情 CAN-DO リスト」検証のための実証実験

　「日本事情」オンラインコースを使用した授業を「日本事情 CAN-DO リスト」で評価する妥当性を検証するため、以下のタイ国内大学日本語主専攻課程で実証実験を実施した。

調査時期：
　東北部 U 大学…2019年 1 月16日・17日・18日（ 3 時間 × 3 日）
　バンコク K 大学…2019年 2 月11日・15日・18日・22日・25日
　　　　　　　　　　（1.5時間 × 5 日）
　バンコク T 大学…2019年 2 月13日・20日（ 3 時間 × 2 日）

調査対象者：
　東北部 U 大学… 日本語主専攻課程 4 年生（日本語能力試験 N3〜 N4相当）
　バンコク K 大学… 日本語主専攻課程 2 年生（日本語能力試験 N2〜 N3相当）
　バンコク T 大学… 日本語主専攻課程 3 年生〜 5 年生（日本語能力試験 N1〜 N2相当）

調査目的：
　「日本事情」オンラインコースを使用した討論活動中心の授業において、「日本事情 CAN-DO リスト」によって受講者の日本文化理解度の測定が可能か検証する。

調査方法：
　タイ国内大学の日本語主専攻課程において、日本文化学習科目を受講する

タイ人日本語学習者（以降「受講者」）に対して「日本事情」オンラインコースを使用したブレンディッドラーニングによる反転授業を複数回実施する。学習するトピックは「7．日本の企業文化」である。プラットフォームはMoodle と Google Classroom の両方を提供し、受講者自身に希望のプラットフォームを選択させる[144]。対面授業の終盤に、受講者に対して「日本事情CAN-DO リスト」による日本文化理解度の評価を行う。授業観察とメンタリングのため、筆者自身がタイ現地で対面授業を担当する。

6.2.3　「日本事情 CAN-DO リスト」による評価結果

　「日本事情 CAN-DO リスト」の信頼性を得るため、複数の大学で実証実験を実施した。その結果、評価の障壁となったのが「受講者の日本語運用能力」であった。受講者はタイ語訳によって「日本事情 CAN-DO リスト」の内容は理解できるものの、担当講師とのコミュニケーションの発露である日本語の運用能力が不十分な場合があった。受講者が本当に日本文化を理解しているのか、彼らの産出する日本語の説明からは判断できないため、「日本事情 CAN-DO リスト」の点数は低くなる。つまり日本文化の理解度を測定する目的で「日本事情 CAN-DO リスト」を作成したにもかかわらず、実際は日本語運用能力の測定と化していた。

　また CAN-DO リストは「できる・できない」という評価尺度であることが一般的だが、異文化理解においてその評価尺度が妥当なのかという新たな問いが生じた。異文化理解は学習した内容を産出できないからといって理解できていないとは限らず、内面で何かが起きている可能性がある。つまり「できる」ことを目指すよりも、表面化の難しい「何か」を評価する尺度が必要なのである。

　したがって「日本事情 CAN-DO リスト」による評価を行うには、日本語運用能力が日本語能力試験 N2以上であることが望ましい。また「できる・できない」のような表面的な評価尺度だけではなく、内面の変化について着目した評価基準を取り入れる必要がある。

144　タイ人日本語学習者がいかなるプラットフォームを好むか考察するための対応である。スマートフォンを使用する場合、宿題提出は Moodle が好まれるものの、操作性や予習としての動画視聴には Google Classroom が好まれる傾向があることが分かった（吉嶺 2019a、2019b）。

6.3　「異文化理解ルーブリック」による成績評価　－調査11－

　本節では、「日本事情」オンラインコースの各トピックで身についた知識が異文化理解へと結びついているか評価するための「異文化理解ルーブリック」を作成し、受講者の日本文化理解度の測定を実施する。授業において日本語教師は採点ルーブリックを用いて測定し、タイ人日本語学習者はルーブリックを基に内省を行う。

6.3.1　「異文化理解ルーブリック」の試作

　日本文化の理解における評価基準においては、先の「日本事情 CAN-DO リスト」と同様に Wisconsin's Model Academic Standards for Foreign languages の交流のパターン・文化的行動・信念および態度・歴史的影響の4つの分野を利用した。また栗田（2017：97-98）で紹介されたバリュールーブリック[145]のうち、〈個人的・社会的責任〉「⑫異文化知識・能力」（松下 2012：111）を参考に試作したものが「異文化理解ルーブリック」[146]（資料 6.4）である。「異文化理解ルーブリック」は前節の「日本事情 CAN-DO リスト」とは異なり、「日本事情」オンラインコースによってもたらされた知的技能・運動技能・認知的方略の学習成果を他者とのコミュニケーション、特に「態度」の様子を通じて確認するものである。日本語能力を副次的に採点するものではない。

　表6.4は「異文化理解ルーブリック」の一部を抜粋したものである。評価尺度は原則 Exellent・Good・Developing の3段階とし、評価観点によって Exellent または Developing の2段階とする。評価方法は、あるいくつかのトレイト（特性）に注目し、トレイトごとに総合的に評価する（田中 2016：37）「マルチプルトレイト評価（Hamp-Lyons 1991）」とした。また「活動」という項目はその評価を実施する学習活動を指しており、アルファベットはそれぞれ「C：教室内・D：ディスカッション・H：教室外（オンライン）・P：プレゼンテーション」である。

---

145 バリュールーブリックとは、従来の標準化されたテストに対して学部生の多面的な能力を測定することを目的に2007年から2010年にかけて全米カレッジ・大学協会（Association of American Colleges & Universities）によって開発された "Valid Assessment of Learning in Undergraduate Education（略称：VALUE）rubric" のことである（松下 2012：88、吉田武大 2011：1-3）。
146 当該ルーブリックは、日本教育研究イノベーションセンターと東京大学大学総合教育研究センターによって2019年度に開催された「『インタラクティブ・ティーチング』アカデミー」の課題として筆者が試作し、その後フィードバックを受けて修正を行ったものである。

表6.4 「異文化理解ルーブリック」（一部抜粋）

活動	評価観点	Excellent（2点）	Good（1点）	Developing（0点）
DP	④文化に接するときの態度	全てできる。 1．自文化を客観的に見られる。 2．他文化に対して客観的である。 3．**自文化を貶めたり、他文化を持ち上げたりしない。**	どれか1つできる。	どれもできない。または自文化をひどく貶めたり、他文化を過度に持ち上げたりする。
CH	⑦文化の体感 Cultural Activities	日本文化的な**行動**を体験した時に、自国の文化的行動様式と比較して捉えている。	（空欄）	捉えていない。

　パフォーマンス評価では日本語教師の評価点（20点満点）およびタイ人日本語学習者の内省（1点満点[147]）、そしてeポートフォリオへの登録（4点満点[148]）をもって学習活動を点数化し、「日本事情」の成績評価とする。また図6.2は成績評価のためのフローである。

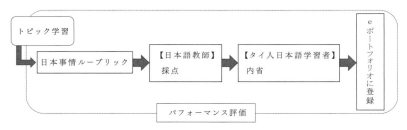

図6.2 「日本事情ルーブリック」による成績評価フロー

6.3.2 「異文化理解ルーブリック」検証のための実証実験

　「日本事情」オンラインコースを使用した授業を「異文化理解ルーブリック」で評価する妥当性を検証するため、タイ北部のP大学日本語主専攻課程において実証実験を実施した。

147「日本語教師の評価内容を受けた内省をしていない0点、した1点」を想定している。
148「未登録0点、一部資料のみ登録1点（期限後）、全ての資料を登録2点（期限後）、一部資料のみ登録3点（期限内）、全ての資料を登録4点（期限内）」を想定している。

調査時期：
　2020年1月14日・15日・16日（3時間×3日）

調査対象者：
　日本語主専攻課程2年生（日本語能力試験N4〜N5相当）

調査目的：
　「日本事情」オンラインコースを使用した討論活動中心の授業において、「異文化理解ルーブリック」によって受講者の日本文化理解度の測定が可能か検証する。

調査方法：
　タイ国内大学の日本語主専攻課程において、日本文化学習科目を受講するタイ人日本語学習者（以降「受講者」）に対して「日本事情」オンラインコースを使用したブレンディッドラーニングによる反転授業を複数回実施する。学習するトピックは「7．日本の企業文化」である。プラットフォームはGoogle Classroom を提供する。対面授業の終盤に、受講者に対して「異文化理解ルーブリック」による日本文化理解度の評価を行う。授業観察とメンタリングのため、筆者自身がタイ現地で対面授業を担当する。

6.3.3　「異文化理解ルーブリック」による評価結果
　「異文化理解ルーブリック」はルーブリックでありながら、CAN-DO の評価基準も併せ持つ。しかし評価観点は文化に対していかなる態度を取るかであり、そこに日本語能力は干渉しない。そのため受講者個々の日本語能力に関わらず全員を評価基準に沿って評価することができた。ただし日本語能力による判断ができないため、判断には受講者自身の様子や他者に対する態度を絶えず観察することになる。したがって大人数クラスの場合は、評価に時間を要することが予想される。なお先の札野（2005：23）では日本文化の理解向上に対する評価基準のうち「歴史的影響」の伸び率が高いことが報告されているが、本調査では「交流のパターン」「文化的行動」の点数が高くなる傾向があった。
　「異文化理解ルーブリック」実証実験の協力大学は1校のみであったことから、「異文化理解ルーブリック」の信頼性については更なる検証が必要である。

6.4　日本語人材育成を目的とした「日本事情」オンラインコースの有用性

　本節では、「日本事情」オンラインコースが日本語人材の育成に有効であるか、在タイ日系企業に対するアンケート調査を基に考察する。そして日本語人材へと育成するための「日本事情」においていかなる学習内容を含むべきか検討する。

6.4.1　受講者の変容から考察する「日本語人材に必要な能力」

　調査10および調査11の終了時に、先の実証実験（調査７・調査８・調査９）にて解明された学習成果である記憶ストラテジーの多用・リスニング能力の向上・自律学習の習慣づけ・日本文化の態度表出についてアンケート調査を行った。「１＝むしろしなくなった、２＝前と変わらない、３＝分からない、４＝前よりもするようになった、５＝前よりもとてもするようになった」の５段階のリカート尺度とした。また質問項目はタイ語に翻訳し、回答の平均・標準偏差・TP値（全回答における「４＝前よりもするようになった」・「５＝前よりもとてもするようになった」を選択した割合）を算出した。表6.5は「日本事情 CAN-DO リスト」による評価実施時の回答、表6.6は「異文化理解ルーブリック」による評価実施時の回答である。

表6.5　「日本事情 CAN-DO リスト」による評価実施時に受講者が実感した学習成果（n=21）

質問項目	平均値	標準偏差	TP 値（%）
１．勉強したことを記憶するための勉強法を前よりも使うようになりましたか。	3.68	0.92	66.67
２．リスニング能力は前よりも上がりましたか。	3.68	0.86	80.95
３．自分で計画を立てたりやることを決めたりして、前よりも自習するようになりましたか。	3.37	0.98	47.61
４．勉強した日本文化知識を意識した行動を前よりもするようになりましたか。	3.89	0.85	71.43

表6.6　「異文化理解ルーブリック」による評価実施時に受講者が実感した学習成果（n=19）

質問項目	平均値	標準偏差	TP 値（%）
１．勉強したことを記憶するための勉強法を前よりも使うようになりましたか。	3.63	0.98	68.42
２．リスニング能力は前よりも上がりましたか。	3.95	0.89	78.95
３．自分で計画を立てたりやることを決めたりして、前よりも自習するようになりましたか。	3.95	0.60	78.95
４．勉強した日本文化知識を意識した行動を前よりもするようになりましたか。	4.47	0.50	100.00

調査10・調査11は先の実証実験に協力した大学とは異なる大学で「日本事情」オンラインコースを使用した実証実験を実施したが、調査10ではリスニング能力の向上および日本文化の態度表出、調査11ではリスニング能力の向上、自律学習の習慣づけ、日本文化の態度表出を実感していることが分かった。

　リスニング能力の向上については、受講後インタビューにおいて多くの受講者が「日本人の自然な発音の日本語を聞き、リスニングの勉強になった」という旨の回答をしている。タイ語字幕と日本語音声の比較から日本語発話の内容理解が容易となり、語彙の量が増加したことも示唆された。また日本文化の態度表出については、挨拶励行や時間厳守について言及する受講者が多かった。これらは提供コンテンツのうち日本の企業文化に関する動画において触れられていた内容である。

　受講者の多くは在タイ日系企業就職を目指しており、「日本の企業で働くためには、この文化になじむ必要がある」と受講者自身で判断し実践されている。すなわち「日本事情」オンラインコースで学習した内容を耳で理解し、自分で考え、その場（日本語主専攻課程）にふさわしいと思われる態度を表出するよう変化したと言える。つまり「日本事情」オンラインコースで学習すれば、タイ人日本語学習者達は在タイ日系企業の求める日本語人材の能力のうち「マナー」と「聴解能力」を習得することが可能である。

6.4.2　日系企業に対する「日本事情」オンラインコースの有用性　―調査12―

　実証実験の受講者には聴解能力と日本文化の理解および態度表出に学習成果が見られた。このような受講者は在タイ日系企業の望む日本語人材なのか、ひいては「日本事情」オンラインコースに日本語人材育成の効果があるかどうか判断する必要がある。

　そこで第三章でアンケート調査に回答した32社に対し、「日本事情」オンラインコースで提供したテーマ・各テーマ学習時に想定される能力・受講者が実際に身についたと申告した能力を提示し、これらが日本語人材として仕事をする上で必要かどうか、また「日本事情」オンラインコースで学習していることが採用の基準となるか調査するための Web アンケートを実施した（資料 6.1：Web）。

　回答時期は2018年5月19日から6月5日であり、回答件数は20件であった

（回答率62.50％）。したがって基礎統計量と TP 値（全回答における「必要である（4）」、「とても必要である（5）」を選択した割合）に基づく分析を行う。

　表6.7は「日本事情」オンラインコース提供テーマのうち、日本語人材として学習しておくべきテーマである。本音と建て前、協調性等を学習する「日本人の価値観」が最も支持され、日本式ビジネス文化を学習する「日本の企業文化」、日本と国際社会について学習する「国際社会における日本」が次に支持された。

　表6.8は「日本事情」オンラインコース提供テーマのうち、日本語人材として能力が求められるテーマである。各テーマで身につく能力については資料6.2（Web）に示す。回答結果からは日本の国際的な立ち位置を客観視できるようになる「国際社会における日本」、日本式ビジネスマナーを習得できる「日本の企業文化」、タイと日本の価値観を比較し尊重できる「日本人の価値観」が同率で支持された。

表6.7　学習が必要なテーマ（リカート尺度）

項目	M	SD	TP 値(%)
日本人の価値観	4.65	0.57	95.00
日本の企業文化	4.55	0.67	90.00
国際社会における日本	4.25	0.77	80.00
時事問題	4.05	0.97	65.00
自然環境	3.85	1.01	60.00
日本食	3.90	1.09	55.00
方言	3.25	1.04	35.00

表6.8　能力が必要なテーマ（リカート尺度）

項目	M	SD	TP 値(%)
国際社会における日本	4.45	0.59	95.00
日本の企業文化	4.80	0.51	95.00
日本人の価値観	4.75	0.54	95.00
時事問題	4.25	0.77	90.00
自然環境	3.95	0.92	65.00
日本食	3.50	0.97	55.00
方言	3.10	0.99	30.00

表6.9　日系企業での任務遂行に必要な能力（リカート尺度）

項目	M	SD	TP 値(%)
時間厳守	4.95	0.22	100.00
自律学習	4.85	0.36	100.00
自己モニター	4.65	0.57	95.00
音に関するストラテジー使用	4.70	0.56	95.00
リスニング能力	4.70	0.64	90.00
筆記に関するストラテジー使用	4.10	0.99	75.00

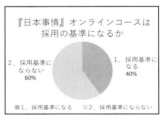

図6.3　採用基準となるか

　また受講者が実感した主な学習成果のうち、在タイ日系企業での任務遂行に必要な能力について表6.9に示す。「時間厳守」と「自律学習」が共に100%

（20件）であり、他の能力についても必要性があることが示された。

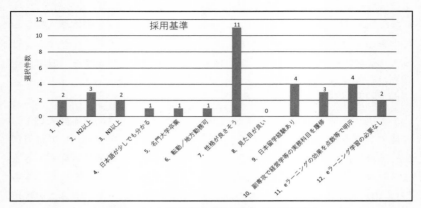

図6.4　日本語人材の採用基準（複数選択）

　しかし学習成果としてこのような能力が得られる「日本事情」オンライン
コースであっても、図6.3に示す通り、60％（12社）の在タイ日系企業が日本
語人材の採用基準にはならないと考えている。図6.4は在タイ日系企業の日本
語人材の採用基準である。回答からは性格を重視していることが分かった。
また採用基準にならないと回答した12社のうち「日本事情」オンラインコー
スでの学習は採用基準に不要としたのは２社のみであったことから、10社は
採用基準の１つとして検討する可能性が残されている。特に10社中４社がe
ラーニングの効果を点数等で明示すれば採用基準とすると回答していること
から、先のパフォーマンス評価等で日本文化の理解度を点数化して示す必要
がある。そうすれば「日本事情」オンラインコースは単なる日本語人材育成
を目的とした日本文化学習教材としてだけでなく、在タイ日系企業に就職す
るための指標として使用することが可能となる。
　以上のことから、本研究の課題２である日本語人材育成に効果のある学習
内容とは、「日本人の価値観」・「日本の企業文化」・「国際社会における日本」
であり、在タイ日系企業はこれらの学習を通じて身につく知識および能力を
評価することが明らかになった。また「日本事情」オンラインコースを使用
した授業で身につく能力のうち、「時間厳守」と「自律学習」については100％
（20社）、自分の学習行動等を振り返る「自己モニター」と音をヒントに日本
語を理解する「音に関するストラテジー使用」については95％（19社）が在

タイ日系企業勤務時の業務遂行に必要不可欠であると回答している。このことから「日本事情」オンラインコースによる日本文化学習は日本語人材育成に効果があると言える。

6.5 総括

　実証実験から浮かび上がった「日本事情」オンラインコースを使用した授業に対する諸問題の解決策として、ディスカッション等のタイ人日本語学習者同士で学び合う活動の導入やタイ人日本語学習者の日本語能力に合ったコンテンツの提供が挙げられる。またシステム上の問題については教材のダウンロード機能やFAQ作成、学習成果に関する問題については実用性を高めるための更なるニーズ調査と提供コンテンツの再開発が必要である。さらに日本語教師に対する効果として期待していた授業支援には至らず、原因として廣澤（2010：224）の指摘する「日本語教師のeラーニングに対する心理的な抵抗感」が伺えた。そこで、①導入検討段階でeラーニングが授業にもたらす効果を提示、②24時間対応可能な窓口を開設し、技術面での不安を軽減、③提供コンテンツの都度見直し、以上３つの方法でeラーニングへの抵抗感を軽減することが推奨される。

　また「日本事情」オンラインコースを受講したのみでは在タイ日系企業の採用基準とはならず、採用基準として検討するためには「日本事情」オンラインコースで具体的にどのような能力が育成されたのか、従来の総括的評価（宇塚・岡 2014：187、小川 2013：111、北出 2013：294）によらない方法で点数化して明確に示す必要がある。通常、日本語教育におけるパフォーマンス評価ではCAN-DOを使用することが多い（熊野他 2013、森本他 2011、鈴木他 2012）が、日本語能力の測定はできても日本文化の理解度の測定は困難であった。そこでルーブリックによるパフォーマンス評価を行い、タイ人日本語学習者の日本文化の理解度を点数化するのが現時点では妥当である。

　以上のことから、本研究の課題１であるタイにおける「日本事情」の授業設計とは、eラーニングを使用した場合においてはeラーニングと対面授業を組み合わせたブレンディッドラーニングの反転授業であり、対面授業でタイ人日本語学習者同士が学び合える学習活動を行う形式である。また評価については、対面授業でルーブリックを使用したパフォーマンス評価を行うのが最適である。

そして在タイ日系企業に対する調査から、本研究の課題2に対する結論が得られた。「日本事情」で学習すべき内容とは「日本人の価値観・日本の企業文化・国際社会における日本」であり、また「日本事情」オンラインコースで身につく能力は在タイ日系企業での任務遂行においても必要とされる能力であることが解明された。

第七章

結　　論

　本章では、タイ人日本語学習者に対する「日本事情」関連科目で非同期型
e ラーニングを使用する場合の授業設計を示すとともに、タイの日本語教育
における「日本事情」の今後について考察する。

7.1　調査結果からの考察

　本研究の第一課題である「タイ人日本語人材育成を目的とした e ラーニン
グによる『日本事情』の授業において学習すべき内容」は、見城他（2015）
の中国における「日本事情」学習ニーズ調査の結果とは異なり、日本社会に
関する文化や身近な日本文化であった。下位課題①である「日本事情」の授
業設計においては、討論型と読解型に分類した上で e ラーニングの使用割合
が異なる複数の授業設計を試作した。討論型の授業で多くの学習成果が観察
されたことから、「日本事情」の授業展開における日本語教師とタイ人日本語
学習者あるいはタイ人日本語学習者間の意見交換の重要性を再認識すること
ができた。つまり海外における「日本事情」の授業設計においては、e ラー
ニングを使用した反転授業の場合は対面授業におけるディスカッションが学
習活動として有効である。下位課題②である「タイ人日本語人材育成におい
て効果的な学習内容」とは、「日本事情」オンラインコースでは「国際社会に
おける日本」「日本の企業文化」「日本人の価値観」の３つのトピックである。
なぜなら在タイ日系企業は上記トピックの学習成果をタイ人日本語人材とし
ての任務遂行に必要な能力として認めているからである。

　また第二課題である「『日本事情』オンラインコースによる日本文化学習が
タイ人日本語学習者にもたらす学習成果」は、学習ストラテジーについては、
タイ人日本語学習者を対象とした先行研究（伊東 1993、石橋 2009）で示さ
れた「社会的ストラテジー」ではなく、記憶のための「記憶ストラテジー」
と自己管理のための「メタ認知ストラテジー」の多用が見られた。その他の
学習効果は小川（2008：73）で見られた自律学習の促進よりもさらに踏み込
んだ「自律学習の習慣定着」、「聴解能力の向上」、そして「学習した日本文化

知識の態度表出」であった。反転授業の先行研究（近藤 2015：111、米満他 2015：177、2016：186）では授業後の学習成果として理解度の向上や態度の変化等が挙げられており、本研究において類似の学習成果が得られることが証明された形となった。

7.2 「日本事情」の再設計

　本節では、タイ国内大学の日本語主専攻課程で「日本事情」オンラインコースを使用した「日本事情」を開講する際、いかなる授業設計を行うのが最適であるか、現段階で解明された点を基に設計する。

7.2.1 「日本事情」の開講時に望ましいコースデザイン

　タイ国内大学の日本語主専攻課程における「日本事情」オンラインコースを使用した「日本事情」のコースデザインを再設計する。授業設計は通常授業に LMS を併用した反転授業形式のブレンディッドラーニングである。授業運営と学習管理の仕組みについては、ID の知見に基づいた教員間および学習者同士の相互作用を促進するための機能と学習意欲持続のためのコンテンツを提供・管理している劉（2014）の事例を参考とした。

　表7.1は当初設計したものから実証実験を受けて修正したコースデザイン案である。修正を行った箇所は太字斜体で示す。

　学習時間は、1トピックにつき90分である。実証実験では各大学とも授業1コマが60分であり、60分の中で動画視聴・学習活動・確認クイズ解答を行っていた。したがって対面授業は60分、自宅学習は30分の計90分とした。

　受講人数は、実証実験より地方部の日本語主専攻課程では40名前後に対して日本語副専攻では少人数であることが判明したため、10〜40名と幅を持たせた。

　想定レベルは、在タイ日系企業が必ずしも高い日本語能力を要求していないことと地方部の日本語環境を考慮し、N3相当レベルへと変更した。またN3に到達していないタイ人日本語学習者でも自宅学習が可能となるよう、全ての提供コンテンツにタイ語を併記する。

　受講形式は、タイ人日本語学習者から要望のあった新出単語リストを提供する等の、動画視聴と合わせた学習ができる提供コンテンツを追加する。

　評価基準は、担当講師から自宅学習状況を把握したいという要望が寄せら

れたことから、コンテンツに学習最低時間またはアクセス回数を設定し、学習ログがそれを超過した場合は「学習済」と表示される機能を追加する。同様に確認クイズにも問題ランダム出現や解答制限時間等の不正防止のための設定を行い、一定の点数以上で「合格」と表示される機能を追加する。

　さらに実証実験での対面授業を観察した際に活動用シートをダウンロードして紙媒体で活動を行った後、紙で提出している様子が見受けられた。シート紛失等のトラブルや担当講師のシート保管場所の確保等の問題を鑑み、今後はオンラインで活動用シートを電子提出し、期日までに提出した場合は「提出済」と表示される機能を追加する。電子提出については、パフォーマンス評価のためにeポートフォリオとして使用できる形式とする。

　学習成果の5分類は、実証実験から「態度」に関する学習成果として「日本文化の理解と行動実践」が得られたことから、具体的な学習成果として明記した。

　最後に、学習意欲の持続のためにドロップアウト防止策を講じる。受講者に対するインタビューではeラーニングよりも担当講師とのマンツーマンの学習を好む受講者が複数存在し、他者による学習の働きかけや接触を求めていることが示唆された。したがってLMS上で行われた質問には少なくとも24時間以内にAIが自動回答を行う仕組みや、LMSへのアクセス回数が設定を下回る場合にはLMS上またはSNS等のICT、あるいは対面によるメンタリングを実施する仕組みを実装し、eラーニングにおける学習意欲の継続を図る。

表7.1　修正版：非同期型eラーニングによる「日本事情」コースデザイン案

学習時間		1トピック90分（自宅学習30分＋対面授業60分）
受講人数		1クラス10名〜40名
想定レベル		日本語能力試験N3相当または学習年数3年以上（3年生） コンテンツは全て日本語／タイ語で表記
受講形式		予習：LMS上での動画視聴およびコンテンツの利用 授業：動画の解説、課題解説、ディスカッションや読解などの学習活動 復習：LMS上での確認クイズ
評価基準		定期試験の成績：各大学の規定に基づく LMSの学習状況：利用設定時間・回数を超過し「学習済」である 確認クイズの状況：各トピックの確認クイズが「合格」である 提出課題の状況：期日までに「提出済」である 学習成果の評価：パフォーマンス評価、eポートフォリオ
	言語情報	・視聴覚教材で登場する単語リスト／文法を見る ・単語リスト／文法定着のための問題を解く

学習成果の5分類	知的技能	1．弁別：日本とタイでは価値観が異なることが感覚で分かる 2．具体的概念：日本文化や価値観を知る 3．定義された概念：日本文化の知識を日系企業勤務時に必要なものとそうでないものに分類する 4．ルール：学習した知識をビジネス場面と結び付ける 5．問題解決：ビジネス場面で学習した知識を使用する
	認知的方略	自分の学習内容を振り返る
	運動技能	・視聴覚教材を見る ・考えたことを文章として日本語で書く ・書いた文章を基に発言する ・他の受講者の発言を聞く
	態　　度	・他の受講者に対して自分の意見を伝える ・日本人とタイ人の価値観との相違を*理解した上で、日本人と接する際は日本の価値観に合った態度を表出*する
ドロップアウト防止策		*LMS上の学習支援：24時間以内に質問に回答する* *メンタリング：アクセス回数が設定以下の場合、メンタリングを行う*

7.2.2 「日本事情」の開講時に望ましい授業設計

　評価についての検証結果を踏まえ、タイ人日本語学習者を日本語人材として育成する際に、最も「日本事情」オンラインコースの学習成果を享受できる授業設計を再度作成した。図7.1は授業設計と各工程の目安時間である。

　自宅学習では、前回の内省（宿題提出や授業の振り返り）と動画視聴を行う。内省の目安は20分、動画視聴の目安は10分の計30分である。

　対面授業では、確認クイズ解答と意見交換、パフォーマンス評価およびコメントを行う。確認クイズ解答の目安は10分、意見交換の目安は30分であり、これらの学習活動は他の受講者と共に行う。その後、学習内容についてのパフォーマンス評価を個別に行う。日本語教師からのコメントも適宜行う。パフォーマンス評価とコメントの目安は20分であるが、受講者個々の観察が必要であるため、意見交換の際の様子を見ながら随時行う。したがって実際にパフォーマンス評価を行う時間の目安は最大50分である。

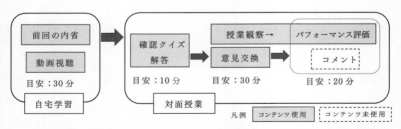

図7.1　「日本事情」オンラインコースを使用した授業設計（再設計）

7.3　今後の展望

　本研究ではタイ人日本語学習者には「日本事情」オンラインコースによる
学習成果が観察され、また在タイ日系企業の望む能力が育成できた。一方で
日本語教師に対する効果は自己の授業の振り返りや新しい授業方法への挑戦
等の意識の変容にとどまった。つまりタイ人日本語学習者と在タイ日系企業
の2者に対するニーズの分析と提供コンテンツへの反映には成功したが、日
本語教師に対する授業運営のための支援体制が不十分であったことが示され
ている。また日本語教師からは成績評価のため、在タイ日系企業からは能力
証明のための学習成果の「点数化」が求められたことから、日本文化理解を
評価する一つの方法としてパフォーマンス評価を提案したが、使用したルー
ブリックの真正性が課題として残された。またeポートフォリオについても、
ただの保存フォルダとせずメンタリングやメンタルヘルス支援（倉沢 2019：
62-63）等の学習支援に活用できる仕組み作りが必要である。

　学習成果については、反転授業形式で自宅でのビデオ視聴と対面授業での
ディスカッション等のグループ活動によって受講者間で「教え合う」機会が
発生した。これは授業が知識伝達中心ではなく主体的な学習行動が中心となっ
たことによる知識の定着・深化を報告した大山他（2016：22-23）の事例と
類似している。しかしそれに加えて態度の表出、つまり時間遵守の意識が芽
生えて受講者間あるいは受講者と日本語教師とが挨拶を交わすようになる等、
学習した日本的価値観に基づく行動の実践が複数の受講者に起こったことは
本研究の大きな成果といえる。タイ以外の東南アジア諸国において「日本事
情」オンラインコースを提供した場合、同様の学習効果が得られるかどうか
は未検証である。しかし東南アジアにおける「日本事情」の抱える問題が教
師不足・教材不足・授業設計が未確立であるかぎり、本研究の結果が関与で
きる余地は大いにある。

　日本事情研究においては、日本語教育における文化の取り扱いを異文化コ
ミュニケーション能力や異文化理解能力と関連付けて論じたものが多い。
Byram（1997）の "Intercultural Communicative Conpetence" モデルは言うに
及ばず、尺度やモデルで示した田中・秦（1996）、コンテキストで文化を説
明した原田（2000）、異文化コミュニケーション能力に関する項目の抽出と
分類を行った宮本・松岡（2000）など枚挙にいとまがない。しかしそれらに
ICT 利活用を掛け合わせて論じた、あるいはそれに日本語学習者の行き着く

先すなわち経済界からの視点を踏まえて論じた研究は管見の限り見当たらない。そこに本研究の新規性がある。

図7.2　Thai MOOC トップページ　　図7.3　Thai MOOC の講座紹介ページ

　本研究の成果は、タイの日本語教育を経て、今後はリカレント教育[149]へと還元する。本研究の実証実験で使用したコンテンツは複数のタイ国内の大学日本語主専攻課程で使用された[150]だけでなく、コンテンツの1つである動画を基にした日本文化学習講座が Thai MOOC で2020年1月から2月にかけて開講された（図7.2、図7.3）。タイ語を併用していたことから日本語を学習していなくても受講でき、またインターネット環境があればどこでも日本文化を学習できることから、タイ全域で受講する様子が見られた。本研究には水内・李（2006：56）の主張する「『日本事情』教育が先にあって、その後に『日本語』教育がある」、つまり日本文化が入り口となって日本語に関心を持ち、文化を踏まえて日本語を学ぼうとする潜在的な日本語学習者を掘り起こ

---

149 リカレント教育とは学校教育を人々の生涯にわたって分散させようとする理念であり、働きながら学ぶ場合、心の豊かさや生きがいのために学ぶ場合、学校以外の場で学ぶ場合もこれに含めている。（文部科学省 1995）
150 実証実験後から希望する大学には個別にコンテンツを提供していたが、特に2020年3月からは新型コロナウイルスの影響によるオンライン授業に利用できるよう、動画と確認クイズについては Web サイト（http://dokmai.sakura.ne.jp/resource.html）にて無料公開している。2020年6月時点で導入が確認されるのは東北部1校・南部1校・バンコク1校である。

す可能性を秘めている。日本事情研究は日本語教育において必要不可欠な分野なのである。

　本研究は、未確定要素の多い海外日本語教育における日本事情研究の手掛かりとなる研究である。それだけでなく「日本事情」における ICT 利活用の促進につながり、日本事情研究・日本語教育工学研究の活性化や海外日本語学習者の増加へと結びつく研究でもある。それはすなわち日本語教育全体の発展に寄与するものである。

参考文献

青木久美子（2012）『e ラーニングの理論と実践』財団法人放送大学教育振興会

アジア資本市場研究会（編）（2017）『アジアのフロンティア諸国と経済・金融』日本証券経済研究所

葦原恭子・奥山貴之・塩谷由美子・島田めぐみ（2018）「高度外国人材に求められる「仲介」スキルとは―タイで活躍する高度外国人材に対する実態調査を中心に―」『琉球大学国際教育センター紀要』2、pp.1-17、琉球大学国際教育センター

葦原恭子・小野塚若菜（2014）「高度外国人材のビジネス日本語能力を評価するシステムとしてのビジネス日本語 Can-do statements の開発―BJT ビジネス日本語能力テストの測定対象能力に基づいて―」『日本語教育』157、pp.1-15、日本語教育学会

アマルゴン（編）（2012）『i Tunes U と大学教育　Apple は教育をどのように変えるのか？』株式会社ビー・エヌ・エヌ

池田伸子（2009）「留学生の就職を支援するための実践的日本語教育について」『ことば・文化・コミュニケーション：異文化コミュニケーション学部紀要』創刊号、pp.131-142、立教大学異文化コミュニケーション学部

李在鎬・今井新悟・甲斐晶子・堀聖司（2015）「日本語・日本事情遠隔教育拠点報告2014」『筑波大学留学生センター日本語教育論集』30、pp.329-338、筑波大学留学生センター

石橋玲子（2009）「タイ人日本語学習者の言語学習ストラテジー使用―速読スキルを導入した場合―」『アジアにおける日本語教育―「外国語としての日本語」修士課程設立一周年セミナー論文集―』、pp73-88

市川尚・根本淳子（編）（2016）『インストラクショナルデザインの道具箱101』鈴木克明（監修）、北大路書房

市原明日香・古川雅子・石川浩一郎・飯田将茂・李在鎬・今井新悟（2012）「日本語・日本事情遠隔教育拠点にて企画中の e ラーニング教材について」『筑波大学留学生センター日本語教育論集』27、pp.67-80、筑波大学留学生センター

伊東祐郎（1993）「日本語学習者の学習ストラテジー選択」『留学生日本語教育センター論集』19、pp.77-92、東京外国語大学留学生日本語教育センター

井上加寿子・伊藤創・依田悠介（2013）「ICT 環境を活用した外国語教育の現状と課題―英語科目と日本語科目における実践報告を中心に―」『教育総合研究叢書』6、pp.21-34、関西国際大学教育総合研究所

今井新悟・李在鎬・甲斐晶子・吉田麻子・信岡麻理・古川雅子・堀聖司・朴眞煥（2014）「日本語・日本事情遠隔教育拠点報告2013」『筑波大学留学生センター日本語教育論集』29、pp.207-219、筑波大学留学生センター

インカピロム，プリヤー（1988）「タマサート大学における日本文化社会の教授方法」『日本語教育』65、pp.109-115、日本語教育学会

牛窪隆太（2010）「海外学習環境における学習リソースについての一考察―タイ・日間を結んだ遠隔授業実践の改善を通じて―」『国際交流基金バンコク日本文化セン

ター日本語教育紀要』7、pp.149-158、国際交流基金バンコク日本文化センター

宇塚万里子・岡益巳（2014）「日本事情科目の現状と問題に関する実証的研究」『大学教育研究紀要』10、pp.179-192、岡山大学

大石安慧（2004）「カンボジアにおける日本語教育—現状と課題—」『昭和女子大学大学院日本語教育研究紀要』2、pp.29-34、昭和女子大学大学院

大作勝（2005）「情報通信技術を用いた遠隔教育は初等教育になじむか」『日本教育工学会論文誌』29（3）、pp.441-446、日本教育工学会

太田陽子（1999）「マレーシアにおける日本語教育」『一橋大学留学生センター紀要』2、pp.45-55、一橋大学留学生センター

大谷尚（2008）「4ステップコーディングによる質的データ分析法 SCAT の提案—着手しやすく小規模データにも適用可能な理論化の手続き—」『名古屋大学大学院教育発達科学研究科紀要』54（2）、pp.27-44

大谷尚（2011）「SCAT: Steps for Coding and Theorization—明示的手続きで着手しやすく小規模データに適用可能な質的データ分析手法—」『感性工学』10（3）、pp. 155-160

大谷千恵・田丸恵理子・河野功幸・根津幸徳・池田敦（2017）「文系授業における反転授業の事例研究—ブレンド型授業におけるディスカッションと学び合い—」『玉川大学教育学部紀要』17、pp.117-142、玉川大学教育学部

大山牧子・根岸千悠・山口和也（2016）「学生の理解を深める反転授業の授業デザインの特徴—大学における化学の授業を事例に—」『大阪大学高等教育研究』4、pp.15-24、大阪大学全学教育推進機構

小川勤（2008）「大学教育と e ラーニング—『日本型 e ラーニング』とその行方—」『大学教育』5、pp.59-76、山口大学大学教育機構

小川都（2013）「留学生に必要とされる『一般日本事情』のあり方」『専修大学外国語教育論集』41、pp.105-113、専修大学

沖林洋平（2010）「協同学習」森敏昭・青木多寿子・渕上克義（編）『よくわかる学校教育心理学』、pp.158-159、ミネルヴァ書房

沖裕貴（2014）「大学におけるルーブリック評価導入の実際—公平で客観的かつ厳格な成績評価を目指して—」『立命館高等教育研究』14、pp.71-90、立命館大学教育開発推進機構

海外技術者研修協会（2007）『日本企業における外国人留学生の就業促進に関する調査研究』経済産業省

門倉正美（2001）「メディアを思考（志向・試行）する—日本事情としてのメディア・リテラシー—」『21世紀の「日本事情」—日本語教育から文化リテラシーへ—』3、pp.82-92、くろしお出版

カラヤ，ミヤッ（2010）「ミャンマーにおける日本語教育の現状と課題—ヤンゴン市を中心に—」『研究紀要』22、pp.77-88、長崎短期大学

カレイラ松崎順子（2010）「e ラーニングに対する態度への学習スタイルの影響—大学英語教育を対象に—」『メディア教育研究』6（2）、pp.D1-D7、放送大学 ICT 活用・遠隔教育開発センター

川上郁雄（2004）「年少者日本語教育実践の観点—『個別化』『文脈化』『統合化』」『早稲田日本語研究』12、pp.1-12、早稲田日本語研究センター

川嶋恵子・和栗夏海・宮崎玲子・田中哲哉・三浦多佳史・前田純子（2015）「日本語学習サイト『まるごと＋（まるごとプラス）』の開発―課題遂行と異文化理解を助けるウェブサイト―」『国際交流基金日本語教育紀要』11、pp.37-52、国際交流基金

河村一樹・今井康博（2017）『大学における反転授業』大学教育出版

北出慶子（2013）「相互文化グループ学習活動におけるアイデンティティ形成の学び―正課授業における相互文化学習活動の実践分析―」『言語文化教育研究』11、pp.282-305、言語文化教育研究学会

グエン，タインタム・グイェン，チツオンバン・マイ，ゲエンゴック（2015）「ベトナムにおける日本語教育と日本研究の動き」『日越交流における歴史、社会、文化の諸課題』、pp.249-258、国際日本文化研究センター

久我瞳・立部文崇（2016）「日本語教育機関へのICT導入に関する考察」『徳山大学論叢』83、pp.19-34、徳山大学

熊野七絵・伊藤秀明・蜂須賀真希子（2013）「JFS/CEFRに基づくJFS日本語講座レベル認定試験（A1）の開発」『国際交流基金日本語教育紀要』9、pp.73-88、国際交流基金

倉沢郁子（2019）「留学生のメンタルヘルス―語学教師ができる支援を考える―」『関西外国語大学留学生別科日本語教育論集』29、pp.57-64、関西外国語大学留学生別科

栗田佳代子・日本教育研究イノベーションセンター（2017）『インタラクティブ・ティーチング―アクティブ・ラーニングを促す授業づくり』川合出版

グローバル人材育成推進会議（2012）「審議まとめ（平成24年6月4日）」〈https://www.kantei.go.jp/jp/singi/global/1206011matome.pdf〉2020.06.01最終閲覧

グロワート，エスメ（1999）『教師と子どものポートフォリオ評価』鈴木秀幸（訳）、論創社

桑元裕二・宮本律子（2006）「背景知識の教授をめざした『日本事情』への映像使用」『秋田大学教養基礎教育研究年報』8、pp.61-68、秋田大学教育推進総合センター

経済産業省（2011）「アジア人財資金構想」〈http://www.meti.go.jp/policy/asia_jinzai_shikin/index.html〉2020.06.01現在リンク無効

ケード，ブッシュネル（2012）「英語で教える日本語・日本事情―グローバル30における日本語・日本事情コースについて―」『筑波大学留学生センター日本語教育論集』27、pp.35-55、筑波大学留学生センター

ケラー，J. M.（2010）『学習意欲をデザインする―ARCSモデルによるインストラクショナルデザイン―』鈴木克明（監訳）、北大路書房

見城悌治・三村達也・中嶋英介・菅田陽平（2015）「現代中国における大学生に対する『日本事情』ニーズ調査」『国際教育』8、pp.51-76、千葉大学国際教育センター

河野理恵（2010）「中国の大学における日本文化に関する授業の現状―上海の大学の調査から―」『一橋大学国際教育センター紀要』1、pp.57-66、一橋大学国際教育センター

国際協力支援機構（2013）『タイ王国雇用と地域格差に関する情報収集・確認調査最終報告書』埼玉大学経済学部

国際交流基金（1994）『日本語能力試験出題基準（外部公開用）』国際交流基金

国際交流基金（2011）『海外の日本語教育の現状　日本語教育機関調査・2009年概要』

独立行政法人国際交流基金

国際交流基金（2012）『こはるといっしょににほんごわぁ〜い』国際交流基金

国際交流基金（2016）「日本語教育国・地域別情報　タイ（2016年度）」〈https://www.jpf.go.jp/j/project/japanese/survey/area/country/2016/thailand.html〉2020.06.01最終閲覧

国際交流基金（2017a）「平成29（2017）年度 日本語指導助手レポート　小さな教室から」〈https://www.jpf.go.jp/j/project/japanese/teach/dispatch/voice/assistant/report/2017_01.html〉2020.06.01最終閲覧

国際交流基金（2017b）『まるごと 日本のことばと文化』〈https://www.marugoto.org/〉2020.06.01最終閲覧

国際交流基金（2019）「日本語教育機関調査」〈http://www.jpf.go.jp/j/project/japanese/survey/result/〉2020.06.01終閲覧

国際交流基金日本語国際センター（2015）『21世紀の人材育成を目指す東南アジア5か国の中等教育における日本語教育─各国教育文書から見える教育のパラダイムシフト─』国際交流基金日本語国際センター

国際交流基金日本語国際センター（2016）「『エリン』について」〈https://www.jpf.go.jp/j/urawa/j_rsorcs/erin/index.html〉2020.06.01最終閲覧

国際交流基金バンコク日本文化センター（2014）「見る！日本語の教え方 Watch! Teaching Japanese Videos ดู! วิธีสอน ภาษาญี่ปุ่น」〈http://miru-oshiekata.blogspot.com/〉2020.06.01最終閲覧

国立国語研究所日本語教育部門（2006）『日本語教育の学習環境と学習手段に関する調査研究海外調査報告書』国立国語研究所

コンジット，サランヤー（2013）「チェンマイ大学における日本語教育の現状」『群馬大学国際教育・研究センター論集』12、pp.23-34、群馬大学国際教育・研究センター

近藤彩・金孝卿（2014）「グローバル時代における日本語教育─プロセスとケースで学ぶビジネスコミュニケーション─」『National Symposium on Japanese Language Education2012』、pp.103-116、国際交流基金シドニー日本文化センター

近藤真唯（2015）「教職課程における反転授業の活用と学習効果」『千葉商大紀要』53（1）、pp.103-117、千葉商科大学

坂本正（2009）「第2章　第二言語習得研究からの視点」鎌田修・山内博之・堤良一（編）『プロフィシェンシーと日本語教育』、pp.21-32、ひつじ書房

佐々木倫子（2002）「日本語教育で重視される文化概念」細川英雄（編）『ことばと文化を結ぶ日本語教育』、pp.218-234、凡人社

品川直美・山下直子（2002）「コンピュータゲームを利用して学ぶ日本のくらし─日本人の一生すごろく─」『21世紀の「日本事情」─日本語教育から文化リテラシーへ─』4、pp.4-18、くろしお出版

自治体国際化協会（2004）『ASEAN 諸国の地方行政』自治体国際化協会

自治体国際化協会（2012）「井之川中学校とチュラローンコーン大学との国際交流授業」〈http://www.clair.or.jp/j/exchange/docs/tokunoshima.pdf〉2020.06.01最終閲覧

篠﨑大司（2009）「Moodle を活用した上級日本語読解 e ラーニングコンテンツの開発と学習者評価─ブレンディッドラーニングモデルの構築に向けて─」『別府大学国語国文学』51、pp.1-26、別府大学

篠崎大司（2011a）「Moodle を活用したブレンディッドラーニングモデルの構築とその有効性―上級日本語文法を中心に―」『別府大学紀要』52、pp.1-10、別府大学

篠崎大司（2011b）「学習意欲の向上を目指した先行事例の事前提示とその教育効果―ブレンディッドラーニングにおけるオフライン教育の充実に向けて―」『別府大学日本語教育研究』1、pp.8-14、別府大学

篠崎大司（2014）「Moodle を活用した日本語教員養成向け e ラーニングコンテンツの開発と授業評価―「言語と教育」から「社会・文化・地域」まで―」『日本語教育方法研究会誌』21（1）、pp.20-21、日本語教育方法研究会

周鳴（2015）「文化教育と言語教育の融合を目指して―中国武漢における日本語教育の場合―」『大分県立芸術文化短期大学研究紀要』52、pp.1-21、大分県立芸術文化短期大学

授業目的公衆送信補償金等管理協会［SARTRAS］（2019）〈https://sartras.or.jp/〉2020.06.01最終閲覧

首相官邸（2007）「アジア・ゲートウェイ構想」〈http://www.kantei.go.jp/jp/singi/asia/kousou.pdf〉2020.06.01最終閲覧

鈴木克明（2002）『教材設計マニュアル―独学を支援するために―』北大路書房

鈴木克明（2005）「教師のためのインストラクショナルデザイン入門」『IMETS フォーラム』158、pp.51-55、教育工学研究協議会

鈴木克明（2006）「e-Learning 実践のためのインストラクショナル・デザイン」『日本教育工学会論文誌』29（3）、pp.197-205、日本教育工学会

鈴木美加・藤森弘子・藤村知子・鈴木智美・中村彰・坂本惠・花薗悟・伊集院郁子（2012）「日本語学習における目標記述をめぐって―全学日本語プログラムの Can-do リスト作成に向けて―」『東京外国語大学留学生日本語教育センター論集』38、pp.155-166、東京外国語大学留学生日本語教育センター

スティアワン，ハリ（2015）「インドネシアにおける日本語教育事情」『日本研究教育年報』19、pp.157-163、東京外国語大学

スラジャヤ，イケトット（1994）「インドネシアにおける日本研究の現状と将来」『日本研究』11、pp.49-55、国際日本文化研究センター

牲川波都季（2000）「剥ぎ取りからはじまる『日本事情』」『21世紀の「日本事情」―日本語教育から文化リテラシーへ―』2、pp.28-39、くろしお出版

総務省（2016）「世界情報通信事情　タイ王国」〈http://www.soumu.go.jp/g-ict/country/thailand/pdf/066.pdf〉2020.06.01最終閲覧

大学改革支援・学位授与機構（2019）「タイ：高等教育科学研究革新省が発足」〈https://qaupdates.niad.ac.jp/2019/12/23/mehsi/〉2020.06.01最終閲覧

大学評価・学位授与機構（発行年不明）「タイ高等教育の質保証」〈https://www.niad.ac.jp/n_kokusai/info/thailand/BriefingonThailandQAinHE（JP）.pdf〉2020.06.01最終閲覧

高嵜幸子・都恩珍（2016）「海外の日本語学習者に日本文化をどう教えるか―アクティブラーニングを取り入れた授業の試み―」『桜花学園大学学芸学部研究紀要』、pp.115-127

田中敦子（2007）「タイにおけるビジネス日本語コースについての考察―Waseda Education（Thailand）での実践報告―」『国際交流基金バンコク日本文化センター日本語教育紀要』4、pp.89-98、国際交流基金バンコク日本文化センター

田中共子・秦喜美恵（1996）「日本文化理解のための教材構成の理論と試案―社会的文脈をともなう対話場面を中心に―」『世界の日本語教育』6、pp.13-34、国際交流基金

田中寛（1998）「海外日本語教育と日本語教材の開発―泰日経済技術振興協会の語学事業を例に―」奥田祥子（編）『21世紀の民族と国家第8巻ボーダーレス時代の外国語教育』、pp.205-247、未來社

田中真理（2016）「パフォーマンス評価はなぜばらつくのか？―アカデミック・ライティング評価における評価型の『型』」宇佐美洋（編）『「評価」を持って街に出よう―「教えたこと・学んだことの評価」という発想を超えて―』、pp.34-52、くろしお出版

タナサーンセーニー美香・當山純・高坂千夏子・中井雅也・深澤伸子（2005）「ビジネスで使う日本語を考える―企業と教育現場の視点から―」『国際交流基金バンコク日本文化センター日本語教育紀要』2、pp.207-222、国際交流基金バンコク日本文化センター

タナサーンセーニー美香（2006）「日本人との接触が日本語学習に及ぼす影響に関する一考察」『日本語教育の学習環境と学習手段に関する調査研究　海外調査報告書』、pp.108-160、国立国語研究所

田渕七海子（2008）「ラオスにおける日本語教育事情―活動型初中級クラスにおける日本人学生との作文交換活動の実践報告を中心に―」『言語文化と日本語教育』36、pp.21-30、お茶の水女子大学日本言語文化学研究会

俵幸嗣（2013）「微笑みの国『タイ』における日本留学事情と日本語教育」『留学交流』31（10）、pp.1-44、独立行政法人学生支援機構

千葉真人・高田知仁（2010）「タイにおける日本語ガイドに求められるもの―ベテランガイドへのインタビューに基づいて―」『国際交流基金バンコク日本文化センター日本語教育紀要』7、pp.51-60、国際交流基金バンコク日本文化センター

中央大学（2014）「カセサート大学との遠隔交流授業を実施」〈https://globalization.chuo-u.ac.jp/news/2014/03/777/〉2020.06.01最終閲覧

チューシー，アサダーユット（2017）「新時代のタイ人日本語学習者を対象としたMOOCs形式の日本語音声教育」『早稲田日本語教育学』23、pp.63-71、早稲田大学 大学院日本語教育研究科

著作権情報センター（発行年不明）「学校教育と著作権」〈http://www.cric.or.jp/qa/cs01/〉2020.06.01最終閲覧

土屋千尋・櫛谷圭司・眞水康樹・内藤俊彦・藤井隆至・濱口哲・松田由美子・和田悦子・足立祐子（1997）「全学協力による日本事情のカリキュラム編成および教育方法改善のための調査研究」『大学教育研究年報』3、pp.101-119、新潟大学大学教育開発研究センター

土屋菜緒子（2014）「上級日本語事情クラスのコースデザインと授業改善への取り組み」『青山スタンダード論集』9、pp.59-70、青山学院大学青山スタンダード教育機構

帝国データバンク（2016）「ASEAN進出企業実態調査」〈https://www.tdb.co.jp/report/watching/press/p160504.html〉2020.06.01最終閲覧

寺朱美・北村達也・落水浩一郎（1996）「WWWブラウザを利用した日本語読解支援システム」『日本語教育方法研究会誌』3（1）、pp.10-11、日本語教育方法研究会

中井雅也・千葉真人（2011）「タイで求められるホテルビジネス用日本語─日本人観光客へのアンケート調査に基づいて─」『国際交流基金バンコク日本文化センター日本語教育紀要』8、pp.105-114、国際交流基金バンコク日本文化センター

中島マリン（2012）『タイのしきたり』めこん

中山光男（1986）「タイ国における日本語教育」『日本語教育』60、pp.159-175、日本語教育学会

仁科喜久子（2003）「第二言語としての日本語の学習環境とICT利用支援」『日本教育工学雑誌』27（3）、pp.233-236、日本教育工学会

西日本新聞（2018）「タイ小中学校に『柳川クラス』 現地付属中の取り組み参考 日本語や道徳教育導入」〈https://www.nishinippon.co.jp/item/n/538778/〉2020.06.01最終閲覧

西谷まり（2014）「日本語ビジネスコミュニケーション教材の開発」『一橋大学国際教育センター紀要』5、pp.105-112、一橋大学国際教育センター

日本語教員の養成に関する調査研究協力者会議（2000）『日本語教育のための教員養成について』文化庁

日本語能力試験（2012）〈https://www.jlpt.jp/index.html〉2020.06.01最終閲覧

日本貿易振興機構（2018）『タイコンテンツ市場調査（2017年度版）』日本貿易振興機構

日本貿易振興機構（2019）「タイ概況─日本との関係」〈https://www.jetro.go.jp/world/asia/th/basic_01.html〉2020.06.01最終閲覧

丹羽辰男（2000）「日本企業のトランスナショナル化と日本語教育の必要性」本名信之・岡本佐智子（編）『アジアにおける日本語教育』pp.195-215、三修社

ネウストプニー, J. V.（1999）「言語学習と学習ストラテジー」宮崎里司・ネウストプニー, J.V.（編）『日本語教育と日本語学習』、pp.3-35、くろしお出版

野津隆志（2001）「東南アジアに対する日本語教育の援助─今後の日本語普及のあり方をめぐって─」村田翼夫（編）『東南アジア諸国の国民統合と教育─多民族社会における葛藤─』、pp.258-270、東信堂

野元千寿子（2007）「日系企業が現地社員に求める「ビジネス日本語」の実態」『ポリグロシア』13、pp.69-81、立命館アジア太平洋大学

ハート, ダイアン（2012）『パフォーマンス評価入門 「真正の評価」論からの提案』田中耕治（監訳）、ミネルヴァ書房

萩原孝恵・池谷清美（2016）「集中的に舌打ちを発したタイ人日本語学習者の発話に関する一考察」『日本語プロフィシェンシー研究』4、pp.5-20、日本語プロフィシェンシー研究学会

萩原孝恵・池谷清美（2018）「タイ人学習者がインタビューテストで笑うとき」『山梨国際研究』13、pp.47-57、山梨県立大学国際政策学部

長谷川恒雄（1999）「『日本事情』その歴史的展開」『21世紀の「日本事情」─日本語教育から文化リテラシーへ─』創刊号、pp.1-12、くろしお出版

長谷川ユリ（2010）「eラーニングを利用した日本語教育」『国政センター年報』16、pp.10-13、大阪教育大学

濱名篤（2011）「中教審大学教育部会（2011年12月9日）説明資料」文部科学省〈http://www.mext.go.jp/b_menu/shingi/chukyo/chukyo4/015/attach/1314260.htm〉

2020.06.01最終閲覧

原田明子（2004a）「バンコクの日系企業の求める日本語ニーズに関する分析—ビジネスパーソンによる日本語学習動機との比較から—」『早稲田大学日本語教育研究』4、pp.169-182、早稲田大学大学院日本語教育研究科

原田明子（2004b）「言語政策から見たタイの日本語教育」『留学生教育』9、pp.199-205、留学生教育学会

原田登美（2000）「日本語教育と文化の交差点—異文化コミュニケーションの視点から—」『言語と文化』4、pp.120-131、甲南大学国際言語文化センター

盤谷日本人商工会議所（2015）「日本型経営講座、キングモンクット工科大学トンブリー校にて開講」〈https://www.jcc.or.th/activity/detail/3032〉

バンチョンマニー, ブッサバー（2009）「タイにおける日本語教育」『東京外国語大学日本研究教育年報』13、pp.117-121、東京外国語大学

櫃本真美代（2011）「タイにおける開発と教育に関する一考察：農民グループの教育活動を事例に」『獨協大学外国語学部交流文化学科紀要』2、pp.55-64、獨協大学外国語学部交流文化学科

平野貞二（2010）「大学での『ビジネス日本語』の方向性」『熊本大学国際化推進センター紀要』1、pp.29-48、熊本大学国際化推進センター

廣澤周一（2010）「Moodle による日本語教師のコンピュータ・リテラシー向上と ICT 活用支援」『PC Conference 論文集2010』、pp.223-226、コンピュータ利用教育学会

福岡昌子（2015）「留学生の就職に関する意識調査とビジネス日本語教育への示唆」『三重大学国際交流センター紀要』10、pp.1-18

福岡昌子・趙康英（2013）「グローバル人材育成と企業の留学生雇用に関する研究」『三重大学国際交流センター紀要』8、pp.19-38

吹原豊（2011）「アカデミック・ジャパニーズとしての日本事情に関する一考察—2つの大学における実践から—」『フェリス女学院大学文学部紀要』46、pp.373-392、フェリス女学院大学文学部

札野寛子（2005）「自己評価票を利用した日本語教育プログラム満足度評価」『言葉と文化』6、pp.13-33、名古屋大学大学院国際言語文化研究科日本言語文化専攻

文化庁（2010）『「生活者としての外国人」の日本語能力の測定・評価に関する調査研究報告書』東京外国語大学

文化庁（2020）『「授業目的公衆送信補償金制度」の早期施行について（新規）』2 文庁第333号、文化庁

放送大学（2011）『平成21年度・22年度文部科学省先導的大学改革推進委託事業「ICT活用教育の推進に関する調査研究」委託業務成果報告書』文部科学省

細川英雄（1994）『日本語教師のための実践「日本事情」入門』大修館書店

細川英雄（1999）「日本語教育と国語教育—母語・第2言語の連携と課題—」『日本語教育』100、pp.57-66、日本語教育学会

細川英雄（2000）「ことばと文化はどのように教えられてきたか—『日本事情』教育研究小史の試み—」『早稲田大学日本語研究教育センター紀要』13、pp.103-112、早稲田大学日本語研究教育センター

堀井惠子（2009）「留学生の就職支援のためのビジネス日本語教育のシラバス構築のための調査研究—中国の日系企業へのインタビューからの考察」『武蔵野大学文学部

紀要』10、pp.77-89、武蔵野大学

堀井惠子（2011）「留学生の就職支援のためのビジネス日本語教育のシラバス構築のための調査研究―ベトナム・ハノイの日系企業へのインタビューからの考察」『武蔵野大学文学部紀要』12、pp.61-74、武蔵野大学

堀井惠子（2012）「留学生の就職支援のためのビジネス日本語教育のシラバス構築のための調査研究3―タイ・バンコクの日系企業などへのインタビューからの考察」『Global communication』1、pp.31-46、武蔵野大学グローバル教育研究センター

堀素子（2006）「はじめに」『ポライトネスと英語教育』、pp.1-25、ひつじ書房

前野文康・勝田千絵・ラープリサワット，ニダー（2015）「在タイ日系企業が求める日本語人材―インタビュー調査より―」『国際交流基金バンコク日本文化センター日本語教育紀要』12、pp.47-56、国際交流基金バンコク日本文化センター

松井嘉和・北村武士・チラソンバット，ウォーラウット（1999）『タイにおける日本語教育―その基盤と生成と発展―』錦正社

松岡昌和（2012）「香港の大学における日本文化に関する授業の現状」『一橋大学国際教育センター紀要』3、pp.93-103、一橋大学国際教育センター

松下佳代（2012）「パフォーマンス評価による学習の質の評価―学習評価の構図の分析にもとづいて」『京都大学高等教育研究』18、pp.75-114、京都大学高等教育研究開発推進センター

松田岳士・原田満理子（2007）『eラーニングのためのメンタリング　学習者支援の実践』東京電機大学出版局

真野千佳子・大須賀直子（2005）「大学生のCALLに対する態度・授業評価に影響をおよぼす個人差要因」『文教大学国際学部紀要』16（1）、pp.115-133、文教大学国際学部

水内宏・李潤華（2006）「『日本事情』教育における新視点と教材開発」『千葉大学教育学部研究紀要』54、pp.55-62、千葉大学教育学部

水谷修（1994）「ビジネス日本語を考える：公的話しことばを求めて」『日本語学』13（12）、pp.14-20、明治書院

水谷修・細川英雄・佐々木瑞枝・池田裕（1995）『日本事情ハンドブック』大修館書店

宮岸哲也（2006）「タイの衛星放送による日本語授業の利用促進のために」『国際交流基金バンコク日本文化センター日本語教育紀要』3、pp.221-226、国際交流基金バンコク日本文化センター

宮崎里司（2000）「もうひとつの日本事情：海外でのインターアクションのための日本語教育」『21世紀の「日本事情」―日本語教育から文化リテラシーへ―』2、pp.42-51、くろしお出版

宮崎里司（2002）「接触場面の多様化と日本語教育：テレビ会議システムを利用したインターアクション能力開発プログラム」『講座日本語教育』38、pp.16-27、早稲田大学語学教育研究所

宮原彬（1999）「ベトナムの日本語教育事情：最近の状況と課題」『長崎大学留学生センター紀要』7、pp.139-154、長崎大学留学生センター

宮本律子・松岡洋子（2000）「多文化コミュニケーション能力測定尺度作成の試み」『秋田大学教育文化学部教育実践研究紀要』22、pp.99-106、秋田大学教育文化学部

三代純平（2012）「韓国の大学における日本文化に関する授業の現状―中国・上海の大

学との比較から―」『徳山大学論叢』74、pp.109-127、徳山大学

明治大学（2015）「タイの学生に向けて遠隔授業を始めました」〈http://www.meiji.ac.jp/ cip/mac/info/2014/6t5h7p00000iamqs.html〉2020.06.01最終閲覧

メディア教育開発センター（2008）『e ラーニング等の ICT を活用した教育に関する調査報告書』メディア教育開発センター

茂住和世（2004）「異文化環境に適応する人材に求められるもの～日中合弁企業における社員研究の事例から～」『東京情報大学研究論集』7（2）、pp.93-104、東京情報大学

元木芳子（2006）「第二言語学習と学習ストラテジー」『日本大学大学院総合社会情報研究科紀要』7、pp.689-700、日本大学大学院総合社会情報研究科

百瀬佑子（1998）「国際理解・国際協力を目指した日本語教育のあり方―インドネシアに対する支援・協力を例にして」『国際協力研究』14（1）、pp.43-50、JICA 研究所

森本康彦（2015）「e ポートフォリオとしてのビッグデータとラーニングアナリティクス」『コンピュータ＆エデュケーション』38、pp.18-27、コンピュータ利用教育学会

森本由佳子・塩澤真季・小松知子・石司えり・島田徳子（2011）「コミュニケーション言語活動の熟達度を表す JF Can-do の作成と評価―CEFR の A2・B1 レベルに基づいて―」『国際交流基金日本語教育紀要』7、pp.25-42、国際交流基金

森良太（2012）「日本語教育における『学習者主体』論の再考」『北海学院大学人文論集』53、pp.249-269、北海学院大学

文部科学省（1995）「リカレント教育」『平成7年度我が国の文教施策』〈https://www. mext.go.jp/b_menu/hakusho/html/hpad199501/hpad199501_2_093.html〉 2020.06.01最終閲覧

文部科学省（2018）『【公民編】高等学校学習指導要領（平成30年告示）解説』文部科学省

柳善和（2016）「外国語教育における ICT 利活用の現状とこれからの展望」『名古屋学院大学論集言語・文化編』28（1）、pp.9-19、名古屋学院大学

山下泰世（2014）『平成25年度（2013年度）情報教育に関する研究Ⅲ英語科における学習意欲を高める自己評価の工夫―「CAN-DO リスト」を活用した授業デザインと ICT 機器を活用した「振り返り」―』滋賀県総合教育センター

山田勇人（2011）「マレーシア中等教育における日本語教育の歴史と現状」『プール学院大学研究紀要』51、pp.295-303、プール学院大学

大和隆介・真野千佳子・山本厚子・中島優子（2005）「第1章　学習ストラテジーとは何か」大学英語教育学会学習ストラテジー研究会（編）『言語学習と学習ストラテジー』、pp.11-30、リーベル出版

山本千波（2013）「E ラーニングコース開設における考察と日本語 E ラーニングコースのための留意点」『日本語教育論集』28、pp.135-149、筑波大学留学生センター

尹智鉉（2011）「日本語学習者の第二言語習得と学習ストラテジー」『研究紀要』81、 pp.17-40、日本大学文理学部人文科学研究所

吉田武大（2011）「アメリカにおけるバリュールーブリックの動向」『教育総合研究叢書』4、pp.1-12、関西国際大学教育総合研究所

吉田直子（2011）「多国間ネットワークによる遠隔交流の実践―新たな学習環境作りを

目指して―」『国際交流基金バンコク日本文化センター日本語教育紀要』8、pp.125-134、国際交流基金バンコク文化センター

吉田晴世（2008）「第2章外国語教育・学習モデル」吉田晴世・松田憲・上村隆一・野澤和典（編著）『ICT を活用した外国語教育』、pp.10-34、東京電機大学出版局

吉嶺加奈子（2017a）「タイ日本語教育の現状に即した e ラーニング形式の考察―日本語人材育成を目的とした『日本事情』を例に―」『年報タイ研究』17、pp.49-66、日本タイ学会

吉嶺加奈子（2017b）「タイ南部における日本語教育の現況―ICT で変わるもの、変わらないもの―」『タイ国情報』51（1）、pp.78-87、日本タイ協会

吉嶺加奈子（2017c）「日本語人材を目指すタイ人日本語学習者を対象とした e ラーニングの開発と諸問題」『地球社会統合科学研究』7、pp.111-123、九州大学大学院地球社会統合科学府

吉嶺加奈子（2019a）「タイ人日本語人材の育成を目的とした日本文化学習におけるスマートフォンの活用方法」『2019 PC Conference 論文集』、pp.212-213、コンピュータ利用教育学会

吉嶺加奈子（2019b）「『日本事情』における Moodle および Google Classroom の導入方法―日本語人材を目指すタイ人日本語学習者を対象に―」『第53回日本語教育方法研究会論文集』、pp.22-23、日本語教育方法研究会

吉嶺加奈子（2020）「タイの高等教育機関との学術交流において考慮すべき諸要素」『北九州市立大学国際論集』18、pp.15-28、北九州市立大学国際教育交流センター

米満潔・田代雅美・久家淳子・河道威・穗屋下茂（2015）「ICT 活用と協同学習手法を融合したキャリア教育の実践的研究」『佐賀大学全学教育機構紀要』3、pp.167-179、佐賀大学全学教育機構

米満潔・河道威・古賀崇朗・久家淳子・福﨑優子・田代雅美・穗屋下茂（2016）「LMS を用いたアクティブ・ラーニングの実践的研究」『佐賀大学全学教育機構紀要』4、pp.175-188、佐賀大学全学教育機構

李在栄・伊藤達哉（2011）「動機付けの要因に注目したブレンディッドラーニングに関する研究」『e-learning 教育研究』8、pp.35-45、e-learning 研究学会

劉継生（2014）「e ラーニングの質保証におけるインストラクショナルデザイン」『通信教育部論集』17、pp.31-50、創価大学通信教育部学会

劉百齢（2003）「CALL 利用学習に対する態度・動機づけ要因の分析」『言葉と文化』3、pp.201-214、名古屋大学大学院国際言語文化研究科

林炫情・森原彩（2014）「LMS を活用した Blended e-Learning 型外国語教育と学習効果に関する研究」『e-Learning 教育研究』9、pp.1-10、e-learning 研究学会

Amazing Thailand（n.d.）〈https://www.amazing-thailand.com/index.html〉accessed 2020.06.01

Bangkok Post（2011）"Thailand's one tablet per child policy"〈https://www.bangkokpost.com/learning/learning-news/255790/thailand-one-tablet-per-child-policy〉accessed 2020.06.01

Byram, M.（1997）Teaching and assessing intercultural communicative competence, UK, Clevedon: Multilingual Matters

Distance Learning Foundation（n.d.）〈http://www.dlf.ac.th/〉2020.06.01現在リンク無効

Gardner, R. C. & Lambert, W. E.（1959）Motivational variables in second language acquisition. Canadian Journal of Psychology, 13, 266-272

Hamp-Lyons, L.（1991）matus. In L. Hamp-Lyons（Ed.）, Assessing second language writing in academic contexts, pp.241-276, Norwood, NJ: Ablex

Kanome, Y. & Yoshimine, K.（2015）ความเชื่อต่อผู้สอนภาษาญี่ปุ่นชาวญี่ปุ่นเพื่อมุ่งสู่ประชาคมเศรษฐกิจอาเซียน（What Native Japanese Teachers Should Offer: Survey Results from Questionnaire with Students and Japanese Companies.）, Japanese Studies Journal 32（1）, pp.15-32, Bangkok: Institute of East Asian Studies Thammasart University ［タイ語］

Ministry of Higher Education, Science, Research and Innovation［MHESI］（2019）HIGHER EDUCATION STATISTICS 2018. Ministry of Higher Education, Science, Research and Innovation ［タイ語］

OECD 教育研究革新センター（2006）『高等教育における e ラーニング　国際事例の評価と戦略』慶應義塾大学 DMC 機構（訳）、清水康敬（監訳）、東京電機大学出版局

O'Malley, J. M. & Chamot, A. U., Stewner-Manzanares, G., Russo, R., and Kupper, L.（1985）Learning strategy applications with students of English as a second language. TESOL Quarterly, 19, 557-584, Wiley-Blackwell

O'Malley, J. M. & Chamot, A. U.（1990）Learning strategies in second language acquisition. Cambridge University Press

Oxford, R.（1990）Language learning strategies: What every teacher should know. New York: Newbury House

Rueangprathum, A., Philuek, W. & Chun, C. F.（2010）"e-Learning in Thailand –a survey of current situation and trend", Akademia.edu〈http://www.academia.edu/936956/eLearning_in_Thailand_a_survey_of_current_situation_and_trend〉accessed 2020.06.01

Thai MOOC（2020）〈https://thaimooc.org/〉accessed 2020.06.01

Theeraroungchaisri. A.（2018）Transformation of THAI MOOC and Future of Thai Education.　International E-learning Conference 2018, Thailand Cyber University

Van Aacken, S.（1999）What motivates L2 learners in acquisition of kanji using CALL: A case study. Computer Assisted Language Learning, Vol.12, No.2, 113-136, UK, Taylor and Francis

参考資料

資料4.1　Ａ校インタビュー：2016/9/9　12:00〜

番号	発話者	テクスト	〈1〉テクスト中の注目すべき語句
1	I	確かＡ大学はキャンパスが２つあったと思うのですが、両方でライブ中継授業を提供しているんですか。さっきの教室にはカメラがなかったような気がするんですけど。	
2	J	カメラでの放送はＢキャンパスだけで、Ｃキャンパスは普通の授業だから手元カメラでモニターに映すだけです。	カメラでの放送はＢキャンパス、Ｃキャンパスは手元カメラ
3	I	そうですか、ではＣキャンパスは教科書とかを映してるとしてＢキャンパスは何を映してるんですか？スクリーン？先生？	
4	J	スクリーンはカメラに映らないんですよ。教師が話しているところも映りません。	スクリーンはカメラに映らない、教師が話しているところも映りません
5	I	そうなんですね。それだとＢもＣもあまり変わらない気がするんですが。	
6	T	でもその分、Ｃは机間巡視できるんでいいかな、と。マイクのコードも大きい教室なので、長いですし。	机間巡視、マイクのコードも大きい教室なので長い
7	I	そうですか。授業を見た限り学生さんが少なかったんですが、公開大学ならではの欠席した学生さんへのフォローはありますか。	
8	T	実は最近、1年生向けのライブ中継授業の放送をインターネットで流し始めたんですよ。	授業の放送をインターネットで流し始めた
9	I	確かにライブ中継授業をあとで見れると便利ですよね。	
10	J	ライブ中継授業は授業料を払ってる人だけが見るもので、インターネットで流れることを考えてなかったから授業がうまく見せられないことがあって。	考えてなかったから授業がうまく見せられない
11	I	確かに。	
12	T	テストもオンラインのテストがあるんですけど、それもみんなが使えるようになったんですよ。	オンラインのテストがある
13	I	そうなんですか。オンラインでテストができるのは良いですけどね。	
14	J	受講してる人の中にはあまり授業に来れないしネットでの勉強も少ないから、なんか何年も受講している人も多いです。だから日本語が上手になるまでけっこう時間がかかるんですよね。	何年も受講、日本語が上手になるまで時間がかかる

● ストーリーライン（現時点で言えること）
　　Ａ校はキャンパスによって授業提供形式が異なる。Ｂキャンパスはライブ中継授業、Ｃキャンパスは通学授業である。
　　ライブ中継授業ではその動画をWeb公開することを想定した準備が必要である。
　　他にオンラインテスト等を導入し、便利になったはずであるが、日本語学習者の受講期間は長く、上達の度合いは緩やかである。

SCAT（Steps for Coding and Theorization）を使った質的データ分析（一部レイアウト変更）

I：筆者　J：回答者（日本人教師）　T：回答者（タイ人教師）

〈2〉テクスト中の語句の言いかえ	〈3〉左を説明するようなテクスト外の概念	〈4〉テーマ・構成概念（前後や全体の文脈を考慮して）	〈5〉疑問・課題
Bキャンパスはライブ中継授業、Cキャンパスは通学授業	キャンパスで授業提供方法が異なる（原因）	ライブ中継授業、通学授業	授業提供方法の違いは何か。
カメラはスクリーンを映さない、カメラは教師を映さない	カメラのフォーカスする場所（結果）	フォーカス	
学生の様子を確認、マイクを持ったままの移動	キャンパスCは通学授業に特化（結果）	通学授業	
ライブ中継放送のオンデマンド化が始まる	ライブ中継放送のオンデマンド化開始（条件）	ライブ中継授業のWeb公開	
授業設計の必要性	想定外の展開（原因）	準備が必要	Web公開することでどのような効果を想定しているのか
オンラインテストの存在	オンラインテストの取り扱い（影響）	便利	
学習の長期化、日本語能力の向上がゆるやか	長期受講と日本語能力の関連性（総合）	数年単位、緩やか	日本語の科目は、他と比べて通学受講が多い可能性はないか。

● 理論記述
・ライブ中継授業と通学授業の明確な区別がある。
・ライブ中継授業動画のWeb公開やオンラインテスト受験対象者の特定など、提供する教材の効果を妥当性を検討する必要がある。

● さらに追究すべき点・課題
・日本語科目の受講が長期化する原因は、ライブ中継授業やオンライン教材が少なく通学授業が多いからではないか。
・「日本事情」はライブ中継授業と通学授業のどちらの形式で実施されているのか。

資料4.2　B校インタビュー：2016/9/6　15:00〜

番号	発話者	テクスト	〈1〉テクスト中の注目すべき語句
1	I	B校は遠隔授業のイメージがあるんですが、この科目（「日本文化」）ですか。	
2	T	はい。遠隔授業については日本側の都合にも合わせないといけないんですけども、いつもですとちょうど学期のずれがあったりするので、タイの後期の方が都合がいいという話で、「現代日本語」。3年生後期。	日本側の都合にも合わせないといけない、学期のずれ
3	I	日本事情…あ、これですね。「現代日本語」。遠隔授業。	
4	T	ただ、毎回あるとは限らない。カリキュラムとしてはあります。日本との遠隔授業が始まったのは3年前で、その前はずっとタイ人が教えたり日本人が教えたりしています。3年前から話があって、今はこれができたから施設もあって…ただ今年もどうなるのかまだ決まっていないです。	毎回あるとは限らない、タイ人が教えたり日本人が教えたり
5	I	遠隔授業をされてから、学生のモチベーションや日本語能力は向上しましたか。	
6	T	はい向上しました。学生の声2回取ってみたんですけれども、最初は難しく感じた。なぜかというと遠隔授業の流れというのは2回講義して1回ディスカッション、そういう3回ずつ、4から5のテーマで教えてもらってます。	向上しました、最初は難しく感じた
7	I	はい。	
8	T	難しいのは専門の日本人だったり外国人の先生だったりするんですけれども、外国人に慣れてらっしゃらなくて、学生がどれくらい理解力があるかっていうのが、まだ考えていらっしゃっていない先生もいらっしゃいます。	専門の日本人だったり外国人の先生、外国人に慣れてらっしゃらなくて、学生がどれくらい理解力があるか
9	I	はい。	
10	T	ただ遠隔授業の良いところは○○先生という施設の日本語ご担当のタイ人の先生が、その授業の前後に解説や単語リストとかを作ってくれています。	施設の日本語ご担当のタイ人の先生、授業の前後に解説や単語リスト
11	I	そういうフォローもされているんですね。	
12	T	ええ、ですので完全に日本人だけの先生の講義を受けるのは学生がついていけないと思います。解説は全部タイ語でやってくださったので、学生の声だと講義自体は難しいですけど解説で分かったということもあります。あと自然にスライドの情報とか、また日本人のディスカッションしたりして情報交換ができるというのです。	完全に日本人だけの先生の講義を受けるのは学生がついていけない、講義自体は難しいですけど解説で分かった
13	I	B校の遠隔授業を一度見せてもらったことがあって、その時は確か△△先生が日本人の先生として入っていた気がするんですけど…でも今のお話だと○○先生もサポートも入っているということですけれども、日本人としての立ち位置というのはどういったものですか。	
14	T	正直言いますと、あまりないです。コーディネータと連絡ですね。	コーディネータと連絡
15	I	日本側が日本人の先生だったり、日本人学生だから、ファシリテーターみたいなものですか。	
16	T	そうですね。こちらのカリキュラム上、誰かが教えるという形にしなければならないので。あとこれからも多分、試験作成とかは日本人の先生にやってもらわなければならない。学生のチェックとか。	カリキュラム上誰かが教えるという形、試験作成とかは日本人の先生、学生のチェック

● ストーリーライン（現時点で言えること）

　　TV会議システムを使用した授業を開講するにあたり、日本側主導で研究計画が行われる。授業は非常に難しい。また日本語教育ではない専門領域を持った教授がオムニバスで担当する。

　　そのためタイ人スタッフが授業に対しタイ語によるフォローを行っている。日本人教師はファシリテータとして教務以外の業務を行う。

SCAT（Steps for Coding and Theorization）を使った質的データ分析（一部レイアウト変更）

I：筆者　T：回答者（タイ人教師）

〈2〉テクスト中の語句の言いかえ	〈3〉左を説明するようなテクスト外の概念	〈4〉テーマ・構成概念（前後や全体の文脈を考慮して）	〈5〉疑問・課題
日本側の都合を尊重、タイと日本の学事歴の違い	日本側に協力してもらっているという意識（原因）	日本主導	
毎年異なる、担当講師が異なる	授業開講・実施条件・担当講師などが曖昧（条件）	授業実施計画、オムニバス	
モチベーションや日本語能力の向上、難易度が高め	難易度が高いが、モチベーションや日本語能力は向上（結果）	難解	難しい授業で日本語能力が向上するのは、タイ語フォローがあるからでは？
大学教授、外国人学生教授経験が少ない、学生の理解力	講義担当者は受講者がタイ人学生であるという意識が薄い（原因）	日本語教育以外の専門分野を持つ大学教授	
日本語の分かる別機関のタイ人、授業理解のためのタイ語によるサポート	タイ人が講師と学生の間に入る（特性）	タイ人専門スタッフ	
日本語のみの講義は困難、解説を通した講義内容の理解	日本語の講義とタイ語による講義解説（特性）	タイ語フォロー	
指導以外の業務	日本人講師の役割（特性）	ファシリテータ	
カリキュラム上の担当講師、日本人教師の役割は試験作成、学生の管理	名目上の役割と実際の業務の相違（結果）	教務以外	

● 理論記述
・「日本事情」を「専門領域を持つ教授陣によるオムニバス形式授業」と捉えている（日本の大学に近い）
・タイ現地日本人教師の役割は教師ではなくファシリテータ

● さらに追究すべき点・課題
　　同期型 e ラーニングの効果として学力向上のほかにモチベーションを挙げているが、具体的にどのようなものか？学力向上はどのように測定したのか？
　　日本側・タイ人スタッフが授業を取り行い、日本人教師がファシリテータとなる場合、通常授業より人的リソースが必要となる。

『e ラーニングで学ぶ日本事情』　２．自然環境　１．日本の地理／地形

1-2　授業概要

内　容	説　明
大トピックの目的	日本の自然環境のうち、地形、気候、天災についての知識を持つ。また人口、都道府県、観光地といった日本人が地理の授業で学習したりニュース等で見聞する情報を知る。
本トピックの目的	日本の地理的位置と日本の国土、人口についての知識を持つ
本トピックの目標	日本の地理について正確に知る
到達目標	１．日本の地理的位置は東アジアの端であることを再認識する ２．日本は数多くの島からなる山がちな島国であることを知る ３．日本の面積、人口、人口密度を用語と共に覚える
期待する効果	・タイの地理的位置と日本の地理的位置を確認することで、違う文化圏であることを再認識できる ・タイの面積や人口と比較し、日本は狭い平地に人口が集中していることに気づく
留意事項	西側の海の名前について韓国を中心に意見が分かれますが、古くから国際社会で認知されている「日本海」としました。学生から意見があった場合は、何と呼ぶべきなのか、またその論拠について話し合ってください。

1-6　授業略案30分 Ver.（T: 教師、S: 学生）

手　順	使用教具	説　明
自宅学習	動画（Moodle）	T:「日本の地理・地形」動画を授業前までに視聴するよう伝え、Moodle 使用不可の学生には動画 URL を伝えます。 https://youtu.be/mjz8_ol7skQ また、確認テストがあることを告知します。 S:「日本の地理・地形」の動画を授業前までに視聴します。
授業		
視聴確認 （1分）	―	T: 口頭で動画を見たかどうか確認します。 Moodle 上での視聴であれば、視聴記録が残りますので管理機能より視聴した学生を確認できます。 あるいはYouTube にコメントさせるという方法もありますが、チェックする時間を考えると口頭確認の方がいいです。
確認テスト （5分〜10分）	Moodle または 外部リンク （プロジェクタ） PC	T: 学生に、確認テストにアクセスするよう促します。 Moodle にアクセスするか、アクセス状況が悪い場合は surveymonkey による外部リンクを伝えます。 現在は日本語のみですので、先生もプロジェクタ直結の PC から Moodle にアクセスし、問題文と選択肢をタイ語で説明するなどのフォローをお願いします。

動画の意見 （3分）	ワークシート または SNS	T: 視聴した動画について、意見を聞きます。 ・内容…の他に、今後の運営保守の参考のため ・音声 ・画面構成 ・タイ語字幕　等の意見ももらえると嬉しいです。 可能であれば、各自で SNS（Facebook ページや LINE グループなどをご用意ください）または Web アンケート（吉嶺用意）に記入してもらい、それを読み上げる形がベストですが、教室のインターネット環境が良くない場合はワークシートの裏などに記入してもらい、後で回収する形を取ります。
動画に関する 活動 （15〜30分）	ワークシート	T: 以下の3つの問いについて、グループまたは個人で考えさせます。話し合ってもいいですし、インターネットで情報収集してまとめてもかまいません。同調圧力を好まない学生を考慮し、個人での活動も可能です。 質問1： 　タイの家から日本の東京へ行くときに、どんな方法が考えられますか。そしてどれくらい時間がかかりますか。 回答1： 　家から大通りまで歩いて行きます。 　大通りからチェンマイ空港までソンテオで行きます。 　チェンマイ空港から香港空港まで飛行機で行きます。 　香港空港から成田空港まで飛行機で行きます。 　家からチェンマイ空港まで30分くらい、チェンマイ空港から成田空港までトランジットを含めて10時間くらいです。 質問2： 　平野が少ない日本で、人々はどうやって住んでいると思いますか。 回答2： 　山を削って平らにしたり、海を埋め立てたりして人の住める土地を増やしています。 　またアパートやマンションを密集させたり、高層マンションを作ったりして狭い土地を有効活用しています。 質問3： 　タイの人口密度はどれくらいですか。また、タイで人口密度の高い都市はどこですか。 回答3： 　イの人口密度は130.91人／km²。 　一番人口密度が高いのはバンコクで、5,111人／km²。（諸説あります） 　人口密度3,000人／km²以上の都市は以下の通り。 　2017年9月現在。

動画に関する 活動 （15〜30分）	ワークシート	アユタヤ – ウボンラーチャターニー – ウドーンターニー – サムットプラーカーン – サムットサーコーン – スラートターニー – ソンクラー – コーンケーン – チェンマイ – チェンラーイ - トラン – ナコーンサワン – ナコーンシータンマラート – ナコーンパトム – ナコーンラーチャシーマー – ノンタブリー – パーククレット – ハジャイ – パッタヤー – ピッサヌローク – プーケット – ヤラー – ラムパーン – ラヨーン ※質問については、これ以外にオリジナルの質問を作成してかまいません。時間を見て質問数を減らしてもかまいません。学生達が自分で考え、自分で答えを導き出す時間にしてください。 S: 動画を見ていない学生は、この時間に視聴する。視聴が終わった時点でワークシートを受け取る。 　（次回以降、事前に視聴することを促すため） T: 机間巡視し、意見をまとめるための助けを必要としている学生がいたら手助けをする。
意見交換 （10〜20分）	—	S: 3つの問いについて、意見を発表します。 　1つの問いに対して3分程度とし、各自の意見について、Sが中心となってコメントします。 　極力多くの学生が各問いについて意見を言えるように、Tはファシリテーターとして最小限のフォローにとどめます。
授業終了		T: ワークシートを回収します。

資料5.3　各大学のインタビュー対象者の各パラメータ

受講後インタビュー対象者のパラメータ表

討論1：インタビュー対象者の各パラメータ（選択肢65項目）

対象者	ポジティブ（数）	ネガティブ（数）	変化なし（数）	ポジティブ（%）	ネガティブ（%）	変化なし（%）	eラーニングネガティブ（数）	eラーニングネガティブ（%）
NP1	51	8	6	78.46%	12.31%	9.23%		
NP2	42	4	19	64.62%	6.15%	29.23%		
NP3	42	8	15	64.62%	12.31%	23.08%		
NP4	36	2	27	55.38%	3.08%	41.54%		
NP5	35	12	18	53.85%	18.46%	27.69%		
NN1	24	15	26	36.92%	23.08%	40.00%	3	15.00%
NN2	13	11	41	20.00%	16.92%	63.08%	3	15.00%
NN3	8	25	32	12.31%	38.46%	49.23%	1	5.00%
NN4	11	21	33	16.92%	32.31%	50.77%	1	5.00%
NN5	7	10	48	10.77%	15.38%	73.85%	1	5.00%
NS2	19	6	40	29.23%	9.23%	61.54%		
NS1	9	14	42	13.85%	21.54%	64.62%		

討論2：インタビュー対象者の各パラメータ（選択肢65項目）

対象者	ポジティブ（数）	ネガティブ（数）	変化なし（数）	ポジティブ（%）	ネガティブ（%）	変化なし（%）	eラーニングネガティブ（数）	eラーニングネガティブ（%）
EP1	47	4	14	72.31%	6.15%	21.54%		
EP2	42	4	19	64.62%	6.15%	29.23%		
EP3	40	3	22	61.54%	4.62%	33.85%		
EP4	40	4	21	61.54%	6.15%	32.31%		
EP5	40	3	22	61.54%	4.62%	33.85%		
EP6	40	5	20	61.54%	7.69%	30.77%		
EN1	14	18	33	21.54%	27.69%	50.77%	1	5.00%
EN2	26	17	22	40.00%	26.15%	33.85%	1	5.00%
EN3	32	5	28	49.23%	7.69%	43.08%	1	5.00%
ES1	17	5	43	26.15%	7.69%	66.15%		
ES2	25	3	37	38.46%	4.62%	56.92%		
ES3	23	6	36	35.38%	9.23%	55.38%		

資料5.3　各大学のインタビュー対象者の各パラメータ

読解１：インタビュー対象者の各パラメータ（選択肢65項目）

対象者	ポジティブ（数）	ネガティブ（数）	変化なし（数）	ポジティブ（%）	ネガティブ（%）	変化なし（%）	eラーニングネガティブ（数）	eラーニングネガティブ（%）
SP1	27	7	31	41.54%	10.77%	47.69%		
SP2	24	20	21	36.92%	30.77%	32.31%		
SP3	22	1	42	33.85%	1.54%	64.62%		
SN1	17	24	24	26.15%	36.92%	36.92%	1	5.00%
SN2	14	18	33	21.54%	27.69%	50.77%	1	5.00%
SN3	20	12	33	30.77%	18.46%	50.77%	1	5.00%
SS1	12	10	43	18.46%	15.38%	66.15%		
SS2	7	11	47	10.77%	16.92%	72.31%		

読解２：インタビュー対象者の各パラメータ（選択肢65項目）

対象者	ポジティブ（数）	ネガティブ（数）	変化なし（数）	ポジティブ（%）	ネガティブ（%）	変化なし（%）	eラーニングネガティブ（数）	eラーニングネガティブ（%）
BP1	40	5	20	61.54%	7.69%	30.77%		
BP2	38	12	15	58.46%	18.46%	23.08%		
BP3	34	7	24	52.31%	10.77%	36.92%		
BN1	34	7	24	52.31%	10.77%	36.92%	16	80.00%
BN2	16	12	37	24.62%	18.46%	56.92%	15	75.00%
BN3	15	17	33	23.08%	26.15%	50.77%	4	20.00%
BS1	18	10	37	27.69%	15.38%	56.92%		
BS2	14	16	35	21.54%	24.62%	53.85%		

討論３：各パラメータ（選択肢65項目）※参考資料

対象者	ポジティブ（数）	ネガティブ（数）	変化なし（数）	ポジティブ（%）	ネガティブ（%）	変化なし（%）	eラーニングネガティブ（数）	eラーニングネガティブ（%）
RS1	24	24	17	36.92%	36.92%	26.15%		
RN1	12	25	28	18.46%	38.46%	43.08%	4	20%
RN2	16	31	18	24.62%	47.69%	27.69%		

資料5.5　受講者インタビュー全回答

受講者インタビュー全回答（日本語訳）

【討論1】
１．日本語学習に対する効果
ポジティブ群：
・非常に多く役に立った。日本人が経験したことそのものを見ることができたから。
・一番は日本人の生の発音を授業中に聞けること。特に日本語の勉強にその発音が役に立った。
・eラーニングというのは場所を問わずどこでも自分から勉強できるけれど、日本語の勉強についていえば聞くことそして喋ることに興味がひかれるので役に立つと思った。
・授業中で日本語の役立ったのは単語を一瞬見ただけで覚えられたこと。例えば「春」。
・授業中で一度の説明でわからなかった部分を理解できる。
・役に立った。内容は短いがeラーニング自体の登場人物の言葉などが非常に印象的だった。授業が終わった時などにどんどんアクセスした。
・インターネット環境があるところにいるので、ビデオを何度も何度も繰り返し見ることができたということで勉強になった。
・色々目的はあったが自分にとっては授業の復習にeラーニングをさらに多く使って、理解を深めたり新しいことなどもeラーニングを通じて知った。
・今勉強しているのは文法が中心。試験前は自分がリーダーとなってチューターみたいな感じでみんなが分からないところを教えるところまでレベルアップできた。
・反転学習に利用ができると思う。復習ではなくむしろ予習の方にeラーニングを応用した。

ネガティブ群：
・授業中に実際に日本語の先生から説明を受けそれをタイ語で訳してもらうことに加え、さらにビデオを見ながら日本語の語彙数も増えたので日本語というものが身近になった。
・日本語で聞くことや未知の漢字を自分で調べるという習慣が身についた。
・人によってeラーニングで学習する場合とこれまで通りの教科書を使って勉強する場合とでは違うと思うが、私の場合は一方的な説明でも理解の範囲ではいいが、応用になるとeラーニングのような実際の場面に遭遇したほうがいいと思う。
・まだ文法の初期段階で動画の面白さというのはあまりよくわからなかったが、どれくらい役に立ってるかと聞かれたら役に立ってると思う。
・文法の勉強で並行して漢字の勉強もなどをしているが、漢字を文字だけで覚えるというよりも絵で並行してeラーニングで示してもらえば今の日本語の勉強に役に立つと思う。特に未習者にとっては。
・インターネット環境がある自分の部屋で一人でもビデオ見ながら勉強ができることが良かった。

・友達と挨拶を日本語でするようになった。
・自分の寮でも図書館でも使ってきた e ラーニングで復習なんかをして日本語の勉強に
　とても役に立った。と言っても今の場合は文法中心だが。
・教室内の復習。動画を見て何度も何度もできる。友達で分からないところがあるとき
　にチューターとして教えることができる。活動に役立てている。

変化なし群：
・すごく役に立った。特にインターネットがあれば便利。
・どこでもこれさえ持っていれば日本語の勉強ができるということで利便性を感じる。
・教室の中であろうが自分の部屋であろうがアクセスが簡単で非常に役に立つと思っ
　た。
・wi-fi やインターネットさえ使えれば非常に役に立つけれども、インターネットが使え
　ない場合は使えないのでその点がダメだと思う。

２．日本文化理解に対する効果
ポジティブ群：
・非常に役に立った。特によく分かったのは時間厳守とか約束を日本人が非常に守って
　いるということ。
・一番印象的なのは日本文化の肝である時間厳守。自分にとっては非常に役に立ち、授
　業にも時間通りに来れるようなスタイルになった。
・一番興味を引いたのは職場の日本人の振る舞いあるいは考え方。特に時間の厳守につ
　いては言うこともないが、年功序列とか先輩を立てる、そういったような様子を見る
　ことができた。
・一番印象的だったのは日本人のマナー。特に職場での身のこなし方について直に見る
　ことができた。
・新しい文化自分がこれまで知らなかった日本の文化、特に時間厳守。それから規律を
　守るという日本の文化を新たに知ることができた。
・例えば高齢者に対する敬意、そういうことが分かった。
・友達との約束などでも以前はあまり時間のことは気にしなかったが、何となく時間厳
　守や挨拶ができるようになった気がする。
・もともと自分は時間にルーズだったが、e ラーニングの成果は自分で出てると思う。
　時間厳守が役に立っている。またタイ語だが挨拶をよくするようになった。
・時間厳守という意識が非常に強くなった。授業に遅れないように頑張った。教室内で
　は日本人の先生にしか会うことができないが、必ず挨拶をする。
・授業に遅れないように頑張るという意識が生まれた。それから宿題をしている時いい
　加減にやらずきちっとやるように日本文化を受け継いだ。

ネガティブ群：
・既習者で高３の時に日本人の先生もタイ人の先生も教室の中にいたが、やはり一方的
　な授業だった。それが e ラーニングというスライドやビデオを使ってより身近に日本

文化が分かった。

- 時間厳守。授業に遅刻しないということを真剣に考えるようになった。それから挨拶をなるべくする。お辞儀の仕方についても学ぶことができた。
- 日本文化の風土を実際にビジュアルでしかも説明付きで接触できたということが非常に役に立った。e ラーニングの前は本でしかそれができなかったので、そういう意味では非常に役に立った。
- 一番役に立ったのは教室に入る前に授業に遅刻しないという意識が非常に高まった。それ以外だと挨拶は…やっぱりあまりしていない。
- 既習者で高校の時に文化の授業があったが、一方的な文字による説明に終始していた。今回はビジュアルに映ったことで非常に深いところまで理解ができた。
- 自分の部屋にいてもアクセスができるのでより文化が身近になった。
- 課外活動として学生同士で色々な活動をするが、このビデオを見ることで約束の時間の前にはその場所に着くようにすることを身につけた。
- 時間厳守ということにインパクトを受けたので、授業に遅れないように常に注意した。タイ人はあまり挨拶をしないが、なるべく教室で挨拶をするようにした。
- 一番は時間の厳守が身についた。授業に遅れない。また欠席する場合あらかじめ必ず欠席届を教官に出している。挨拶をするようになった。

変化なし群：
- たぶん役に立ったと思う。
- 以前も日本文化についてはある程度知っていたが、今回教室内で直に見ることで知識が増えた。
- なかなか理解ができなかったが、例えば「いってきます」「ただいま」とか日本語ではないがタイ語で言うような習慣ができた。
- 授業で実際にビデオを見て、家へ帰ってその練習問題をするのがとても良かった。ビデオが役に立つ。日本人の習慣が身についたとまでは言えないがとても良かった。

３．立証授業を経た学習スタイルの変化
ポジティブ群：
〈日本語〉
- 耳で聞いて文章を作るときに、空欄を埋めていくような場合にどういう風に助詞を入れればいいかなんとなく身についた。
- 一番良かったのはビデオで以前は日本のアニメを見ても字幕スーパーしか見てなかった。しかし今回ビデオ自体を見て日本語を聞くアプローチの仕方が身についた。
- 日本語の勉強に限って言えば文法の理解も本を読んでいるよりも多分良くなったと思う。それと文章の作り方も少し上達したと思う。それから語彙も増えたんじゃないかと思う。そういった勉強の取り組みが良くなったと思う。
- 時間を選ばずいつでもどこでも自分がしたい時にできるし自由に勉強ができる。大学から日本語の勉強を始めたが、多分外国語の学習方法が変わったと思う。
- もともとネットを使って自律学習をしてきた。この e ラーニングというのは自分の日

本語を勉強するスタイルを変えていない。むしろ良くなった。

〈日本文化〉
・時間厳守。授業の開始時間には必ずいるというようなこと。挨拶。日本の文化が身についたのではないかと思う。
・日本語を勉強してはこなかったが日本文化にはかなりの規律があることは聞いていた。今回ビデオを見て本当に日本人がどれだけ規律を厳守しているかそれがはっきり分かった。
・大学に入る前には日本文化は全然知らずテレビを通じてもそれほど分からなかった。職場の環境が非常に印象的だった。日本文化についての動画を見てそれを実践する・試してみるという刺激を受けた。それが新しく変わったことだと思う。
・もちろん日本文化に対する姿勢は変わったと思うし、日本文化は非常に深いんだということを改めて知った。
・eラーニングというのは見てそれに対するフィードバックである。それを応用してこれまではただテレビなどで日本文化を見てそれで終わっていたが、日本文化で新しいものを見つけたらそれをさらに堀り詰めていくという意識にしていきたい。

〈eラーニング〉
・eラーニングということは今回初めて分かった。今まで知らなかった。
・以前はeラーニングについて具体的な知識はなかったが、今回分かったのはビデオを見てしかも何度も見ることができる。一人でも友達と一緒でも見ることができる。より生の日本語に接することができるということで知らなかったeラーニングがこんなに素晴らしいということが分かった。
・eラーニングについては全く知らなかった。今回eラーニングを初めて知ってテクノロジーの進歩というものに驚いた。また便利さは非常に印象的だった。
・非常に変わったのは責任感。そして勉強に対する自由度が増した。いつでもどこでも自分で知りたいことがいち早く調べられるようになったのがeラーニングに対する大きな変化。
・今回のeラーニングで分かったことはそれぞれの項目を別々に扱っているわけではなく、むしろ統合してお互いの関係関係文化なり何なりを知るようになっていること。これまでのeラーニングは項目のみの理解になっていたが、今回総合的な理解につながったのではないか。

ネガティブ群：
〈日本語〉
・発音がタイ人の先生が言う発音以外に、実際に日本人の先生であるビデオの中で聞かれる発音と接したことで新たなものが得られた。
・eラーニングの前は文法中心、説明中心でしかなかった。しかしこの授業では聞くというひとつの機能があることで自分にとってプラスとなった。
・一回聞いてそれっきりという態度の勉強だった。元々eラーニングというものを知らなかった。今回eラーニングの良さは何度も見ることができるし何度も聞くことができるということ。勉強スタイルということで変わったのではないかと思う。

・eラーニングの後、自律学習ができるようになったということで自分は以前に比べてもっと積極的に日本語に取り組んでいるのではないかと思う。
・文法に絞っているが、教科書ではただ文法のルールを暗記させることに重点を置いているようにしか見えない。しかしeラーニングだとなぜそのような、例えば語形変化などが生まれるかということまでが分かった。文法についてもっと深く知りたいという意識が生まれた。

〈日本文化〉
・実際にビデオを見て日本人が日本文化で大事にしている時間厳守・挨拶を自分でも実践することができる。
・既習者で高校の時は日本文化紹介もあったが一方的な紹介をするだけだった。今回は日本の先生が実際に教えてくれてビデオで見ることもできたということでかなり深まった。
・日本文化は、大学に入る前にある程度浅く広くブラウン管を通じて知っていた。ところが今回のeラーニングで実はもっと深いものだということが分かった。特に食文化、日常生活、時間厳守についても分かるようになった。
・時間厳守についてeラーニングを通じて分かってきたが、他の誰にもこのように変わってもらいたいと、ことあるごとに示唆していきたい。
・日本文化について非常に深いところまで勉強したいという意識が生まれた。特に日本人がこれだけ時間厳守の精神があるということや挨拶をするということ、そういうことが分かったような気がする。

〈eラーニング〉
・非常に時代にマッチした方法であるというように自分には思う。というのは今の若者はコンピュータの世代であり、今後テクノロジーはどんどん発展していくので。将来どうなっているか分からないが今はこの方法が一番いいと思う。
・eラーニングという言葉を知らなかった。eラーニングが何かも知らなかった。それに接することで自分の知りたいことが具体的に、しかも早く知れるようになったということが変わったんじゃないか。前はeラーニングを知らなかったので、今回eラーニングを知って何度も復習ができるようになった。早く情報が得られて便利になった。
・eラーニングに対する考え方として、良い点はどこでも復習できて早く知りたいことが知れる点。時間に関係なく勉強できるということでこれまでの一方的な教師からの教え方ではなく学生の自律性や興味を高めていける。
・eラーニングはこの授業の前でも名前は知っていた。ITを使うということも知っていたが目的が分からなかった。また成果なども分からなかった。しかし今回eラーニングというのは先生の説明がたとえ授業中で分からなくても、後で自分で復習をした時に何度もそれができるので理解が鮮明になるのではないか。制限されずに復習が何度もできる。

変化なし群：
〈日本語〉
・以前は本をたくさん抱えて授業中でも勉強しなければいけなかったが、eラーニング

はコンピューターだけでいい。コンパクト。
・オンラインで日本語を独学できるようなスタンス。しかも本が必要ないということでとてもアクセスしやすくなった。

〈日本文化〉
・以前どちらかと言うと自分は直接的な発言をしていたが、ビデオを見てなるべく抑えて言うという日本文化を体験できた。自分もそれで大人になったのではないか。
・ビデオの中で出てきた日本人の時間厳守の文化が非常に印象的だったので自分もそうしていきたい。

〈eラーニング〉
・eラーニングという言葉を予め知っていた。変わったところはないが、アクセスが楽である。それから出費が抑えられたところが強く良いと思う。
・この授業の前は自分はeラーニングはオンラインでの勉強だということしか分からなかったが、今回勉強してみて非常に便利でアクセスしやすいということが分かった。

【討論2】
1．日本語学習に対する効果
ポジティブ群：
・日本のことについて分かりやすい。
・面白くて勉強しやすい。
・よく役に立ちました。とてもいいと思う。
・とても良いと思う。便利
・日本語解読に役に立った。
・eラーニングで学んだ知識が質問の回答に役に立った。

ネガティブ群：
・とても役に立つと思う。
・教室は100％ならeラーニングは70％。
・すごく便利でハイテク、すごく便利で面白い。
・かなり役に立った。
・教科書にないものがあった。
・普通の授業とは内容が違った。

変化なし群：
・よく役に立った。
・とても良いと思う。便利。
・とても役に立つと思う。

2．日本文化理解に対する効果
ポジティブ群：
・日本の文化と歴史を知ることができた。

・日本の文化の由来が知れるため、とても勉強に役に立った。

ネガティブ群：
・知らないことを勉強できた。
・すごくためになった。
・日本の文化に関する内容が沢山あった。
・日常生活に使える。

変化なし群：
・とても役に立った。
・分かりやすい。

３．立証授業を経た学習スタイルの変化
ポジティブ群：
〈日本文化〉
・現代日本の文化を知った。
・日本の文化への理解が深まった。
〈eラーニング〉
・快適で分かりやすくなった。
・勉強方法がもっとハイテクで快適になった。
・使う前はeラーニングに関しては何も知らなかった。でも、使った後はとても役に
　立った。
・eラーニングということが今回初めて分かった。今まで知らなかった。
・かなり変わった。
・eラーニングには勉強の快適さが必要だと思う。
・eラーニングは自由に勉強できると思う。
・自分で勉強したらもっと分かりやすいと思う。
・特に変わらない。

ネガティブ群：
〈eラーニング〉
・eラーニングは自由に勉強できると思う。
・ビデオを見ることが好きになった。
・eラーニングで勉強することが好きになった。
・eラーニングは便利だと思う。

変化なし群：
〈日本文化〉
・文化に関してはもっと詳しくなった。
・以前知らなかった文化を勉強できた。

〈eラーニング〉
・eラーニングで勉強してから日本の文化が分かりやすくなった。
・eラーニングはとても良い勉強の仕方だと思う。
・快適で便利なシステムだった。

【読解1】
1．日本語学習に対する効果
ポジティブ群：
・とても役に立った。先生の助言があったので。
・とても役に立った。知りたいことは何でも自分で調べられる。
・役に立った。分からない言葉があれば直ぐに調べられる。
・授業が面白くなった。
・あまり役に立たなかった。家で勉強したくない人もいるから。

ネガティブ群：
・とても役に立った。正しい日本語の使い方を教えてくれたので。
・とても役に立ちました。どこでも勉強できるので。
・とても役に立った。使える専攻の授業もある。
・とても役に立った。もっと詳しく勉強できた。
・知らなかった言葉を勉強できた。
・あまり役に立たなかった。授業内で勉強する日本語は共通語なので。

変化なし群：
・とても役に立った。
・とても役に立った。色んなことを勉強できた。
・役に立った。自分で勉強できるから。

2．日本文化理解に対する効果
ポジティブ群：
・とても役に立った。日本の文化と方言についてもっと詳しくなった。
・とても役に立った。日本の文化についてもっと詳しくなった。
・かなり役に立った。
・かなり役に立った。知りたいことを調べられるので。
・日本の文化と日本人の日本語の使い方の理解が深まった。
・知らなかった日本の文化を学んだ。

ネガティブ群：
・とても役に立った。方言などについて勉強できるので。
・とても役に立った。日本の文化について勉強できるので。
・とても役に立った。日本文化についてより詳しくなった。

・少し役に立った。授業に使えることもある。
・あまり役に立たなかった。学んだことを日常に使うことはあまりないので。

変化なし群：
・とても役に立った。
・役に立った。各方言について学んだ。
・役に立った。色んなことを勉強できた。

3．立証授業を経た学習スタイルの変化

ポジティブ群：
〈日本語〉
・日本語がもっと上手くなった。
〈日本文化〉
・方言のルールを学んだ。
・らなかった事を学んだ。方言について学んだ。
・いい印象になった。日本の文化をより理解できた。
・日本文化にもっと詳しくなった。
〈eラーニング〉
・日本語とパソコンの使い方がもっと上手になった。
・新しい勉強方法だと思った。ストレスなしで勉強できる。
・もっとeラーニングを使いたいと思うようになった。
・あまり変わらなかった。普段からeラーニングを使っているから。

ネガティブ群：
〈日本語〉
・変わった。とても勉強になった。
・学んだことを実際に使うようになった。
・あまり変わらなかった。あまり勉強できなかったので。
〈日本文化〉
・使った後は日本の文化についてもっと詳しくなった。普段の授業は文化についてあま
　り勉強しないので。
・知らなかった日本文化を知れた。今後日本に行くことになっても適応できる。
〈eラーニング〉
・とても変わった。使う前はeラーニングはウェブサイトを読むだけだと思ったが使う
　後は読むだけじゃなくて、動画やクイズ、復習の為のスクリプトなどがあっててとて
　も便利だった。本がなくても勉強できる。
・かなり変わった。使う前はコンピュータについてあまり知らなかったが、使った後は
　コンピュータについてもっと知りたくなった。
・使う前はあまり好きじゃなかった。パソコンが詳しくない人にとっては使いにくいと
　感じるから。でも、今度のeラーニングは内容が分かりやすいので考えがちょっと変

わった。

・変わらなかった。

変化なし群：

〈日本文化〉

・もっと動画で日本の文化を勉強したいと思うようになった。eラーニングは思った程難しくないと分かった。

・各方言の違いについてもっと知りたくなった。以前、日本語は全国同じだと思っていたがタイ語みたいに色んな方言があると分かった。

・文化と言葉がどれくらい違うか知りたくなる。

〈eラーニング〉

・変わった。もっとeラーニングを使いたいと思うようになった。

・もっと自分で勉強したくなった。

【読解2】

1．日本語学習に対する効果

ポジティブ群：

・とても役に立った。授業後でもまた同じ内容を勉強できる。

・役に立った。eラーニングの内容は実用性がある。

・授業外で学んだことは自分にいろんな経験をさせる。

・役に立つ部分の方が多い。知らないことを調べられるので。

・内容の復習に使える。でも使わないと意味がない。

・場面による。

ネガティブ群：

・動画からアクセントを勉強できる。

・ちょっと役に立った部分がある。

・役に立ったが、生徒に受けがよくないと思う。パソコンで勉強するのは面白くないから。

変化なし群：

・ある程度役に立った。分からなかったことが多いから。

・ある程度役に立った。時間があればいつでも勉強できるので。

・そこそこ役に立った。

・それなりに役に立った。

・あまり役に立たなかった。解説してくれる人がいないので。

・あまり役に立たなかった。授業の内容を理解できない人もいる。

2．日本文化理解に対する効果

ポジティブ群：

・とても役に立った。授業前と後は礼をするので日本の授業と同じ。

・役に立った。聴解と文化の勉強に役に立った。
・授業で学んだことと実際に使うものが違うことがある。授業外ではいつも敬語や文法通りの日本語を使わなくてもいい。
・かなり役に立った。
・そこそこ役に立った。
・あまり役に立たなかった。eラーニングではただ聞くだけで実際にやらないので普通の授業の方が役に立つ。

ネガティブ群：
・かなり役に立った。日本の文化をより詳しくなった。
・それなりに役に立った。
・あまり役に立たなかった。先生と勉強するほうが分かりやすい。

変化なし群：
・すごく役に立った。
・そこそこ役に立った。もっと文化について勉強できる。
・かなり役に立った。普段の授業より内容が詳しかった。
・役に立った。日本の文化により詳しくなった。

3．立証授業を経た学習スタイルの変化
ポジティブ群：
〈日本語〉
・自分で勉強するようになった。
〈日本文化〉
・そこそこ変わった。日本には方言があると分かったのでその人の方言に合わせる必要がある。
〈eラーニング〉
・好印象だった。とても便利だった。
・使う前はあまり好きじゃなかったけど使ってみるとちょっと好きになった。
・eラーニングから学ぶと先生から学べないことと色んな言葉があるので成長できる。
・使う前は好きじゃなく、普通の授業の方がいいと思った。使った後は使いやすくて便利と感じたが、まだ普通の授業の方が好き。先生に質問をできるから。
・変わらなかった。普段からパソコンで勉強しているから。

ネガティブ群：
〈日本語〉
・あまり変わらなかった。内容を理解できなかったので。
・あまり変わらなかった。普段からゲームから日本語を覚えているので。
〈日本文化〉
・ちょっと変わった。日本の文化により詳しくなったので。

〈e ラーニング〉
・便利で使いやすくて、いつでも勉強できるからストレスなく勉強できると思う。
・あまり好印象じゃなかった。
・あまり変わらなかった。
・変わらなかった。

変化なし群：
〈日本語〉
・リスニングとアクセントが上手くなった。
・もっと詳しくなった。アクセントも上手くなった。
〈e ラーニング〉
・普通の授業の方が好き。
・そこそこ変わったが、普通の授業の方が好き。
・悪くないが、普段の授業の方は質問があれば友達や先生に聞ける。でも e ラーニング
　は便利だが知らないことは自分で調べなければならない。そしてそれが正しい答えと
　は限らない。間違ったことを覚えてしまう可能性がある。
・e ラーニングはあまり好きじゃない。

【討論３】
１．日本語学習に対する効果
・役に立った。教科書にないことを勉強できた。
・とても役に立った。普段の授業では教われないことも勉強できて、授業の内容も復習
　できた。
・かなり役に立った。いつでもどこでも勉強できるので便利。
・かなり役に立った。授業では勉強できないことを勉強できるので。
・役に立った。
・ビジネス日本語を学んでいるので、日本会社のマナーを勉強できた。
・実際の日本語会話や働き方の理解を深められた。
・単語の勉強に役に立った。が、字幕がない方が勉強できると思う。
・授業の復習ができること。分からないことがあれば後で e ラーニングで確認できる。
・自学自習する人に役に立つと思う。
・内容はこの授業に関連しているので役に立った。
・あまり役に立っていない。授業外ではそんなに日本語を使わなかったので。

２．日本文化理解に対する効果
・とても役に立った。先生が e ラーニングの内容にないことを教えてくれたので。
・とても役に立った。もっと日本の文化、例えば日本会社の文化などを勉強できた。
・とても役に立った。会社の文化とかを勉強できた。
・とても役に立った。
・かなり役に立った。日本会社の文化を勉強できた。

・かなり役に立った。日本の会社で働くことになればこの基礎知識が役に立つだろう。
・かなり役に立った。日本人が使う日本語を通じて日本文化を勉強できた。
・かなり役に立った。授業では勉強できないことを勉強できるので。
・動画を見る限り、文化に関する内容があるので役に立った。
・役に立った。ただ、授業外の日常に関する内容だけ。
・内容は100点だが実用性は50点。内容は皆が既に知っている部分があるので。

３．立証授業を経た学習スタイルの変化
〈日本語〉
・変わった。先生が普段よりeラーニングで学んだ内容をディスカッションさせるようになった。
・ちょっと変わった。いつでもどこでも日本語を勉強できるのはとても便利だと思うようになった。
・ちょっと変わった。日本人が実際に会話で使った言葉に気付けるようになった。
〈日本文化〉
・日本の細かいルールやマナーを学んだ。
・日本文化は面白くて、まだ分からないことが多い。
・特にない。eラーニングは授業後の練習に過ぎない。他の所から日本の文化を勉強している。
〈eラーニング〉
・実際に使ってみるとeラーニングはとても便利だと感じた。
・最初は面倒だと思ったが、いつでもどこでも勉強できる点を考えればとても便利だと思う。
・使う前はあんまり役に立ちそうにないと思っていたが、使った後はとても便利だという考えに変わった。これからもっと色んな機能を増やせばもっと便利になるはず。
・以前は実用性がないと思ったが、使ってみたらかなり役に立つと気付いた。
・勉強する方法が増えた。
・ちょっと変わった。もっと知りたいと思って自分で勉強することが増えた。
・最初は、普段の授業との内容が変わらないのではと思ったが、使ってみたらもっと色々なことを勉強できた。
・あまり変わらない。
・使う前は面白そうだと思ったが、使ったら特に目を見張るものはなかった。内容に関しては面白いと思う。
・eラーニングは先生が使うスライドを変えることができないと思う。先生も自分もスライドを使わないので。

271

「日本事情」CAN-DO リスト

注：紙面の都合上、実証実験に使用した３トピックのみの掲載とする。

CAN-DO 活動一覧

トピック名	CAN-DO 活動
7-1.　日系企業とは	タイのローカル企業について日本人に日本語で質問されたとき、日本語で日系企業との違いにふれ、納得させることができる。
7-2.　日本人のビジネスマナー	自分が取り組んでいる課題に関係がある日本人に対して、日本語で現在の状況を伝えることができる。
7-3.　愛社精神	タイ人のビジネス観について日本人に日本語で質問されたとき、日本語で自分の考えが言える。

7．日本の企業文化

7-1.　日系企業とは

CAN-DO リスト

大テーマ	7．日本の企業文化			
小トピック	7-1.　日系企業とは			
CAN-DO	条　件	話題・場面	対　象	行　動
	動画を見て、日系企業とはどのような会社か理解した後で	タイのローカル企業について日本人に日本語で質問されたとき	アナウンス	日本語で日系企業との違いにふれ、納得させることができる。

タイ人日本語学習者用：日本事情 CAN-DO リストに対する自己評価（４段階尺度）リスト

活動	タイのローカル企業について日本人に日本語で質問されたとき、日本語で日系企業との違いにふれ、納得させることができる。
気をつけること：日本の会社とどこがいっしょで、どこがちがうのだろう。	
1	質問された内容について理解できなかった。
2	イラストを描いたり英語を使ったりして、日本語を使わず答えた。
3	日本語で簡単に説明できた。
4	動画に出てきた表現や複雑な文型の日本語で説明できた。

日本語教師用：日本事情 CAN-DO リストに対する採点ルーブリック

活動	タイのローカル企業について日本人に日本語で質問されたとき、日本語で日系企業との違いにふれ、納得させることができる。
0	沈黙する、あるいは薄笑いを浮かべてごまかしている。
1	次の特徴いずれかに当てはまる ①イラストを描く、またはインターネット検索結果を見せるなどの非言語的方法で説明した。 ②英語やタイ語などの別の言語で説明した。 ③「分かりません」と回答し、そこで会話が終了した。
2	次の特徴いずれかに当てはまる ①単語のみを答えた。 ②回答はしたが、説明の内容が不明瞭なため疑問は解決できなかった。「タイの会社は日本と違います。」
3	次の特徴いずれかに当てはまる ①単文、または簡単な文で答えた。「タイの会社は家族経営です。」 ②分からないので、その場で正しい情報を調べ、それを直訳した。 ③動画に出てきた表現や複雑な文型の日本語で答えようとしたが、一部の意味が伝わらない。 「タイは会社の経営は政府です。家族経営です。」
4	次の特徴いずれかに当てはまる ①動画に出てきた表現や複雑な文型の日本語で答えた。 「タイのローカル企業は政府が経営しているか、家族経営のところが多いです。」 ②発話した後に、日系企業と比較した意見を追加した。 「日本のような大きな会社は少ないです」「従業員が社長になることはほとんどありません」 ③分からないので、その場で正しい情報を調べ、それを基に自分でまとめて答えた。

7-2. 日本人のビジネスマナー

CAN-DO リスト

大テーマ	7．日本の企業文化			
小トピック	7-2．日本人のビジネスマナー			
	条　件	話題・場面	対　象	行　動
CAN-DO	動画を見て、日系企業で求められるビジネスマナーを理解した後で	自分が取り組んでいる課題に関係がある日本人に対して	会話	日本語で現在の状況を伝えることができる。

タイ人日本語学習者用：日本事情 CAN-DO リストに対する自己評価（4 段階尺度）リスト

活動	自分が取り組んでいる課題に関係がある日本人に対して、日本語で現在の状況を伝えることができる。
気をつけること：タイ人が話すときにすることで、日本人が嫌がることは何だろう。	
1	質問された内容について理解できなかった。
2	イラストを描いたり英語を使ったりして、日本語を使わず答えた。
3	日本語で簡単に説明できた。
4	動画に出てきた表現や複雑な文型の日本語で説明できた。

日本語教師用：日本事情 CAN-DO リストに対する採点ルーブリック

活動	自分が取り組んでいる課題に関係がある日本人に対して、日本語で現在の状況を伝えることができる。 Q. お願いしていたタイ語の翻訳はどうなりましたか。
0	沈黙する、あるいは薄笑いを浮かべてごまかしている。
1	次の特徴いずれかに当てはまる ①イラストを描くなどの非言語的方法で意味を確認した。 ②英語やタイ語などの別の言語で意味を確認した。 ③「大丈夫です。」と回答し、そこで会話が終了した。
2	次の特徴いずれかに当てはまる ①日本語で回答したが、フィラーが多い。「えっとー、今、うー、半分ぐらいです。」 ②日本語で回答したが、舌打ちをする。「今、（チッ）半分ぐらいです。」 ③日本語で回答したが、笑いが多い。「今、（笑い）半分ぐらいです（笑い）。」
3	次の特徴いずれかに当てはまる ①日本語で簡単に質問した。「今、半分ぐらいです。」 ②クッション言葉などを使って質問したが、フィラーが多い。「今、おー、半分くらい終わりました。、えっとー来週できると、うー、思います。」 ③クッション言葉などを使って質問したが、舌打ちをする。「今、半分くらい終わりました（チッ）来週できると思います。」 ④クッション言葉などを使って質問したが、笑いが多い。「今（笑い）、半分くらい終わりました（笑い）来週できると思います（笑い）。」
4	次の特徴いずれかに当てはまる ①動画に出てきた表現や複雑な文型の日本語で回答した。「今、半分くらい終わりました。来週できると思います。」 ②回答した後に、相手に気を遣う発言をした。 「来週で大丈夫でしょうか」「急いでますか」「報告しなくてすみません」 ③困っている場合は、その旨を正直に伝えた。 「実は文字が読みづらいページがあるんですが…どうすればいいですか」

7-3.　愛社精神

CAN-DO リスト

大テーマ	7．日本の企業文化			
小トピック	7-3.　愛社精神			
CAN-DO	条　件	話題・場面	対　象	行　動
	動画を見て、日本人のビジネス観を理解した後で	タイ人のビジネス観について日本人に日本語で質問されたとき	会話	日本語で自分の考えが言える。

タイ人日本語学習者用：日本事情 CAN-DO リストに対する自己評価（4 段階尺度）リスト

活動	タイ人のビジネス観について日本人に日本語で質問されたとき、日本語で自分の考えが言える。
気をつけること：日本人に意見を求められたとき、どう伝えたらいいだろう。	
1	質問された内容について理解できなかった。
2	イラストを描いたり英語を使ったりして、日本語を使わず答えた。
3	日本語で簡単に説明できた。
4	動画に出てきた表現や複雑な文型の日本語で説明できた。

日本語教師用：日本事情 CAN-DO リストに対する採点ルーブリック

活動	
	タイ人のビジネス観について日本人に日本語で質問されたとき、日本語で自分の考えが言える。
0	沈黙する、あるいは薄笑いを浮かべてごまかしている。
1	次の特徴いずれかに当てはまる ①イラストを描くなどの非言語的方法で説明した。 ②英語やタイ語などの別の言語で説明した。 ③答えたが、質問の回答になっていない。「タイ人のビジネス観です。」
2	次の特徴いずれかに当てはまる ①単語のみを答えた。 ②回答はしたが、自分の意見を避ける様子が見られた。「うーん、日本とは違うかもしれません…」 ③回答はしたが、他人の意見を言った。「先生は『仕事よりも家族を重視する』と言っていました」
3	次の特徴いずれかに当てはまる ①単文、または簡単な文で答えた。「仕事より家族のほうが大事です。」 ②動画に出てきた表現や複雑な文型の日本語で答えようとしたが、一部の意味が伝わらない。 「仕事より家族が重視です。仕事の責任感は強くありません。」
4	次の特徴いずれかに当てはまる ①動画に出てきた表現や複雑な文型の日本語で答えた。 「仕事より家族を重視し、仕事に対する責任感は強くありません。」 ②意見を言う前に、条件を確認した。 「一般的なタイ人の話でしょうか」「日本や海外で働くタイ人は違うかもしれませんが」 ③意見を言った後に、日本のビジネス観を意識した意見を追加した。 「自分の役割を果たしたほうが良いと思います」「スケジュール管理など論理的に仕事をした方が良いと思います」

資料6.4　異文化理解ルーブリック

反転授業による異文化理解ができているか確認するためのルーブリック

2020.02.08版

活動	評価観点	Excellent（2点）	Good（1点）	Developing（0点）
DP	①文化の定義づけ	その文化について、以下の視点から2つ以上説明できる。または行動で示せる。 1．それがどのような文化なのか 2．どこが自文化と違うか 3．どこが自文化と似ているか 4．その文化のルーツはどこか 5．因果関係	その文化について、1つの視点から説明できる。	その文化について全く説明できない。または解釈が異なっている。
DP	②文化への意見	見聞した文化事象に対して、自分の意見が言える。	見聞した文化事象に対して、意見は言えるがステレオタイプである。	見聞した事象事象に対して、自分の意見が言えない。
DP	③文化要素の特定	その文化のどこが**特徴的**なのか、複数説明できる。	1つ説明できる。	全く説明できない。
DP	④文化に接するときの態度	全てできる。 1．自文化を客観的に見られる。 2．他文化に対して客観的である。 3．**自文化を貶めたり、他文化を持ち上げたりしない。**	どれか1つできる。	どれもできない。または自文化をひどく貶めたり、他文化を過度に持ち上げたりする。
CH	⑤多文化共生的視点の萌芽	他文化を否定せず、また自文化も押しつけず、**相手と良好な関係を築こうとする**言動が見られる。	相手によって言動を変える。	そのような言動は見られない。
CH	⑥敬意を持った文化的行動 Patterns of Interaction	日本文化圏で、日本文化に**敬意**を持った言動ができる。	（空欄）	できない。またはその必要性を感じていない。
CH	⑦文化の体感 Cultural Activities	日本文化的な**行動を体験**した時に、自国の文化的行動様式と比較して捉えている。	（空欄）	捉えていない。
CH	⑧日本的なものの見方 Beliefs and Attitudes	日本文化の**信念や態度を認識**した時に、自文化の信念・態度と比較して捉えている。	（空欄）	捉えていない。
DP	⑨歴史的・哲学的裏づけ Historical Influences	日本文化の**背景**にある歴史的理由や哲学的理由を説明できる。	一部説明できる。	全く説明できない。または解釈が異なる。
DP	⑩説明時の日本語スキル	全てできる。 1．**プロフィシェンシー**が守れる（舌打ち、笑い、のばし、フィラーをしない）。 2．状況に合わせてフォーマル／カジュアルな**表現**を使っている 3．距離感を意識した話し方である	どれか1つできる。	どれもできない。

C：教室内(4)　　D：ディスカッション(6)　　H：教室外／eラーニング(4)　　P：プレゼンテーション(6)

合計＿＿＿＿＿＿＿点（40点満点）

謝　辞

　本論文は、九州大学大学院地球社会統合科学府に2018年に博士学位請求論文として提出した『eラーニングを用いた日本文化学習に関する研究−タイの大学における「日本事情」を事例に−』に、博士研究員の時の研究成果を加筆修正したものです。執筆するにあたって、多くの方から薫陶を受けました。ここに感謝の意を表したいと思います。

　博士後期課程から博士研究員までの長きにわたって格別なる御指導と御高配を賜りました九州大学大学院比較社会文化研究院の松永典子教授に甚大なる謝意を表します。また貴重な御教示を賜りました九州大学大学院言語文化研究院の内田諭准教授、九州大学大学院言語文化研究院の志水俊広准教授、九州大学留学生センターの郭俊海教授に心より感謝申し上げます。そして九州大学基幹教育院の山田政寛准教授からは懇切丁寧な御指導を賜り、様々な専門的知見に基づいて自己の研究を深めることができました。

　タイにおける調査では、元タイ国日本語日本文化教師協会会長（JTAT）／タマサート大学教養学部日本研究科学術顧問のワリントン・ウーウォン教授（Prof. Warintorn Wuwongse）、元北部タイ日本語日本研究大学コンソーシアム代表の八巻一三男先生、タイ南部日本語教師会会長のクナッジ・ソムチャナキット准教授（Asst.Prof. Dr. Kunaj Somchanakit）をはじめとする多くの日本語教師の先生方がご協力くださったほか、在タイ日系企業の皆様から多数の貴重なご意見を賜りました。またタイにおける研究拠点となったInstitute for Innovative Learning, Mahidol University の受入研究者である Asst.Prof. Thasaneeya R. Nopparatjamjomras, Ph.D. からはタイの高等教育を変革するためのたゆまぬ努力と情熱を学びました。

　またタイでの調査においてはターパコン・パナチャイクン氏（Mr. Thapakorn Panachaikun）とマナ・薗田・コスタラク氏（Mr. Mana Sonoda Kosutarak）の2名が、日本での電子教材開発においてはサンティサック・キッジャヌキット氏（Mr. Santisak Kitjanukit, D.Eng）が通訳および翻訳をしてくださいました。彼らの協力なくしては短時間で研究を遂行することは不可能でした。

　博士号取得後は、博士研究員として研究に没頭できる素晴らしい時間を過ごさせていただきました。日本学術振興会特別研究員PD の受入研究者であ

る九州大学附属図書館付設教材開発センター（ICER）センター長の岡田義広教授からは、オンラインコースに使用する電子コンテンツ制作のための機材貸与やThai MOOC開講のための申請手続等、研究遂行にかかる多くのご支援を賜りました。またその人柄に感銘を受けたことが、教育工学分野の研究者を目指す契機となりました。そして岡田センター長をはじめとした教材開発センター所員の皆様方からは、高等教育機関で遠隔教育に関わる覚悟と矜持を教えていただきました。

　その後、青山学院大学附置情報メディアセンター（相模原キャンパス）の専任所員としてオンライン授業等の教育支援業務に従事しています。大学情報基盤をつかさどる多忙な部署ではありますが、大平哲史助教・中村修也助手を中心とした所員の皆様方の協力により「タイの教育におけるICT利活用」に関する研究を続ける環境を構築することができました。

　本研究は主として2016年から2018年にかけて行ったものであり、新型コロナウイルス感染症による教育のDX（デジタルトランスフォーメーション）が起きた2020年以降の状況とは異なる部分が多々あります。しかし「オンライン元年」以前のタイの大学日本語教育において日本語教師および学習者がeラーニングをどのように捉えていたのかを窺い知れる貴重な資料であると考えます。また今後は「オンライン授業をどのように設計／評価するか」といった議論がなされるはずであり、その際に本研究の方法論－インストラクショナルデザインやパフォーマンス評価－が役に立つことを願っています。

　本研究は出版までに本当に多くの方からご支援とご協力をいただきました。研究の遂行にあたって日本学術振興会特別研究員奨励費18J11977および青山学院大学総合研究所2020年度基盤研究強化支援推進プログラムの支援を受けております。また花書院の仲西佳文さんと図書紀要委員の皆様方には出版に向けてご尽力いただき、感謝に堪えません。

　最後に、傍でずっと見守ってくれた最愛の夫を含む私に関わる全ての方々に心より感謝を申し上げます。ここに重ねて厚く謝意を表し、謝辞といたします。

吉嶺　加奈子

著者略歴

吉嶺　加奈子（อาจารย์ คะน้า）

【略歴】

福岡県直方市出身

2011年　タイ国立ラチャモンコン・クルンテープ大学教養学部　専任講師

2013年　タイ国立カセサート大学人文学部　専任講師

2018年　九州大学大学院地球社会統合科学府博士課程修了、博士（学術）

2018年　日本学術振興会特別研究員 PD ／九州大学附属図書館付設教材開発センター

2020年　青山学院大学附置情報メディアセンター　助手

現在に至る

【主要業績】

吉嶺加奈子（2020）「Thai MOOC における他国の教育機関による講座開講の実践」『コンピュータ＆エデュケーション』49，コンピュータ利用教育学会，62-65.（査読付）

吉嶺加奈子（2020）「タイの高等教育機関との学術交流において考慮すべき諸要素」『北九州市立大学国際論集』18，北九州市立大学国際教育交流センター，15-28.

吉嶺加奈子（2017）「タイ日本語教育の現状に即した e ラーニング形式の考察－日本語人材育成を目的とした『日本事情』を例に—」『年報タイ研究』17，日本タイ学会，49-66.（査読付）

比較社会文化叢書 Vol.46

eラーニングを用いた日本文化学習に関する研究
—タイの大学における「日本事情」を事例に—

2021年 3 月15日　第 1 刷発行

著　者 —— 吉嶺　加奈子

発行者 —— 仲西佳文

発行所 —— 有限会社 花 書 院

　　　　　〒810-0012 福岡市中央区白金2-9-2

　　　　　電　話 （092）526-0287

　　　　　Ｆ Ａ Ｘ （092）524-4411

振　替 —— 01750-6-35885

印刷・製本—城島印刷株式会社

©2021 Printed in Japan